RUT NIEVES

RECUPERA TU PODER

Libera tu mente y tu cuerpo,
y vive tu propia vida

♡

ƆIANA

Obra editada en colaboración con Editorial Planeta – España

© 2022, Rut Nieves Miguel

© 2022, Editorial Planeta, S. A. – Barcelona, España

Derechos reservados

© 2022, Editorial Planeta Mexicana, S.A. de C.V.
Bajo el sello editorial DIANA M.R.
Avenida Presidente Masarik núm. 111,
Piso 2, Polanco V Sección, Miguel Hidalgo
C.P. 11560, Ciudad de México
www.planetadelibros.com.mx

Diseño de maqueta: The Social Vim Collective
Iconografía: Grupo Planeta
Ilustraciones del interior: © Marina Demidova / Shutterstock, © krunja /
Adobe Stock, © Elva Etienne / Getty, © singkham / Adobe Stock, ©
Monkey
Business / Adobe Stock, © Mediteraneo / Adobe Stock, © Antonioguillem /
Adobe Stock, © natalialeb / Adobe Stock, © Eva / Adobe Stock, ©
watman
/ Adobe Stock, © Kevin / Adobe Stock, © artifi rsov / Adobe Stock, ©
UWE_
UMSTAETTER/Westend61 / Adobe Stock, © Alexander Raths / Adobe
Stock, © yolya_ilyasova / Adobe Stock, © Mirko Vitali / Adobe Stock

Primera edición impresa en España: septiembre de 2022
ISBN: 978-84-08-26186-5

Primera edición impresa en México: noviembre de 2022
ISBN: 978-607-07-9455-1

Impreso en los talleres de Litográfica Ingramex, S.A. de C.V.
Centeno núm. 162-1, colonia Granjas Esmeralda, Ciudad de México
Impreso en México - *Printed in Mexico*

Querido lector, querida lectora:

*De corazón deseo que este libro te inspire, lo disfrutes,
te llene de amor y te ayude a reconectar con todo el poder, el amor,
la felicidad, la sabiduría —tu intuición y tu instinto—, el placer, la seguridad,
la abundancia y la paz que residen dentro de ti.*

Agradecimientos

Agradezco a la Vida por guiarme, por darme lo que necesito en todo momento, por inspirarme de tantas maneras y por traerme tan valiosos aprendizajes.

Doy gracias a mis padres por haberme dado la vida, por todo el cariño y la ayuda recibida. Gracias a Sara, Nico, María y Arantxa, a toda mi familia y a mi linaje, a los que están y a los que ya se fueron, por todo el cariño, la información y las bendiciones recibidas.

Doy gracias a Anna, Martín, Óscar, Margarita, Kike, Alba, Joaquín, Sandra, Emmi, Marcela, Vane, Eva y Luis Fer, por su amistad y por todo lo que me han inspirado y aportado mientras escribía este libro.

Estoy muy agradecida a Ángeles Aguilera y a Sara Esturillo, mis editoras, por su valiosísimo apoyo, por su gran comprensión y paciencia, y por todo lo que me han aportado, y a todo el equipo de Editorial Planeta por hacer posible que este libro salga a la luz y llegue a todas las librerías del mundo y puedan comprarlo todos los lectores que lo necesiten o que deseen leerlo.

Mil gracias a todos mis lectores y seguidores en redes sociales por vuestro cariño, por recomendar mis libros en vuestras propias redes y a vuestros seres queridos. Gracias por vuestras palabras y vuestros testimonios llenos de amor y gratitud.

Y gracias a todos los que os atrevéis a brillar con luz propia, a ser auténticos y a hacer vuestros sueños realidad, porque al hacerlo inspiráis y despertáis vida.

♡

Índice

9. COMPRENDER TUS EMOCIONES   285

10. SANAR LAS HERIDAS   307

11. HERRAMIENTAS DE PODER   323

Nota de la autora

La Vida nos da primero a las personas que necesitamos para aprender a caminar, para que nos apoyemos en ellas; luego, nos enseña a sostenernos y a caminar por nosotros mismos.

Empezamos nuestra vida en la dependencia emocional, pero para poder vivirla y disfrutarla cuando somos adultos tenemos que aprender a sostenernos emocionalmente, dedicar tiempo a conocernos, conectar con nuestro cuerpo y nuestra sabiduría interior (nuestra intuición y nuestro instinto), aprender a gestionar nuestros pensamientos y emociones, y hacernos cargo de nuestra felicidad y bienestar.

En 2013 dejé la arquitectura para dedicarme a lo que me apasiona: investigar el inmenso potencial del ser humano, escribir y comunicar.

En 2014 escribí y autopubliqué *Cree en ti;* en 2015, *Haz tus sueños realidad,* y en 2016, *El amor de tu vida.*

En enero de 2017, *Cree en ti* alcanzó el número uno en Amazon y, poco después, en Casa del Libro. A lo largo de esos cuatro años logré mi libertad económica, y fui descubriendo un conocimiento y unas herramientas que me darían la base estructural para seguir avanzando y profundizando en el conocimiento y comprensión del ser humano y de mí misma. Esa fue mi primera etapa como escritora.

En julio del 2017 empecé a publicar con Editorial Planeta. Empezar a trabajar con ellos me permitió tener más tiempo para mí, para investigar, para sanar todo lo que tenía que sanar y aprender todo lo que necesitaba aprender en ese momento.

Durante mis cuatro primeros años como escritora, hubo dos personas, aparte de mis padres, que me ayudaron mucho en todo lo que pudieron.

La Vida primero me dio a las personas que yo necesitaba para emprender mi nuevo camino profesional y mi vuelo, y luego me dijo: «Rut, ahora te toca aprender a caminar y a volar por ti misma, sin ellos». La Vida me estaba enseñando la maestría de *Cree en ti,* el siguiente nivel.

Tuve que soltarlos porque queríamos cosas diferentes y tenía claro que cada uno tenía que seguir su camino de vida. Y yo quería seguir el mío. Y cuando los solté a ellos, empecé a ser consciente de todas mis inseguridades y mis miedos. Empecé a sentirme paralizada y a no tener claridad acerca de lo que quería.

Y en ese intentar recuperar mi claridad y moverme hacia adelante por mí misma, empecé a recordar las experiencias tan difíciles que viví de niña y a comprender de dónde venían todos esos miedos e inseguridades.

El deseo de superar el pasado, de liberar los miedos y emociones que esas experiencias me habían dejado, el deseo de vivir y disfrutar mi vida, y de compartir con el mundo, con vosotros, mis aprendizajes de vida, me impulsaron a realizar una investigación profunda a nivel mental, emocional y corporal.

En 2019 llegó *Naciste para disfrutar,* el cuarto libro. Escribirlo y publicarlo fue una experiencia muy empoderadora, transformadora y liberadora para mí.

Naciste para disfrutar **lleva la semilla de la valentía para lograr la independencia emocional, para atreverte a decir «sí» a tu vida y a tu derecho a disfrutar de tu vida a tu manera. Es un sí a adueñarte de tu sexualidad y tu libertad, de tu derecho al amor y al placer.**

Mi cuarto libro fue el paso necesario para recuperar mi poder y escribir este libro que ahora tienes en tus manos.

Naciste para disfrutar y *Recupera tu poder* son la maestría de *Cree en ti* (la trilogía inicial), el siguiente nivel.

Recupera tu poder es el quinto libro de la pentalogía *Cree en ti*. Es el que me ha dado la claridad necesaria para terminar de recuperar mi libertad y reconectar con mi intuición y mi instinto, el impulso de la vida en mí y mi seguridad, para hacer realidad mis sueños, disfrutar de mi vida y llevar a cabo mi propósito.

Cuando nos abrimos a la verdad, la verdad nos libera. *Recupera tu poder* **es un libro que nos ayuda a recordar nuestros derechos y nuestros poderes, y cómo podemos usarlos.**

Este es un libro lleno de verdades que nos dan luz y nos liberan. Lleno de palabras y herramientas muy poderosas:

- Para reconectar con nuestro cuerpo, nuestra intuición y nuestro instinto, nuestra seguridad y nuestra capacidad para movernos hacia adelante en nuestra vida.

- Para liberar los miedos, las emociones y la confusión que tenemos dentro, y que a veces nos paralizan, y no nos permiten saber y hacer lo que realmente queremos hacer.

- Para sanar nuestras heridas con nuestro amor y recuperar nuestra libertad, nuestra espontaneidad, nuestra autenticidad y nuestra dicha.

Recupera tu poder **es un libro que lleva las semillas de la claridad y la seguridad para movernos y hacer lo que realmente nos hace felices,** y lo que hemos venido a hacer. Es un libro que nos ayuda a aprender a escuchar a nuestro cuerpo y a nuestro corazón, a conocernos mejor, para poder darnos lo que necesitamos y deseamos, y poder de esa manera autorregularnos y recuperar la confianza en nosotros y en la Vida.

Es un libro que también nos da herramientas para liberarnos emocionalmente de cualquier emoción que nos esté limitando o bloqueando en algún área de nuestra vida. Es un libro que nos ayuda a liberar nuestro cuerpo, a limpiar nuestra mente de creencias limitantes, y a recuperar la conexión con nuestro cuerpo, nuestra intuición y nuestro instinto, con nuestra alegría, confianza, fortaleza y sabiduría natural en nosotros.

Mis recomendaciones

Puedes leer mis cinco libros en el orden que tú desees.

No tienes por qué creerte nada de lo que digo en este libro. Eres libre para elegir lo que quieres creer y lo que no.

A lo que sí te animo es a observar lo que sientes al leerme y a poner en práctica todo aquello que desees experimentar en tu vida. Tu experiencia es lo que realmente da poder a lo que lees.

Eres libre para descartar las ideas que no te gusten, y para resaltar aquellas que te ayuden, te inspiren, te gusten, te llenen de amor y te empoderen.

Si no te gustan las palabras que yo uso, puedes tacharlas y sustituirlas por las tuyas.

Si este libro es tuyo y alguna hoja no te gusta, la puedes arrancar. Y también puedes subrayar, colorear y hacer dibujos en las hojas que más te gusten. Si este libro es tuyo, eres libre para hacer lo que quieras con él.

Si te gusta y te ayuda, te recomiendo que te lo quedes para ti y lo leas varias veces, siempre que tu corazón te lo pida. Cada vez que lo leas aprenderás algo nuevo. Y cuantas más veces lo leas, más conectarás con tu poder.

Si te resulta útil este libro, te agradeceré que lo recomiendes a tus seres queridos y en tus redes sociales, y que se lo compres y regales a las personas que más quieres, aquellas a las que intuyas que les puede ayudar.

Yo, de corazón, deseo que te inspire, te nutra, te reconforte, te libere, te empodere y, sobre todo, que lo disfrutes. Gracias por haber elegido recuperar tu poder y disfrutar de tu vida.

Con amor,
Rut

1
RECONÓCETE A TI MISMO

☼

En busca de la seguridad

Creer que podemos encontrar la seguridad y el poder fuera de nosotros es una ilusión.

Porque es dentro de cada uno de nosotros donde realmente residen nuestro verdadero poder, nuestra fuerza, nuestra sabiduría interior, nuestra seguridad, nuestra paz, nuestro amor, nuestro placer y nuestra felicidad.

Tratar de encontrar la seguridad controlando lo que sucede en el exterior es agotarse en vano. Porque todo lo que vemos en el exterior es un reflejo de lo que sentimos y creemos dentro de nosotros.

Querer cambiar la realidad sin cambiar nuestra forma de pensar es como querer que un peral dé manzanas. Si queremos manzanas, tenemos que sembrar un manzano.

La seguridad, la paz o la alegría no vienen del control exterior o de intentar cambiar la realidad.

> La seguridad, la paz y la alegría surgen
> de dentro hacia afuera.
> Empiezan dentro de cada uno de nosotros.

Con el miedo sucede lo mismo. Es dentro de nosotros donde tenemos que liberar el miedo, no fuera. Lo de fuera es solo una manifestación de lo de dentro.

Reconocer tus verdaderas capacidades y recursos

¿Cómo sería tu vida si tuvieras la certeza de que la Vida te apoya en todo momento y en cada uno de tus sueños y tus deseos?

¿Cómo sería tu vida si tuvieras la claridad y la confianza plena para hacer realidad todo lo que te hace feliz?

¿Cómo sería tu vida si tuvieras las herramientas necesarias para gestionar tu mente y tus emociones en cualquier situación?

¿Cómo sería tu vida si pudieras liberar cualquier emoción de tu cuerpo que te abrume o te paralice, y poder volver a disfrutar y fluir con la alegría, la confianza y la espontaneidad natural en los niños?

La Vida nos ha dado todo lo que necesitamos para ser felices y disfrutar de nuestro tiempo en la Tierra mientras llevamos a cabo nuestro propósito de vida y hacemos nuestros sueños realidad.

La Vida nos ha dado un cuerpo maravilloso que funciona con una sabiduría infinita y que cuenta con cientos de miles de años de experiencia y evolución.

Aparte de nuestro cuerpo, **la Vida nos ha dado dos guías muy poderosas, la intuición y el instinto.** La intuición nos guía a través del corazón y el instinto a través de un punto que se localiza aproximadamente dos dedos por debajo del ombligo.

La Vida nos guía en todo momento a través de nuestra intuición y nuestro instinto. Cielo (origen divino) y Tierra (origen terreno) nos guían a través de estas dos poderosas conexiones. Pero para poder escucharlas con claridad es necesario que estemos conectados con nuestro cuerpo, con nuestro corazón, con nuestra sexualidad y nuestra parte animal.

Vivir conectados con nuestro cuerpo y nuestro corazón nos permite integrar nuestra triple naturaleza humana, divina y animal. Esto nos ayuda a sentirnos seguros, sostenidos y apoyados en la tierra.

♡

¿Qué nos desconecta de nuestro poder?

1. Vivir exclusivamente desde nuestra mente racional, desconectados de nuestro cuerpo, nuestras emociones y nuestro corazón. Uno de los mayores problemas que tenemos es que a menudo vivimos desconectados de nuestro cuerpo, de nuestro corazón y de nuestra parte animal y sexual. Y nos limitamos a vivir desde nuestra parte más racional, el **neocórtex,** que curiosamente es una de las partes más nuevas de nuestro cuerpo y con menos años de experiencia.

Al desconectarnos de nuestro cuerpo y vivir exclusivamente desde nuestro cerebro racional, nos desconectamos de nuestra sabiduría milenaria, y todo esto genera mucho miedo, desconfianza, inseguridades y la sensación de estar perdidos, a la deriva y desconectados de la Vida, de la seguridad que nos aporta nuestro origen divino, humano y animal.

Esta desconexión de nuestro cuerpo y ese vivir tantas horas en el miedo, en modo estrés, debilita enormemente nuestro sistema inmunológico, nos agota energéticamente y, por tanto, físicamente.

Vivir conectados a nuestros miedos en vez de a nuestra confianza interior, a nuestro cuerpo y a la Vida, de forma prolongada en el tiempo, debilita nuestra salud.

2. El miedo a sentir y el atasco emocional. El miedo a sentir nos lleva a reprimir, a negar y a acumular grandes cantidades de emociones en nuestro cuerpo, que si siguen aumentando con el tiempo pueden llegar a dañar nuestra salud. Por otro lado, el atasco emocional nos lleva a repetir las mismas experiencias dolorosas una y otra vez, hasta que lo liberamos. La enfermedad en ocasiones es un camino que el cuerpo usa para liberarse de ese atasco emocional. Lo que nosotros no sabemos gestionar o liberar, el cuerpo trata de liberarlo a su manera.

3. La cantidad de creencias limitantes y falsas que albergamos en la mente. A veces no somos conscientes de la cantidad de ideas tan limitantes que guardamos dentro de nosotros (en nuestro subconsciente) y hasta qué punto condicionan nuestra vida, nos debilitan, nos dañan o nos paralizan.

El atasco emocional y mental colabora en la desconexión de nuestro cuerpo, de nuestro instinto e intuición.

Precisamente porque durante años se nos ha educado en el rechazo del placer y de lo corporal (de la carne), especialmente a las mujeres, poder reconectar con nuestro cuerpo y nuestro placer requiere hacer una buena limpieza mental y emocional.

Muchos hombres han sido adoctrinados durante siglos en la represión emocional y muchas mujeres han sido adoctrinadas durante siglos en la represión sexual. Y en general ambos hemos crecido en una sociedad donde la represión emocional y sexual era lo más habitual, escuchando ideas que censuraban la conexión con nuestro cuerpo, instinto, intuición, alegría, confianza, calma, fortaleza y sabiduría interior naturales en cada uno de nosotros.

Reconocer tu poder y tu fuerza

El poder y la fuerza han sido probablemente dos de los conceptos más malentendidos, distorsionados y mal usados a lo largo de la historia. Es importante distinguir lo que es realmente el poder de lo que no lo es. Aprender a distinguir la verdad de la distorsión.

¿Qué significa para ti la palabra *poder*?
¿Qué ideas vienen a tu mente cuando escuchas *poder*?
¿Y cuando escuchas la palabra *fuerza*?

La cultura en la que hemos nacido y en la que vivimos a menudo nos ha llevado a la confusión en algunos conceptos y aspectos de nuestra vida.

El poder y la fuerza en sí son dones y regalos maravillosos que la Vida nos ha otorgado. Pero al igual que todo, cuando no existe una comprensión del potencial de estos dones, cuando los usamos desconectados de nuestro corazón y hacemos un uso distorsionado de ellos, podemos hacer y hacernos mucho daño.

El poder no tiene nada que ver con el control o el sometimiento. El control y el sometimiento son herramientas de la tiranía, que es una distorsión del poder.

La fuerza en sí misma no tiene nada que ver ni con la violencia ni con la agresividad. La violencia y la agresividad son distorsiones de la fuerza.

En sí mismos el poder y la fuerza son regalos de la Vida cuando los usamos desde el respeto a la vida y a la libertad de cada ser.

El poder y la fuerza pueden salvar vidas o terminar con ellas, todo depende de si una persona vive conectada a su corazón o no, de si comprende el verdadero significado de estos regalos de la Vida y de cómo se usen.

Yo rechacé mi poder y mi fuerza durante mucho tiempo porque me daban miedo. Y me daban miedo porque asociaba estas palabras al abuso, la violencia, la agresividad. Cuando, en realidad, el poder y el abuso de poder (control, tiranía, sometimiento, etcétera) son conceptos completamente diferentes.

¿En qué consiste tu poder?

Para mí el **poder es la capacidad que se te ha dado para gobernar tu vida, para ser feliz, para hacerte feliz, para amar y ser amado, para realizar tu propósito o misión de vida, para hacer tus sueños realidad, para sanarte, para disfrutar de tu vida,** para liberarte de las emociones del pasado y para ser, irradiar y expandir amor. Lo que en esencia eres, amor, luz, alegría, placer y vida.

Se nos ha dado mucho poder a través de nuestra mente, nuestras emociones, nuestro cuerpo, nuestro corazón, nuestra intuición y nuestro instinto, nuestra guía interior. Y también se nos ha dado un cuerpo creado por una gran sabiduría y que funciona y posee esa sabiduría con la que ha sido creado.

Somos energía, amor, luz y vida habitando en un cuerpo. Pero cuando nos distanciamos de la naturaleza y de nuestro interior, perdemos nuestro poder.

Cuando nuestro cuerpo se llena de creencias limitantes, miedos y emociones de baja vibración, como la culpa, la rabia, la ira, el resentimiento o el miedo, perdemos nuestra claridad, nuestra confianza en nuestro poder interior y en la Vida, y tendemos a desconectarnos de nuestro cuerpo y de nuestro instinto, para no sufrir, para evitar el dolor. Y al desconectarnos de nuestro interior y de nuestro cuerpo perdemos nuestro poder, nuestra calma, seguridad y alegría natural.

Por todo esto es tan importante reconectar con nuestro cuerpo, y aprender a escucharlo y a cuidarlo, para poder disfrutar de todo el poder que se nos ha dado.

Cuanto más conectados estamos con nuestro cuerpo, mejor podremos comprendernos, sentirnos seguros, cuidarnos, querernos y disfrutar de nuestra vida en nuestro cuerpo y en la Tierra. Y cuanto más ligero, limpio y sano lo mantenemos a nivel físico, emocional y mental, más sencillo es escuchar nuestro instinto, nuestra intuición y nuestra sabiduría interior, más fácil y espontáneamente surge nuestra alegría natural y más expresa nuestro cuerpo nuestro bienestar natural.

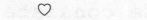

Mi visión del ser humano

Un ser de luz habitando un cuerpo

Tu vida empieza con una chispa de luz. Somos hijos del amor, del placer y de la sabiduría de la vida. Y esa sabiduría nos acompaña durante toda la vida.

Cuando el espermatozoide logra entrar en el óvulo, se produce una explosión de luz, el alma del ser que va a nacer entra en ese óvulo fecundado, y el cuerpo empieza a gestarse.

> «La magia que existe cuando se produce la fecundación no es solo una metáfora: en el momento en que el espermatozoide logra entrar en el óvulo, saltan miles de millones de chispas de átomos de zinc. Utilizando un microscopio fluorescente, los investigadores pudieron filmar la luz que se emite durante la fecundación.»
>
> BBC News, 28 de abril de 2016

Dicen que en el momento en que nacemos, cae el velo del olvido sobre la mayoría de las personas. El alma inmortal que ha iniciado la vida en un nuevo cuerpo olvida sus anteriores vidas para poder vivir plenamente esta.

Somos seres de luz y amor habitando un cuerpo con una mente condicionada por el entorno, por la cultura y por la familia en la que nacemos.

Despertar y recordar quiénes somos es lo que nos va a ayudar a liberarnos de los condicionamientos de nuestra mente y a conectar con nuestra verdadera esencia. Dedicar tiempo a conocernos y aprender a amarnos y a cuidarnos, y responsabilizarnos de nuestra felicidad, es el camino para poder reconectar con el poder que se nos ha dado y disfrutar plenamente de nuestra vida mientras llevamos a cabo nuestra función, misión o propósito aquí.

«La esencia es el lugar en el que residen la felicidad, la paz interior y el amor, tres cualidades de nuestra auténtica naturaleza.

El ego es nuestro instinto de supervivencia emocional.

TÚ ERES EL MAESTRO Y EL DISCÍPULO. El puente que une ambos es lo que vas aprendiendo a lo largo de la vida.»

BORJA VILASECA

♡

¿Débiles o poderosos?

«Cada ápice de experiencia evolutiva está dentro de nosotros. De algún modo, todos somos LUCA *(Last Universal Common Ancestor:* la primera forma de vida) manifestándose de diferente forma. Eso significa que nuestro organismo cuenta con un "médico interno" que tiene más de tres mil seiscientos millones de años de experiencia en su currículo. ¿No te parece extraño que enfermemos encontrándonos en manos de un médico tan curtido?»

DAVID DEL ROSARIO

Nos han hecho creer que somos débiles y vulnerables a un sinfín de virus y enfermedades. Y lo cierto es que cuando somos presas del miedo y del pánico de forma prolongada en el tiempo, la fortaleza de nuestro sistema inmunológico cae en picado.

Ser débil o fuerte depende mucho más de lo que imaginamos de nuestra forma de pensar y de vivir. Depende de nuestra actitud, de nuestro estilo de vida, de cómo comemos, de cómo pensamos, de cómo gestionamos nuestras emociones, de cómo y con qué tipo de personas nos relacionamos.

La salud de tu cuerpo físico está íntimamente relacionada con tu salud mental, emocional y espiritual. Porque no hay separación entre nuestras distintas dimensiones o cuerpos. Todo está conectado y todos estamos conectados de una u otra manera.

Hubo un tiempo en el que yo tenía miedo a los virus, cuando apenas me conocía. Y más de uno pillé y lo mío me costó superar los miedos que tenía a que le hicieran daño a mi cuerpo. Y cuanto más miedo tenía, menos vivía, menos me permitía disfrutar. Por ahora solo te diré que aprendí mucho de esas experiencias.

Recuerdo un día, mientras viví en la Selva Negra, que fuimos varios amigos a escalar, y después, uno de mis amigos me llevó a un prado y me pidió que me descalzara para poder enseñarme unos ejercicios que me ayudarían con el tema de la escalada. Y yo le miré con cara de perro y le dije:

—¿Aquí? ¿Y si me clavo algo o se me engancha algún bicho?

—Tranquila —replicó riéndose—, no te va a pasar nada. Tú estate atenta a lo que vamos a hacer y disfruta.

Y lo cierto es que me encantó caminar descalza sobre la hierba en plena montaña y las preocupaciones que ese día tenía en la cabeza desaparecieron. Me relajé, me lo pasé genial, y se evaporó el miedo a andar descalza y a escalar.

Y todo esto fue posible porque me atreví a experimentar. Si nunca me hubiera atrevido, me lo habría perdido y habría seguido sometida al miedo a que me pasara algo.

Por supuesto, si andas descalzo te puedes clavar algo que te haga daño, pero tu cuerpo va a responder de diferente manera si estás tenso (en modo estrés) o si estás relajado y confías en tus recursos para responder a esa experiencia.

Porque dependiendo de en qué modo vivimos una experiencia, relajados o en estrés, nuestro cuerpo estará gobernado por sistemas diferentes y funcionará de forma diferente. No es lo mismo estar en modo supervivencia que en modo viviendo el presente, relajado, confiando en nuestras capacidades, en la vida, y disfrutando. Dependiendo de si estamos en estrés o relajados, se activan distintos circuitos del sistema nervioso, se generan diferentes hormonas y, en definitiva, nuestro cuerpo funciona de una manera completamente diferente.

De esto hablé un poco en *Cree en ti,* y mientras escribía este libro, empecé a leer *La biología del presente,* de Sergi Torres y David del Rosario, y me pareció un gran libro, especialmente para aquellos que no confían en su biología.

Leyéndolo comprendí que solo cuando vivimos en «modo confiando» (relajados y a la vez despiertos, conscientes), nuestro cuerpo puede beneficiarse de nuestro «médico interno» o de nuestra sabiduría interior.

Y cuando vivimos en «modo estrés y miedo», nuestro médico interior se inhibe. Nos desconectamos de él, no tenemos acceso a él.

Dicho de otra forma: vivir relajados y despiertos nos mantiene conectados a nuestra sabiduría interior y nuestro cuerpo puede hacer uso de ella. Cuando vivimos estresados, nos desconectamos de esa sabiduría interior.

Y todo esto es porque el cuerpo ha sido diseñado con dos modos para vivir, el **modo «vida»** y el **modo «supervivencia».** El modo «vida» es el natural (relajados, despiertos y conscientes), en el que todo funciona en nuestro cuerpo correctamente, y el modo «supervivencia», que también podemos llamar *lucha o huida,* es en el que determinados mecanismos de nuestro cuerpo dejan de funcionar para prepararnos para luchar o huir.

El modo lucha o huida se activa con el miedo y el estrés. En ese modo nuestro organismo deja de realizar sus tareas habituales de limpieza, mantenimiento y reparación de nuestros órganos. Es por eso por lo que, si vivimos la mayor parte del día en modo miedo o estrés, no estamos permitiendo que nuestro cuerpo haga sus labores necesarias para mantenernos sanos y fuertes.

¿Comprendes ahora lo poderoso y necesario que es aprender a respirar y a relajarnos, para que nuestro cuerpo pueda funcionar correctamente y mantenernos sanos y saludables?

Y a nivel general, si tenemos mucho miedo a vivir, dejaremos de vivir muchas cosas. También lo dijo Osho: «La vida empieza donde el miedo termina».

Tenemos miedo mientras vivimos en la ignorancia, desconectados de nuestro cuerpo y sabiduría interior. Si realmente nos conociéramos y fuéramos conscientes de quiénes somos y de todas nuestras capacidades, el miedo ocuparía muchísimo menos espacio en nuestras vidas.

Cuanto más tiempo me dedico a respirar conscientemente, a sentir, a leer y a conocerme, mejor puedo comprenderme. Y cuanto mejor me conozco y más me comprendo, menos lugar hay para el miedo en mi vida.

La oscuridad deja de dar miedo cuando encendemos la luz.

¿CÓMO SUPERAR EL MIEDO A LOS VIRUS?

Conociéndolos y comprendiendo cómo funcionan.

Cuando el covid se convirtió en protagonista en todos los medios de comunicación, recordé algo que había leído en el libro *Theta Healing,* de Vianna Stibal.[*] Tomé el libro y volví a leer lo que decía acerca de los virus. Sentí que eso era así, y eso me dio mucha paz y confianza para vivir lo que estábamos viviendo. Lo que os cuento a continuación está inspirado en lo que leí en su libro.

Desde un punto de vista metafísico, todo ser tiene una vibración. Y **los seres con vibraciones similares se atraen.**

Todo ser vivo tiene un sistema de creencias, por limitado que sea, tiene una programación gracias a la cual sobrevive y se reproduce. Los virus también tienen su programación para poder existir.

Tanto los virus como los parásitos son seres que dependen de otros organismos para poder sobrevivir. En esencia son seres dependientes de otros y tóxicos, porque te quitan la energía y debilitan tu salud para poder vivir ellos.

Por llamarlo de alguna manera, el programa de supervivencia de un virus es: «No soy capaz de vivir por mí mismo, necesito vivir a través de otro cuerpo. Necesito invadir un cuerpo para poder vivir a su costa».

* Móstoles, Arkano Books, 2016.

¿Qué personas crees que serán más vulnerables a los virus? ¿Las personas independientes emocionales o las dependientes emocionales? ¿Qué personas crees que son más fáciles de conquistar por un virus, las que tienen mucho miedo a ser atacadas y tienen las defensas por los suelos, o las que se sienten más seguras y más independientes y tienen un fuerte sistema inmunológico? ¿Qué persona tiene más papeletas de ser invadida por un virus? ¿Una que se cuida a todos los niveles, vive respetando sus ritmos, sabe vivir de forma relajada y tiene un sistema inmunológico fuerte? ¿O una persona que vive la mayor parte del día estresada, a toda velocidad, que prioriza las necesidades de los demás, a la que le cuesta decir «no» a lo que no quiere, a la que le cuesta relajarse y descansar y que, como consecuencia de ello, tiene un sistema inmunológico más débil?

¿Qué crees que hará un virus que tiene hambre si se encuentra una gran fortaleza o un castillo con altas murallas de piedra, o si se encuentra una tienda de campaña con la cremallera abierta?

El virus siempre elegirá el camino más fácil. Y, aunque logre entrar en una fortaleza, llegará debilitado y será más sencillo para un sistema inmunológico fuerte acabar con él.

En mi opinión, las personas a las que les cuesta decir «no» a lo que no quieren, y permiten a menudo inconscientemente que las invadan los deseos o la voluntad de los demás, son más susceptibles de ser invadidas por un virus que las que están conectadas con su autoridad y su voluntad, tienen claro lo que quieren y lo que no, no se dejan invadir ni manipular por los demás, y cuando no quieren algo dicen simplemente «no». Y al margen de todas estas reflexiones, creo que, si algo llega a nuestra vida, es muy probable que algo tengamos que aprender de esa experiencia. Yo pasé el covid en enero de 2022 y aprendí mucho de esa experiencia.

En resumen, ¿qué es lo que más debilita nuestro cuerpo, nuestra salud física y nuestro sistema inmunológico?:

- Vivir en modo supervivencia la mayor parte del día: estrés, miedo, pánico, preocupación, pavor, terror, etcétera. Cuando pasamos más horas al día estresados que relajados.

- Saturar el cuerpo con alimentos ultraprocesados, harinas blancas, azúcar blanco, sal blanca, leche de vaca (en adultos) o comer demasiada carne.
- La dependencia emocional, creer que necesitas de otros para ser feliz y que no eres capaz de ser feliz o de vivir por ti mismo.
- No saber poner límites, no saber decir «no» a lo que no quieres. Permitir que te manipulen o tratar de agradar a otros para que te quieran, te aprueben o te hagan caso.
- No respirar correctamente, reprimir tus emociones.
- No respetarte, vivir a toda velocidad, no permitirte parar cuando lo necesitas, o no permitirte descansar a diario todo lo que necesitas.
- Llevar una vida sedentaria, y no hacer ningún deporte en tu día a día.
- No permitirte disfrutar, la alegría, el cariño, el placer, la risa, etcétera.
- Las relaciones tóxicas.
- Vivir desconectado de tu cuerpo.
- La ausencia del contacto físico con amor.

Todo esto nos debilita. ¿Y qué **nos hace fuertes?**
Todo lo contrario:

- Aprender a relajarnos y a disfrutar de lo que hacemos y a no dar demasiada importancia a lo que no sale o no es como nos gustaría.
- Permitirnos descansar lo que necesitamos cada día.
- Respirar correctamente.
- Alimentarnos de la forma más natural y equilibrada posible.
- Beber abundante agua entre comidas.
- Hacer deporte a diario. Mover el cuerpo cada día.
- Permitirnos disfrutar de hacer lo que nos gusta, al menos un rato cada día; reírnos, bailar, cantar, jugar, pintar, dibujar, divertirnos, leer, escribir, etcétera.
- Sonreír más, a nosotros y a los demás.
- Permitirnos llorar lo que necesitemos llorar.
- Permitirnos patalear, saltar o sacar nuestra rabia o la ira cuando lo necesitemos sin dañar a nadie.

- Dedicar un rato al día a hacer yoga, respirar o meditar, darte un baño o una ducha relajante, caminar por la naturaleza, escuchar música que te gusta.
- Respetarnos, escucharnos, atendernos, darnos lo que necesitamos, cuidarnos y tratarnos con amor.
- Permitirnos decir «sí» a lo que queremos decir «sí», y «no» a lo que no queremos, sintiéndonos en paz con nosotros mismos.
- Dedicar un rato cada día a leer algún libro o escuchar algún audiolibro o vídeo que nos ayude a conocernos mejor.

¿CÓMO RECUPERAR NUESTRA CALMA CUANDO TEMEMOS POR NUESTRA SALUD?

También nos puede ayudar aprender a ver la enfermedad como una lección de amor que nos envía nuestro cuerpo para que aprendamos algo importante para nosotros. Dejar de verla como una amenaza y aprender a verla como mensajera.

> Todo cambia y nuestra visión cambia cuando cambiamos el punto de vista.

Y cuando el miedo a enfermar se acerque a ti, permítete parar un momento, sentarte y **respirar con calma**. **Respirar es algo mucho más poderoso de lo que imaginamos.** Inspira con calma y profundamente por la nariz, y suelta el aire poco a poco, las veces que lo necesites.

Cuanto más nos cueste respirar y llevar el aire hasta el abdomen o hasta el suelo pélvico, es señal de que hay emociones en nuestro pecho y en nuestro abdomen que necesitamos respirar y sentir. Sé paciente con tu respiración e intenta avanzar poco a poco, poniendo la atención en tu respiración, siguiendo con tu mirada interior el recorrido que hace el aire desde que entra en tu cuerpo hasta que sale.

Y puedes decirle a tu niña o niño interior:

«Tranquila, tranquilo, estoy contigo.
Estoy aquí contigo.»
«Me quedo contigo, conmigo. Todo está bien.
Y todo va a ir bien.»

A tu cuerpo le puedes decir:

«Yo te escucho. Yo me permito sentirte.
Yo confío en ti.»
«Si hay algo que yo pueda hacer por ti, o si
hay algo que necesitas de mí, házmelo saber.
Y te daré y haré todo lo que pueda por ti.»

Y a tu mente:

«Tranquila. Yo me hago cargo. Todo va a ir
bien. Yo elijo vivir confiando en la sabiduría de
mi cuerpo y en la infinita sabiduría de la Vida,
su amor y su poder.»

Recuerda que siempre que estás presente puedes elegir a quién quieres decir «sí» y a quién «no». Siempre puedes elegir decirle «sí» al miedo o a la confianza. **Se te ha dado el poder de elegir.**

Y al margen de lo que nos suceda, lo importante siempre es nuestra actitud. Abrirnos a la vida y al aprendizaje que la vida tiene para nosotros. No podemos controlar lo que nos sucede, pero sí podemos elegir confiar en la Vida y abrirnos a aprender de la experiencia. Porque **cuando aceptamos el aprendizaje, la Vida siempre nos abre la puerta a algo mejor.**

♡

Eres un ser poderoso

Pero para poder disfrutar de tu poder necesitas aprender a usarlo y a cuidar de ti

Se nos ha dado mucho poder, pero si no lo conocemos, no sabemos usarlo y no sabemos cuidarnos, de poco nos sirve.

El mayor problema que a veces tenemos es que al desconectarnos de nuestra esencia, de nuestra paz, amor, felicidad y sabiduría interior, perdemos nuestro poder, nos olvidamos de quiénes somos y dejamos de cuidarnos. Y al hacerlo nos debilitamos, perdemos nuestra energía y nuestra protección natural.

Se nos ha dado mucho poder, pero para poder disfrutar de ese poder necesitamos cuidar nuestro cuerpo físico, mental y emocional. Y en la medida que cuidemos nuestros cuerpos, nuestro sistema inmunológico será más fuerte o más débil.

Se nos ha inculcado una forma de pensar en la que existen tres roles posibles: la víctima, el perseguidor y el salvador, más conocidos como los buenos, los malos y los salvadores. «Los malos» tratan de manipular a las personas («las víctimas») desde el miedo, haciéndoles creer que son seres muy débiles e indefensos, siembran el pánico y hacen creer que la solución a los problemas está fuera de nosotros y la tiene «el salvador».

Cuando, en realidad, lo que vemos ahí fuera es solo un reflejo de lo que tenemos dentro (de las ideas y de los roles que hemos asumido, y de todas las emociones que tenemos guardadas dentro).

Cuando abandonamos la responsabilidad de cuidarnos, esperando que algo externo nos salve, nos desconectamos de nuestro poder.

Cuando nos desconectamos de la seguridad que nos ofrece el estar conectados con nuestra esencia, tendemos a buscar la seguridad fuera.

Cuando conectamos con nuestra seguridad interior, nos sentimos seguros en nuestra vida.

¿QUÉ NECESITAMOS PARA FORTALECER NUESTRO SISTEMA INMUNOLÓGICO?

A nivel físico:

1. Respirar por la nariz y dedicar tiempo cada día a respirar conscientemente y a sentir lo que necesitemos sentir. Cuanto mayor sea la calidad de nuestra forma de respirar, mayores serán los beneficios para nuestro cuerpo.
2. Contacto físico con amor, cariño, respeto, placer.
3. Beber toda el agua que necesitemos a diario y alimentarnos de forma sana, consciente y natural. Comer alimentos reales y lo más naturales posible.
4. Hacer ejercicio físico cada día: estirarnos y movernos. Devolver la libertad y la flexibilidad a nuestro cuerpo.

A nivel mental y emocional:

1. Limpiar nuestra mente de creencias limitantes o tóxicas. Dedicar un tiempo cada día para mantenerla limpia y en orden como si del armario de la ropa se tratara.
2. Liberar emociones reprimidas. Dedicar un tiempo cada día a nuestra higiene emocional, es decir, a liberar las emociones que han podido aflorar a nuestra conciencia ese día. No acumular. Darnos un rato cada día para sentir.

A nivel de relaciones:

1. Querernos, cuidarnos, respetarnos, valorarnos. Tener una autoestima alta, responsabilizarnos de nuestra felicidad y ser emocionalmente independientes.
2. Disfrutar de relaciones sanas desde el amor incondicional, la libertad y el respeto mutuo, poniendo límites a todo aquello que no queremos.

♡

Tu vida te pertenece a ti

> «Vuestros hijos no son hijos vuestros. Son los hijos y las hijas de la Vida, deseosa de sí misma. Vienen a través de vosotros, pero no vienen de vosotros. Y aunque están con vosotros, no os pertenecen.»
>
> JALIL GIBRAN

Tu vida es tuya, tu cuerpo es tuyo. Tú eres la única persona que tiene derecho a decidir lo que quiere hacer con su vida, lo que quiere y lo que no quiere.

La vida es un regalo para ti, no para tus padres.

Nacer es un regalo para ti, para que lo disfrutes y vivas a tu manera, siguiendo el impulso de tu corazón, de la vida que vive en ti.

Solo por el hecho de haber nacido, tienes derecho a vivir y a disfrutar de tu vida. No le debes tu vida a nadie. Tu vida es para ti, te pertenece a ti.

Tú eres el dueño/la dueña de tu Vida.

Tu vida se te ha dado para que la vivas y la disfrutes.

Tú eres dueño/dueña de tu cuerpo, de tu espacio y de tu tiempo.

Tú eres dueño/dueña de tu voluntad y de tu autoridad.

Eres dueño/dueña de tu territorio sexual y amoroso, eres dueño/dueña de tu mente, de tu sexo y de tu corazón.

Tú eres dueño/dueña de tu intimidad.

Tú eres libre para decidir a quién quieres como compañero/compañera de vida, con quién quieres vivir tu vida y dónde quieres vivirla.

Nadie tiene derecho a entrometerse en tus decisiones de vida.

> Tú tienes el poder y el derecho de poner límites a las personas que tratan de manipularte o invadirte, y tienes derecho a expulsarlas de tu territorio y de tu vida.
>
> Eres libre para hacer lo que quieras en tu vida, en tu cuerpo y en tu territorio.

Los padres simplemente son canales que la Vida utiliza para que podamos nacer y vivir en la Tierra.

Ser padre y ser madre es una experiencia de aprendizaje inmensa de lo que significa el amor incondicional:

> «Yo permito que la Vida cree a través de mí. Yo permito que la vida dé a luz a través de mí. Y me comprometo a amar incondicionalmente al ser que viene a través de mí, a cuidarle, a darle lo que necesita y a acompañarle hasta que aprenda a cuidarse y a vivir por sí mismo.»

Los hijos no son pertenencias ni propiedades de los padres, aunque durante siglos se han utilizado como moneda de cambio o como herramientas de poder para mejorar la calidad de vida de los padres, ascender de clase social, aumentar la riqueza de una familia o salvarla de la escasez.

Los hijos al nacer no contraen ninguna deuda con sus padres. Reciben un amor, una dedicación que luego habrán de dar a otros para equilibrar las energías entre el recibir y el dar en su vida, pero son libres para elegir a quiénes quieren dar su amor y su dedicación. De esta forma, la vida puede abrirse camino hacia adelante.

Si los hijos tuviéramos que dedicar nuestra vida a devolver a nuestros padres lo que nos han dado, en vez de unirnos a la persona que amamos y dar origen a nuevas vidas, nos habríamos extinguido hace muchísimos años.

Los hijos no tienen la obligación de devolver a sus padres lo que han recibido, sería volver para atrás, en lugar de avanzar hacia adelante, y no sería amor, sería obligación.

Esto no quiere decir que los hijos no quieran a sus padres, simplemente quiero decir que los hijos somos libres para vivir nuestra vida hacia adelante, somos libres para seguir el impulso de nuestro corazón, que no es otro que el impulso de la vida que vive en nosotros.

> **Donde hay obligación, no puede haber amor.**
> **Si no hay libertad, no puede haber amor.**
> **El amor incondicional es libre.**

Esto lo aprendí desde muy niña. Cada vez que me obligaban a hacer algo que no quería, acababa aborreciéndolo. Y también lo veía a mi alrededor; cuanto más se empeñaba alguien en que yo quisiera a alguien o fuera cariñosa con alguien, más rechazo sentía hacia esa persona. Lo vi muchas veces en mí y en otras personas.

> **El amor solo puede surgir desde la libertad.**

Cuando tú dices a alguien lo que tiene que hacer, puede que eso genere en esa persona un rechazo hacia ti y hacia lo que le has dicho.

Otra cosa muy diferente es que una persona te pida consejo y tú le des tu opinión. Eso es muy diferente, porque te lo han pedido.

Tal y como escribí en *El amor de tu vida:* **amar es permitir ser.** Y cada persona que nace es libre para elegir cómo quiere dar todo el amor que ha recibido y a quién se lo quiere dar.

> **El amor no se puede forzar.**
> **Cuando intentas manipularlo o controlarlo, se va.**

♡

Vive como si tus padres vivieran en otro planeta

Por mucho que queramos a nuestros padres, son personas que ejercen una gran influencia en nuestra vida, hasta que aprendemos a independizarnos emocionalmente de ellos y a responsabilizarnos de nuestra vida. Y esto lleva su tiempo.

¿Cuántas decisiones has tomado en tu vida para obtener el reconocimiento de tu padre o de tu madre? ¿Cuántas cosas has hecho para agradarles o para tener la fiesta en paz?

¿Cuántas cosas has dejado de hacer por no contar con la aprobación de tu padre o de tu madre? ¿O por miedo a decepcionarlos, a que te criticaran o se distanciaran de ti?

No siempre somos conscientes de por qué hacemos ciertas cosas.

No siempre somos conscientes de cuántas cosas hemos hecho en la vida para obtener el cariño, la aprobación o el reconocimiento de las personas que queremos. Y cuántas cosas hemos dejado de hacer por miedo a ser criticados, rechazados o menospreciados.

Una buena forma de descubrir por qué a veces nos obligamos a hacer algo que no queremos es preguntarnos:

«¿Esto para qué y por quién lo hago?»
«¿Qué espero conseguir a cambio?»
«¿Qué trato de evitar?»

Responder a estas preguntas y tomar conciencia de todo esto nos abre una puerta, la de nuestra claridad y el principio de nuestra libertad.

♡

2
APRENDER A CONFIAR EN LA VIDA

☼

Dos formas
de experimentar la vida

He conocido dos formas de experimentar la vida.

1. **Asumiendo tu responsabilidad.** Siendo consciente de que eres dueño de tu vida y tu libertad, y de que eres responsable de tu felicidad, tu bienestar y tu paz. Aceptando la Vida, confiando en ella y en tus capacidades, sabiendo que eres uno con ella.

Aunque no siempre comprendas la conexión que existe entre lo que haces y lo que te sucede, sabes que todo está conectado y que hay una relación entre lo que sientes, lo que piensas, lo que haces y lo que te sucede. Y sabes que en toda experiencia difícil la vida te ofrece un aprendizaje y una llave para abrir la puerta a lo que deseas y aún no tienes.

2. **Culpando a los demás.** Sin asumir tu responsabilidad no hay poder ni libertad, dependes de otros, de las circunstancias. Vivir culpando es encerrarse en un callejón sin salida. La única salida a tu felicidad, tu paz, tu poder y tu libertad es asumir la responsabilidad de tus pensamientos, sentimientos y acciones y dejar de culpar a lo externo de lo que tú sientes.

Nadie tiene el poder de controlar lo que nos sucede, porque vivimos con derecho al libre albedrío y la Vida tiene su propia voluntad. Con lo cual, lo que sí depende de nosotros es cuidar la calidad de nuestros pensamientos y emociones y acciones.

Cuando elegimos vibrar alto y somos coherentes con nuestras acciones, nuestra alta vibración nos protege y el impacto de lo que nos pueda suceder es mínimo.

Cada vibración te abre la puerta a una serie de experiencias. Cuanto más alto vibras, mucho más protegido estás. Cuanto más vives desde la gratitud, desde la bendición, más fácilmente puede protegerte la vida.

Cuanto más vives desde la culpa, desde el miedo, la queja, el rencor, menos permites que la vida te proteja.

Porque la vida respeta tu libre albedrío. No puede salvarte si tú estás culpando, maldiciendo y lleno de rencor, hasta que tú no cambies tu forma de pensar y elijas vivir desde el amor, asumiendo la responsabilidad de tus sentimientos, decisiones y felicidad.

> **Cuando asumes la responsabilidad de lo que piensas, de lo que sientes, de lo que eliges, de lo que haces, de tu felicidad y tu bienestar, tu poder está disponible para ti. Eres dueño de tu vida y de tu felicidad.**

Cuando no quieres asumir la responsabilidad de tu vida, necesitas culpar a alguien de lo que te sucede. Necesitas que algo externo te dé lo que tú no te das. Esto te convierte en dependiente de los demás, exento de tu poder.

Todo puede cambiar cuando tú eliges responsabilizarte de ti, de tu felicidad y de tu vida. Todo cambia cuando eliges vivir desde el amor. **Cuando tú eliges el amor, la felicidad y la vida, el amor, la felicidad y la vida te eligen a ti.**

Cuando te amas y te cuidas, recuperas tu poder

Cuando dejas de amarte y de cuidarte, pierdes tu poder

> «La dependencia emocional es una jaula. Es el abandono radical de uno mismo. Es querer del otro algo que no está sucediendo. Toda tu energía, tu pensamiento y tu foco está centrado en el otro y, mientras esto sucede, ¿quién se está ocupando de ti? Te dejas solo. El mayor de los dolores.»

ELMA ROURA

Cada vez que nos apegamos a alguien (desarrollando una dependencia emocional) renunciamos a nuestro poder y a nuestra libertad.

El apego es algo natural en los seres humanos, no solo durante la infancia, sino también en la vida adulta. Pero no todas las formas de apego son sanas.

Según John Bowlby, psicólogo inglés que desarrolló la teoría del apego, existen cuatro tipos de apego: el **apego seguro** (el único que es realmente sano), el **evitativo,** el **ansioso o ambivalente** y el **desorganizado o caótico.** Cada apego se reconoce por una determinada forma o estilo de relacionarse.

Hablar de modelos de apego es hablar de formas de relacionarnos, de cómo creamos vínculos, de qué tipo de vínculos creamos y de cómo nos relacionamos.

El apego evitativo tiene mucho que ver con la herida del rechazo, lo desarrollan las personas que tienen mucho miedo a ser rechazadas. El apego ansioso tiene mucho que ver con la herida del abandono y lo desarrollan las personas que tienen mucho miedo a ser abandonadas.

Estos son los dos tipos de apego más habituales, y hay estudios que muestran que la mayoría de las personas tenemos algo de los dos. Unos más de uno y otros más del otro.

La dependencia emocional tiene mucho que ver con el estilo de apego ansioso.

La dependencia emocional es igual a creer: «No soy capaz de vivir sin ti. Necesito algo de ti para poder vivir. Para poder obtenerlo, renuncio a parte de mi libertad y de mi voluntad y me enfoco en complacerte para poder tenerte a mi lado y recibir de ti lo que necesito».

Esto es lo que sucede cada vez que nos apegamos en exceso a alguien.

Durante la infancia establecemos relaciones de apego con nuestros progenitores y puede que también con los hermanos y familiares más cercanos, porque los necesitamos para poder vivir, porque aún no hemos desarrollado la capacidad de cuidarnos o de valernos por nosotros mismos y de querernos.

La principal diferencia entre la infancia y la edad adulta es que cuando somos adultos ya somos capaces de vivir por nosotros mismos, de hacernos cargo de nuestra felicidad y nuestro bienestar, somos capaces de cuidarnos, de querernos y de responsabilizarnos de nuestras emociones, pensamientos y acciones.

Para poder vivir plenamente la vida adulta y seguir desarrollándonos como seres humanos, necesitamos desapegarnos de nuestros progenitores y de aquellas personas con las que establecimos vínculos de apego dependiente durante nuestros primeros años de vida, y **actualizar esos vínculos y nuestra forma de relacionarnos con ellos**.

Madurar es, en esencia, dejar de depender emocionalmente de tus padres y aprender a responsabilizarte de tu bienestar, de tus estados emocionales, de tu equilibrio físico, mental, emocional, de tu armonía interior y exterior.

Desapegarte de tus padres es romper el cordón umbilical con ellos, dejar de depender emocionalmente de ellos, dejar de buscar en ellos el amor, la seguridad, la protección, la aprobación y el reconocimiento.

Cortar el cordón umbilical no tiene nada que ver con dejar de querer a alguien. Al contrario, es madurar esa relación y ese amor. Es dejar atrás los apegos del amor condicionado y empezar a practicar el amor incondicional. En esencia, **cortar el cordón umbilical es responsabilizarte de tu vida y tu felicidad, y tomar las riendas de tu vida.**

Cuando una persona no ha roto el cordón umbilical con sus padres, quiere decir que aún no ha aprendido a responsabilizarse de su vida, a hacerse cargo de sus emociones, de su felicidad, de su bienestar, a quererse o a cuidar de sí misma.

Por esa razón con su pareja repetirá un modelo de relación similar a la que desarrolló con sus padres en la infancia. Y cuando las cosas no van como les gustaría, empiezan a abrirse y a crecer sus heridas no sanadas de la infancia, proyectando sobre sus parejas todos los enfados, la ira y la rabia no liberados y no gestionados con los padres.

Resumiendo:

Apegarte a alguien es igual a perder tu poder.
Apegarnos a alguien nos convierte en seres
dependientes y esclavos de la voluntad
y los deseos de los demás, de su aprobación,
de su cariño y de sus miedos.
Al responsabilizarnos de nuestra vida,
hacernos cargo de nuestra felicidad
y bienestar, recuperamos nuestro poder
y nuestra libertad.

♡

Decir «sí» a la vida

Si yo no confío en la Vida, voy a negar el impulso de la
Vida en mí y necesitaré buscarlo fuera.

Si me desconecto de mi cuerpo, me desconecto de la
Tierra y de la Vida, y eso me llevará a tratar de conectar
con la Vida a través de otros cuerpos.

Así empieza la demencia y la dependencia emocional
dañina, y todo el sufrimiento que conlleva
el decir «no» a la Vida en ti

Decir «sí» a la Vida es decir «sí» a tu cuerpo, sí a conectar con él,
sí a habitarlo, y permitirte sentir tu cuerpo junto con todas las
emociones que durante años has ido enterrando en él, tratando
de evitarlas, negarlas o suprimirlas.

Cuando dejamos de vivir en el cuerpo, de tener los pies en la
tierra, y nos limitamos a vivir en la cabeza, empezamos a volver-
nos locos. Porque **necesitamos la seguridad que nos aporta habitar nuestro cuerpo y que nos permite sentir la conexión con la
Tierra y la Vida**.

¿Por qué nos desconectamos del cuerpo y de la Vida?

¿Qué necesitamos hacer para lograr la confianza en la Vida?

**¿Qué necesitamos hacer para poder confiar en nosotros mis-
mos?**

Para poder confiar en la vida, lo primero que necesitamos hacer
es liberar toda la desconfianza que albergamos dentro de nosotros hacia la Vida y hacia nosotros mismos.

- Liberar desconfianza hacia ti y hacia la vida.
- Liberar miedo a tomar decisiones y a equivocarnos.
- Liberar miedo a sufrir o a que te hagan daño si haces lo que tú
quieres, lo que te hace feliz, si sigues tu intuición o tu instinto.

Todos estos miedos pueden ser tuyos o no. Pueden ser heredados de generaciones anteriores a la tuya, o pueden ser producto de experiencias dolorosas o traumáticas de la infancia.

Cuando éramos niños a veces no teníamos la capacidad de defendernos o protegernos de lo que nos hacía daño, y tampoco teníamos la capacidad de discernir que tenemos cuando somos adultos. Esto nos lleva a sacar conclusiones erróneas y a renunciar a ser nosotros mismos para que nos acepten, nos respeten y nos quieran los demás.

Por eso necesitamos revisar las experiencias no superadas, no procesadas y no integradas de la infancia, para poder liberar los miedos y emociones reprimidas de entonces y poder liberarnos del pasado.

- **Reconectar con nosotros, con nuestro cuerpo, con nuestra esencia, con nuestros deseos y necesidades.** Habitar nuestro cuerpo con nuestra respiración, con nuestra atención, con el contacto físico, el movimiento, y permitirnos sentir todo lo que necesitemos sentir.

- **Aprender a cuidar de nosotros, darnos lo que necesitamos y permitirnos hacer lo que nos hace felices.** Atrevernos a decir «no» a lo que no queremos y sí a lo que sí queremos.

La Vida siempre te da
lo que necesitas

La Vida siempre nos da lo que necesitamos, aunque a nosotros a veces nos cueste creerlo.

Debido a todas las emociones reprimidas y pensamientos dañinos que guardamos en nuestro cuerpo, a veces nos cuesta ver con claridad.

Todas esas creencias limitantes que guardamos en nuestra mente nos llevan a veces a interpretar erróneamente lo que nos sucede, generándonos una gran cantidad de sufrimiento.

Cuanto más nos permitamos respirar, sentir y contemplar lo que tenemos guardado dentro sin juzgarnos, más fácilmente podremos liberar el pasado y ver el presente y el futuro con claridad.

Humildad ante la Vida

Ideal para leer cuando estás agotado, cuando estás cansado de luchar y no puedes más. Ideal para leer antes de dormir. Releer cuantas veces sea necesario, cuantas más, mejor.

**La Vida sabe más que tú y que yo,
por mucho que hayamos leído y hayamos vivido.**

La Vida sabe más que yo.

**Sabe lo que necesito en cada momento
y lo que es mejor para mí.**

**Porque mi visión está limitada por mis creencias
y mis emociones.**

**Y aunque cada vez esté más conectada
con mi intuición (la Vida),
la Vida sigue sabiendo más que yo.**

**Por eso decido dejar de luchar en la guerra del saber
y me rindo a lo que es.**

Acepto mi vida tal y como es ahora.

Respiro, me permito sentir y suelto.

Me permito confiar en su infinita sabiduría.

[Realiza una respiración profunda, inhala y exhala. Permítete sentir.]

**¡Qué gusto! Dejar de intentar controlar
lo que quiero que suceda,
y soltar, confiar y aceptar lo que ya es, lo que ya fue.**

**Y permitir que la Vida me guíe
y me detenga cuando así lo considere.**

Ella sabe lo que hace.

Gracias, qué descanso, qué paz.

♡

3
AMAR Y
SER AMADO

☼

El amor y el placer están disponibles para ti

La liberación de las corazas

El amor existe, el amor es real.
El placer existe, el placer es real.
El amor está disponible para ti.
El placer está disponible para ti.
Todo lo que te nutre está disponible para ti.
Mereces amor.
Mereces placer.

El amor y el placer están disponibles para ti. La pregunta es si tú estás disponible para ellos. Abrirnos a recibir amor o a disfrutar del placer depende de qué imágenes tenemos del amor y del placer en nuestra mente, y de qué memorias y emociones tenemos asociadas al amor y al placer en nuestro cuerpo.

El ser se compone de varios espacios que están íntimamente interconectados: **sexual, emocional, mental, físico y espiritual.**

> **«La energía sexual es la energía de la transformación,** es la energía **que nos permite llegar de la materia a lo sutil, de nuestra parte más animal a nuestra consciencia.** Todos somos hijos del sexo, hijos de la unión del polo masculino y del polo femenino.»
>
> ANNA HERMS

Existen tres corazas fundamentales: la sexual, la emocional y la mental. Se crearon para protegernos del sufrimiento durante la infancia en unos casos, y otras veces son heredadas. La coraza nos protege durante la infancia, pero bloquea nuestro crecimiento, evolución, felicidad, amor y placer durante la vida adulta.

Cada persona tiene dos polos a nivel corporal: la sexualidad es la parte más masculina, ubicada del ombligo hasta nuestros genitales, y los sentimientos son la parte más femenina, ubicados en la zona del corazón. Entre nuestro sexo y nuestro corazón se encuentra nuestro plexo solar, en este lugar es donde habitan los miedos que separan nuestro sexo de nuestro corazón.

Mientras las corazas están activas y hay miedos acumulados en el plexo solar, nuestra parte femenina está desconectada de nuestra parte masculina. Esta desconexión nos debilita y no nos permite disfrutar plenamente.

Lo que inicialmente se consolida como un mecanismo para protegernos durante la infancia, durante la vida adulta nos genera una gran inseguridad, porque desconecta las diferentes partes de nuestro cuerpo. Las corazas son como diques de contención. Muros para contener el miedo, el impulso vital y otras emociones, pero nos impiden sentirnos completos, libres y conectados dentro de nosotros mismos.

Las corazas nos impiden expresar y sentir el amor y el placer. La coraza nos bloquea para que no nos hagan daño. Pero al bloquearnos, tampoco permitimos que nos llegue el amor.

Para poder integrar nuestra parte femenina con nuestra parte masculina, nuestra sexualidad con nuestro amor, sexo y corazón, necesitamos deshacer el nudo emocional que tenemos entre nuestro corazón y nuestro sexo.

La respiración nos ayuda a reconectar con el cuerpo, con lo que hemos vivido, con nuestras corazas, y nos ayuda a liberar las memorias de dolor que tenemos guardadas en el cuerpo y que forman las corazas.

La respiración es el fuego capaz de disolver las corazas. Por eso son tan poderosos los ejercicios de respiración que acompañados del movimiento nos ayudan a reconectar nuestro sexo con nuestro corazón.

«Nuestra fuerza sexual abre, nutre y da calor a nuestro corazón. Nuestro corazón nutre nuestra sexualidad. La fuerza de nuestra sexualidad nutre nuestro corazón.»

ANNA HERMS

Sufrimos al tratar de separar lo inseparable, el amor de la sexualidad, la sexualidad de la espiritualidad, el cuerpo del corazón, el corazón de la psique, lo material de lo espiritual, lo divino, lo humano y lo animal.

«Hacemos el amor con la razón y amamos sin amar. Encapsulamos nuestra naturaleza animal, sexual y amorosa. Y entonces fracturamos la vida en nuestro interior.»

MARIE LISE LABONTÉ

Afirmaciones poderosas

Abrirse a la vida es abrirse al placer.

Cerrarse al placer es cerrarse a la vida.

Mi placer es mi poder.

Yo acepto mi fuerza y mi energía sexual.

Yo me permito sentirme conectada/conectado
con todo mi ser, con la fuerza de mi corazón
y mi fuerza sexual.

Yo me permito habitar mi cuerpo.

El amor y sus parcelas

El amor de una madre o de un padre es muy importante para un hijo o una hija, pero no puede sustituir el amor de la pareja o del compañero de vida.

El amor de un hijo es muy importante para una madre o un padre, pero no puede sustituir el amor de la pareja o del compañero de vida.

El amor de un amigo o de una amiga son importantes, pero no pueden sustituir el amor de una pareja o un compañero de vida.

El amor de un compañero de vida no puede sustituir el amor de los amigos.

Durante años mi foco estaba puesto en encontrar mi compañero de vida y en crear una relación de pareja con él. Cuando empecé a ver que esto era posible, cercano y accesible a mí, me di cuenta de cuán importantes son los amigos y las amigas, y que **la parcela de la pareja y la de las amistades son diferentes, ambas son importantes y necesarias.**

Sin darnos cuenta aprendemos e imitamos los patrones de relaciones de nuestros padres y ancestros. Y si a nuestro padre o nuestra madre no los hemos visto dar mucha importancia a la parcela de la pareja o a la de los amigos, puede suceder que inconscientemente nosotros tampoco se la demos.

Yo he conocido a personas que daban importancia exclusivamente a la pareja, a otras que daban importancia solo a los amigos, y a otras que no daban importancia a ninguno de los dos y que solo se la daban a los hijos.

Desde mi experiencia, las dos (pareja y amistades) son necesarias. **Cuando prescindimos de los amigos, cuando no cultivamos esta parcela, somos más vulnerables a caer en la dependencia emocional con la pareja.** Porque en vez de permitirnos nutrirnos y aprender en diferentes relaciones, nos estamos nutriendo solo de una, y esas relaciones que no se abren a los demás, llega un momento en que empiezan a empobrecerse, porque son tan cerradas que al final se asfixian o mueren de aburrimiento.

Y lo mismo sucede con quien rechaza tener pareja, que puede que tienda a buscar en los amigos lo que no recibe de la pareja. Al final, el problema que generan las relaciones cerradas es el mismo: debilitan, empobrecen y pueden llegar a ser muy dañinas.

Nuestra mente y nuestro corazón necesitan variedad, seguir conociendo personas nuevas, ir a lugares diferentes, probar cosas nuevas, escuchar melodías o canciones nuevas, leer libros diferentes, experimentar cosas nuevas, aprender para poder seguir creciendo y disfrutar. Forma parte de nuestra naturaleza.

Amar no es poseer

Amar tiene que ver con apreciar
respetando la libertad de cada uno

El amor no daña, **el amor sana y repara, aporta alegría, calma, seguridad y bienestar.**

El amor no ata, **el amor respeta tu libertad.**

El amor no critica, no hace reproches, ni corrige, ni te intenta cambiar. **El amor te acepta tal y como eres y permite que seas tú mismo.**

Si algo daña o limita tu libertad no es amor, es otra cosa.

Si tememos el amor, puede ser porque durante la infancia o la adolescencia fuimos dañados en la cercanía y nos creamos una imagen distorsionada de lo que es el amor.

Lo importante es aprender a mirar el pasado desde la comprensión que nos da la experiencia, para poder descubrir que, si alguien nos dañó, probablemente lo hizo inconscientemente, porque esa persona estaba herida, no supo gestionar sus emociones o no supo hacerlo mejor.

Lo importante es aclarar en nuestra mente adulta y aprender a diferenciar lo que es amor y lo que no.

El amor es seguro. Lo importante es aprender a descubrir y a distinguir qué personas son seguras para nosotros y cuáles no.

Para que el amor entre en nuestra vida, lo primero que necesitamos sentir es que es seguro para nosotros.

Y lo mismo sucede con el dinero. **La primera condición para poder manifestar algo en tu vida es sentir que eso es seguro para ti.**

♡

¿Qué es amar?

Y qué no es amar

- Amar no es poseer, amar es respetar la libertad de cada uno.
- Amar no es hacer feliz.
- Amar no es responsabilizarse de la felicidad del otro.
- Amar es desear que alguien sea feliz a su manera y respetar que cada persona es responsable de su felicidad y sus sentimientos.
- Amar no es decir a alguien lo que tiene que hacer.
- Amar es respetar su voluntad y sabiduría interior.
- Amar no es preocuparse, amar es confiar en la capacidad de esa persona para vivir su vida.
- Amar es ocuparte de ti y responsabilizarte de tu felicidad y tu bienestar, y permitir que la otra persona se responsabilice de su felicidad y su bienestar.
- Amar no es intentar que alguien sea como yo quiero y satisfaga mis necesidades, amar es respetar la libertad de esa persona para ser ella misma, para sentir lo que necesita sentir, para elegir, decidir y hacer lo que necesita y desea experimentar.
- Amar es acompañar.
- Amar es disfrutar.
- Amar es ser un puerto seguro para el otro y para ti.

- Amar es estar abierto a recibir y a ofrecer ayuda cuando el otro te la pide y puedes dársela.
- Amar es ser paciente.
- Amar es darte el tiempo que necesitas y respetar los tiempos de cada uno.
- Amar es escuchar.
- Amar es emocionarse con las alegrías y los logros del otro y los propios.
- Amar no es cargar con el sufrimiento del otro ni intentar cambiar los sentimientos del otro.
- Amar es mirar con amor, mostrar comprensión, acompañar desde el respeto.
- Amar no es luchar.
- Amar es aceptar y respetar la libertad de cada ser y fluir con la Vida.
- Amar no es decir siempre sí.
- Amar es escuchar tu corazón, tu intuición y tu instinto, y atreverte a hacerles caso, decir «sí» cuando quieres decir «sí», y decir «no» cuando quieres decir «no».
- Amar es perdonar y perdonarte todos los errores.
- Amar es dejar ir cuando una persona no quiere permanecer a tu lado o cuando una persona no es buena para ti.
- Amar es permitirte poner fin a una relación, cuando ya lo has intentado todo y ves que lo que necesitas es tomar otro camino.
- Amar no es permanecer al lado de alguien para siempre.
- Amar requiere amarte en primer lugar, marcharte cuando necesitas hacerlo y dejar ir a quien no es bueno para ti en ese momento.
- Amar es relacionarte de igual a igual.
- Amar es confiar en quien sientes que puedes confiar.
- Amar es aceptar a cada uno tal y como es.
- Amar es honestidad.
- Amar es respeto a la libertad.
- Amar es dar amor y permitirnos recibir amor.

- Amar es elegir relacionarte desde el amor.
- Amar es ser comprensivo y cariñoso.
- Amar y ser amados.

Preguntas poderosas

¿Qué significa para ti cuando alguien te dice que no?

¿Qué significa para ti ser una buena persona?

¿Qué significa para ti ser una buena mujer, una buena madre, una buena hija?

¿Qué significa para ti ser un buen hombre, un buen padre, un buen hijo?

¿Qué es prioritario para ti: hacer lo que te hace feliz o evitar lo que te da miedo?

¿Qué cosas o experiencias tratas de evitar en tu vida?

¿Qué temes que suceda si eres feliz? ¿Y si disfrutas de tu vida cada día? ¿Y si todo te va genial?

¿Qué temes que sucedería con tus relaciones familiares si tuvieras éxito en abundancia en todas las áreas de tu vida? ¿Y con tus amigos o amigas?

♡

🖋 EJERCICIO

Después de ver todo esto, lo más importante es que te preguntes lo siguiente: **«¿Qué significa amar para mí?»**.

Si yo me hago esta pregunta, acuden a mi mente las siguientes respuestas:

- Amar no es hacerse cargo de la felicidad ni del bienestar de otra persona.

- Amar no es poseer ni adueñarse de la libertad de decisión de otra persona. Amar no tiene nada que ver con decidir o mandar en otro.

- Donde hay obligación no puede haber amor.

- Solo donde hay respeto a la libertad puede haber amor.

Cada día tengo más claro que amar tiene que ver con:

- Permitir ser.

- Respetar la libertad de cada persona para ser ella misma y hacer lo que le hace feliz y necesita experimentar.

- Amar es acompañar y compartir momentos siempre que el deseo de acompañarse y compartir sea mutuo.

- Amar es respetar tanto los «sí» como los «no».

- Amar es comprender o hacer todo lo posible por comprender y respetar las decisiones de cada uno.

- Amar es desarrollar la comprensión y la compasión.

- Amar también es dejar ir y respetar a las personas que no desean compartir su tiempo contigo.

- Amar es respetar los tiempos de cada uno.

- Amar es perdonar los errores.

- Amar es bendecir.
- Amar es desear lo mejor.
- Amar es desear a alguien que sea feliz a su manera.

GRACIAS, TE AMO.

¿Qué significa para ti ser amado?

Durante meses antes de ir a dormir me miraba en el espejo del baño y me decía: «Gracias, Rut, te amo. La vida te ama. Yo amo a la vida y permito que la vida me ame».

Y después de llevar varios meses repitiendo estas afirmaciones todas las noches, un día me dije: «¿Y por qué no recordarme y decretar también estas palabras al empezar el día?».

Yo sentía que tenía resistencias para permitirme ser amada, pero no sabía por qué.

Pocos días después de empezar a repetir estas afirmaciones por la mañana, una mañana me desperté con mucha tristeza. Y me venía una pregunta: «¿Qué significa para mí ser amada?».

Me incorporé, me senté en la cama y respiré. Y la misma pregunta volvía a mí: «¿Qué significa para mí ser amada?».

Respiré, me permití sentir y dejé que las lágrimas salieran de mis ojos y se llevaran esa tristeza.

Y a medida que salían las lágrimas, mi cuerpo y mi mente empezaron a contarme lo que yo había asociado a «ser amada».

Yo tenía asociadas muchas ideas que nada tenían que ver con ser amada; tenían que ver con el sufrimiento, no con el amor.

Y de ahí mi tristeza y mi resistencia a ser amada, porque lo que tenía en mi mente era una falsa idea de lo que era ser amada. Y entonces comprendí, y me liberé, y esa liberación y esa comprensión dieron paso a una serena alegría, ahora sí era seguro ser amada. Así funciona el proceso de resignificación.

Cuando emerge una emoción del pasado, la acepto, la respiro y la lloro si lo necesito, o la pataleo, o la saco moviendo los brazos o el cuerpo entero si me lo pide. Lo que me pida el cuerpo.

Tu cuerpo sabe en qué parte tiene guardada cada emoción y cada creencia limitante, y qué parte necesita mover para liberarla. A veces necesita llorar, gritar, cantar, bailar, saltar, patalear, bufar, gruñir, dar golpes o patadas al aire, escupir, toser, estornudar, temblar. Nuestra responsabilidad es darle un espacio seguro para que pueda hacerlo.

¿Qué significa para ti ser amado?
¿Qué significa para ti ser amada?

Anótalo en tu cuaderno, apunta todo lo que te venga. Y deja la lista abierta para que puedas ir completándola a lo largo del día o de los días siguientes, con lo que te vaya viniendo.

Si sientes que no eres amada y quieres ser amada, pregúntate:

¿Por qué no quiero ser amada?
¿Qué temo que suceda si soy amada?
¿Qué temo y evito sentir?
¿Qué temo perder si soy amada?

Date tu tiempo para responder a estas preguntas y escribe cada día las respuestas que te vengan.

¿QUÉ SENTIMIENTOS TIENES ASOCIADOS A «SER AMADO O AMADA»?

En función de los sentimientos que tengas asociados en tu memoria a «ser amado», vas a permitirte ser amado o lo vas a evitar.

En todo momento nos movemos para lograr lo que deseamos o para evitar lo que tememos. Si creemos que el amor es algo bueno para nosotros, el deseo de amar y ser amados nos va a llevar a experimentar el amor. Pero si creemos que el amor es algo doloroso o asociado al sufrimiento, nuestros miedos van a tratar de evitarlo de todas las maneras posibles.

Ser amado no tiene nada que ver con renunciar a tu libertad, a tus deseos o a tu felicidad.

No tiene nada que ver con el sufrimiento, el sacrificio o la soledad.

Ser amado no tiene nada que ver con la obediencia, la obligación o la sumisión.

Ser amado no tiene nada que ver con consentir el desprecio, la frialdad, la indiferencia o la humillación. Ser amado no tiene nada que ver con consentir que abusen de ti.

Ser amado no duele, no agota y no genera sufrimiento. Todo lo contrario.

Ser amado potencia tu confianza en ti, en el otro y en la vida, y fortalece tu sensación de seguridad.

Ser amado es ser aceptado y apreciado tal y como eres. Ser amado es ser deseado, elegido, visto, escuchado y atendido.

Ser amado es disfrutar de la compañía y la presencia amorosa de la persona amada.

Ser amado es ver respetada tu libertad, tu voluntad y tu dignidad en todo momento.

Ser amado potencia tu energía, tu luz y tu alegría. Porque cuando el amor fluye en ambos sentidos, se multiplica la energía de los dos y crece exponencialmente.

Ser amado es ser reconocido, elogiado y respetado tal y como eres.

Ser amado es fluir con la vida, disfrutar de la vida, honrar la vida.

Ser amado es poder expresar lo que sientes y piensas, y ser respetado y apreciado en todo momento.

Ser amado es ser perdonado siempre que cometas un error o hagas daño sin querer.

Ser amada potencia el sentirte atractiva, valiosa e importante.

Ser amada me recuerda que estoy bendecida y llena de gracia, me conecta con la gratitud, la abundancia, y potencia mi capacidad de comprensión.

Ser amada es ser consciente de que tienen ganas de verte, disfrutar de tiempo de calidad, ser acariciada, besada, abrazada y tratada con cariño.

Gracias, yo permito que así sea y así es, hecho está.

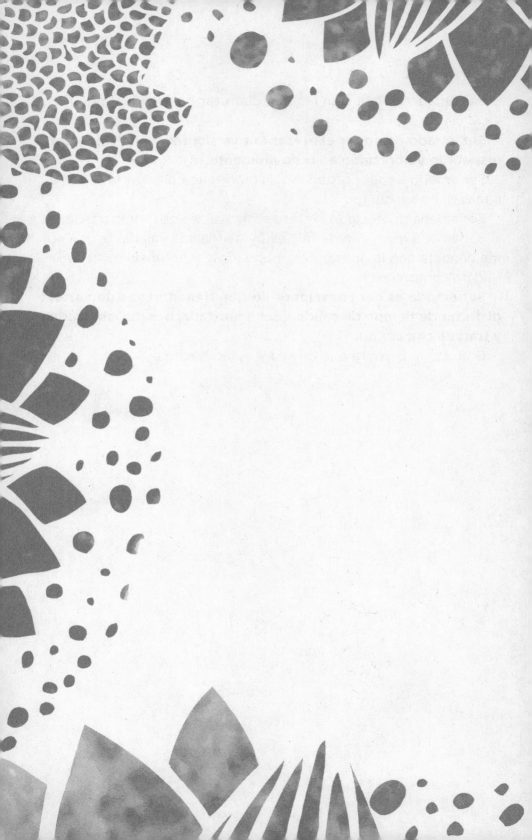

4
TUS DERECHOS DE NACIMIENTO

☼

Nuestro derecho al libre albedrío

La ley de no interferencia

Todos hemos sido creados libres. A todos se nos ha dado el derecho a elegir lo que queremos vivir, hacer, experimentar, aprender en nuestra vida y en nuestro cuerpo. Y tenemos derecho a que nuestra libertad, nuestra vida, nuestra felicidad, nuestro amor y nuestra paz sean respetados por todos los seres del cosmos.

Se nos ha dado la libertad para experimentar la vida, el amor, el placer y la felicidad, y para aprender de nuestras experiencias.

> Nadie tiene ningún derecho a interferir en nuestro libre albedrío. Y ninguno tenemos derecho a interferir en el libre albedrío de otros.

El libre albedrío es un derecho de todos.

La ley de no interferencia es la que precisamente acompaña a este derecho tan nuestro.

La ley de no interferencia es la que nos recuerda que no tenemos ningún derecho a interferir en el camino de aprendizaje de nadie. Podemos ofrecer nuestra ayuda si así lo deseamos, pero cada persona es libre para aceptarla o rechazarla.

Dicen que cada alma, en su gran sabiduría, antes de nacer elige lo que desea experimentar en cada vida, aunque al nacer seguramente lo olvide. Y esa decisión ha de ser respetada por todos.

Cada vez que vemos sufrir a alguien e intentamos ayudarle sin que nos pida nuestra ayuda, estamos interfiriendo en su libre albedrío.

También dicen que, para poder volver a disfrutar de la unión, la conexión y el amor con la Fuente, necesitamos integrar la luz y la oscuridad que hay en nosotros, y para poder integrarlas necesitamos antes conocerlas y experimentarlas.

Cada vez que intentamos manipular o ayudar a alguien sin preguntarle antes si desea o no recibir nuestra ayuda, por muy buena que sea nuestra intención, además de estar interfiriendo en su libre albedrío, nos estamos poniendo por encima de esa persona, estamos ejerciendo el rol de salvadores, e inconscientemente le estamos diciendo a esa persona: «Yo sé más que tú en esto». Y al hacer esto, estamos generando un karma.

Cada vez que interferimos en el libre albedrío de otro y nos ponemos por encima de la otra persona, para intentar ayudarla o porque queremos que esa persona sea como nosotros queremos o haga lo que nosotros queremos, estamos generando karma, un potencial o una carga energética que en algún momento volverá a nosotros, a no ser que tomemos conciencia de ello, nos permitamos sentirlo y nos perdonemos la invasión o interferencia que hemos cometido en el libre albedrío del otro.

Es decir, cada vez que yo invado la libertad de alguien, genero un potencial futuro que, si no lo libero tomando conciencia de mi error, tarde o temprano se traducirá en que alguien me hará a mí algo parecido, para que yo tome conciencia de lo que he hecho.

Y lo llamo *error,* porque es algo que hacemos sin darnos cuenta, debido a nuestra falta de consciencia.

De ahí que se diga que la vida es un espejo, que somos espejos los unos de los otros, que lo que yo recibo es lo que doy o lo que he elegido experimentar, aunque ahora no lo recuerde. Por eso se dice que todo lo que sale de ti vuelve a ti.

Por eso ahora cada vez que veo a alguien sufriendo, en vez de pensar «pobrecito» o «pobrecita», trato de ver siempre al alma sabia y valiente que habita esa persona, que ha decidido vivir esa experiencia para poder aprender de ella.

Otra de las grandes lecciones que estoy aprendiendo es que cada vez que yo quiero ayudar a alguien, en el fondo es a mí a quien quiero ayudar. La ayuda que yo veo que el otro necesita es lo que yo necesito darme a mí misma. Pero lo proyecto en el otro y me lo creo (ja, ja, ja). Cuando este proceso empezamos a hacerlo consciente, puede ser muy divertido, y creo que es bastante sano hacerlo divertido, quitarle hierro y hacerlo más liviano y sencillo de gestionar.

Ahora, cuando yo veo la ayuda que creo que necesita alguien, se la ofrezco y, si no la quiere, y me doy cuenta de que no tengo que interferir, lo que hago es escribir lo que me gustaría decirle a esa persona. Y después me digo: «Rut, esto es para ti». Y lo leo con calma. Y cuando me permito ver qué hay en ese mensaje para mí, este ejercicio puede ser muy poderoso. Te invito a comprobarlo la próxima vez que te sientas tentado a ejercer el rol de salvador.

Recuerda que **no tienes que salvar a nadie para que te amen o te valoren.**

No tienes que ponerte por encima de nadie para demostrar que eres valioso, sabio, fuerte o poderoso.

No tienes que demostrar nada a nadie. Tan solo tienes que aprender a creer en ti, a amarte, a valorarte, reconocerte y respetarte.

También puede ser que, si deseas mucho ayudar, sea tu alma la que está tratando de decirte que ofrezcas ese deseo y esa necesidad que sientes de ayudar a otros como trabajo o como voluntario. Puede ser la llamada de tu propósito de vida, de tus dones, de tu misión, etcétera.

♡

Nuestros derechos elementales

NUESTRA LIBERTAD

Somos libres para hacer lo que queramos únicamente en nuestro territorio (nuestro cuerpo), en nuestro tiempo y en nuestras pertenencias (casa, coche, etcétera).

Tenemos:

- Libertad para ser nosotros mismos.
- Libertad para hacer nuestra voluntad en nuestra vida.
- Libertad para elegir a nuestro compañero de vida, a nuestros amigos y nuestro trabajo.
- Libertad para decidir en nuestras relaciones y en nuestro trabajo.
- Libertad de expresión, para expresar lo que sentimos y pensamos.
- Libertad de movimiento, para movernos libremente.

NUESTRO DERECHO A SER RESPETADOS

Todos tenemos derecho a que nuestra libertad sea respetada en todo momento. Y todos tenemos que respetar la libertad de cada persona.

Tenemos derecho a que nuestra dignidad, nuestra voluntad, nuestra autoridad, nuestra verdad, nuestro cuerpo, nuestra salud y nuestra vida sean respetados en todo momento.

Y todos tenemos que respetar la libertad de los demás, su dignidad, su voluntad, su autoridad, su verdad, su cuerpo, su salud y su vida.

NUESTRO DERECHO A SER FELICES, A AMARNOS, AMAR, SER AMADOS Y SENTIRNOS EN PAZ

Nuestra felicidad, nuestro amor y nuestra paz son cualidades de nuestro ser. Nos pertenecen y tenemos derecho a habitarlas y a disfrutarlas.

Nuestra felicidad, nuestro amor y nuestra paz son nuestros derechos elementales.

Tenemos derecho a ser felices y a ser amados y respetados.

Tenemos derecho a hacernos felices y a ser amados y respetados.

Tenemos derecho a ser felices y amados y a que nuestra vida y nuestro cuerpo sean respetados.

Nuestro derecho a decidir
en nuestro cuerpo

La Vida te regaló tu cuerpo para que pudieras disfrutar de esta hermosa experiencia en la Tierra. Te lo dio para que pudieras habitar en ella, para que pudieras experimentar en él el amor, la alegría y el placer de vivir. Te lo dio para aprender y experimentar el amor. La Vida te dio tu cuerpo para amar y ser amado, para expandir el amor que eres, irradiar tu luz, tu belleza, tu amor y tu paz.

Una mente conectada a su corazón permite que el corazón (su ser y su amor) lidere su cuerpo respetando su libertad y atento a la sabiduría que reside en el cuerpo.

Una mente desconectada del corazón, llena de miedos, culpa, prohibiciones, obligaciones y juicios morales, no respeta la libertad del cuerpo, lo limita con sus miedos y emociones.

Tu cuerpo es el hogar del amor, de tu belleza, tu paz, tu inocencia, tu sabiduría y tu dicha, tu verdadera esencia. Todo lo demás que crees que eres y no tiene nada que ver con el amor es tu parte condicionada, que en realidad es como una manta que cubre u oculta tu verdadero ser, tu luz y tu amor.

Eres libre para amar a quien tú quieras y para ser amado

Eres libre para amar y para dejar de amar
El amor no tiene que durar para siempre

Somos libres para amar a quien queramos. Y no podemos obligarnos a amar a quien no amamos.

Tenemos derecho a amar a quien queramos. Y tenemos derecho a que nuestra libertad para amar sea respetada. Del mismo modo que tenemos que respetar la libertad de cada ser para que ame a quien quiera amar.

No tenemos derecho a interferir en las elecciones de nadie y nadie tiene derecho a interferir en nuestra libertad de elección.

También tenemos derecho a cambiar de opinión y a ser respetados. El amor es algo que no se puede forzar ni controlar.

Cuando dejas de amar a alguien, no tienes que obligarte a seguir amándolo, ni obligarte a permanecer a su lado. El amor con la misma persona no tiene por qué durar para siempre.

La obligación es una idea opuesta al amor. El amor es libertad. Si no hay libertad, no hay amor, hay obligación.

Afirmación poderosa

Yo me permito amar a quien realmente amo y dejar de amar a quien realmente no amo y sentirme en paz conmigo mismo.

♡

Tu patrimonio divino

Abrirse a recibir

«Lo que es para ti, ni aunque te quites. Y lo que no es para ti, ni aunque te pongas.»

AUTOR DESCONOCIDO

Todo lo que te pertenece y te corresponde por derecho divino, nada ni nadie te lo puede quitar. Lo que está para ti es para ti.

TOMA LO QUE ES TUYO

Creo que la Vida tiene un patrimonio asignado para cada persona. Muchos lo llaman *tu herencia divina*.

Creo que la Vida en todo momento nos da lo que necesitamos, y lo que deseamos y nos pertenece por derecho divino nos lo da cuando nosotros nos sentimos preparados para recibirlo y permitimos que nos lo dé.

Para poder recibir lo que deseamos necesitamos sentir que...

1. Somos dignos de recibirlo.
2. Tenemos derecho a recibirlo.
3. Merecemos recibirlo.
4. Es seguro que lo recibamos.

Cuando sentimos todo esto, abrimos la puerta a que la Vida nos pueda entregar lo que hemos pedido y nos corresponde por derecho divino.

Dicen que, si algo es para ti, está para ti y nadie te lo puede quitar. Y que lo que no es para ti no está para ti por mucho que te empeñes.

Cuando yo desconfiaba de la Vida, estas frases me inquietaban. Hasta que aprendí que la Vida me ama, que lo que más desea es mi felicidad y que la Vida ha dispuesto para mí todo lo que yo necesito y de corazón deseo. Es decir, si yo necesito o deseo algo de corazón (algo que es bueno para mí), la Vida lo tiene para mí y me lo va a dar cuando yo esté preparada para recibirlo.

Afirmaciones poderosas

Otras **afirmaciones poderosas** que nos pueden ayudar a abrirnos a recibir nuestra herencia divina son:

Yo me permito tomar lo que es mío.

Yo me permito tomar lo que es para mí,
lo que me corresponde por derecho divino.

Yo me permito recibir mi más alto bien,
lo que necesito y me hace feliz.

Yo me abro a recibir todo lo bello que merezco
y que la vida tiene para mí ahora.

Yo permito que la vida satisfaga todas mis necesidades físicas
y afectivas de la mejor y más elevada manera posible,
en armonía con todo lo que es.

Yo permito que la vida me ame ahora, hoy y siempre.

Yo me abro a recibir ahora todo el amor y la abundancia que la
vida tiene para mí ahora.

Gracias, yo permito que así sea y así es, hecho está. En armonía
con el Universo.

Tienes derecho a ser feliz y a ser amado y respetado

El sufrimiento termina cuando dejo de hacerme daño y empiezo a respetarme, escucharme, atenderme, cuidarme, tratarme con amor y elegir lo que me hace feliz y lo que me hace bien.

Termina cuando dejo de juzgar lo que me sucede como algo malo, me abro al aprendizaje y empiezo a aceptar lo que me sucede como una oportunidad para aprender a ser feliz, a hacerme feliz, a amarme, a valorarme, a respetarme, a creer en mí y a confiar en la vida.

Termina cuando dejo de buscar la felicidad de los demás y empiezo a responsabilizarme de mi propia felicidad.

Cuando tú te sientes merecedor de algo y actúas en coherencia, el Universo moverá los hilos necesarios para ser coherente contigo y dártelo.

Afirmaciones poderosas

Yo tengo derecho a ser feliz y a disfrutar de mi vida.

Ser y hacerme feliz es mi derecho y mi responsabilidad.

Yo puedo ser feliz y disfrutar de mi vida, y ser respetado/respetada y tratado/tratada con amor en todo momento.

♡

Tienes derecho a decir «no» y a sentirte en paz

Tienes derecho a decir «no» y a ser respetado y amado

Solo cuando hay respeto a la libertad para decir «no», puede haber amor.

Si no hay respeto a la libertad para decir «no», no puede haber amor; habrá dominación y sumisión, sometimiento y obediencia.

Cada vez que no te atreves a decir «no» a lo que no quieres, estás permitiendo que la otra persona bloquee o dirija tu vida.

Para poder decir «sí» a lo que tú quieres, es necesario decir «no» a lo que no quieres.

Atreverte a decir «no» a alguien y respetar que esa persona te diga «no», eso es lo que permite que vuestra relación sea de igual a igual. Cuando no nos atrevemos a decir «no» a alguien, nos estamos poniendo por debajo de esa persona, nos estamos sometiendo. Cuando no aceptamos que alguien nos diga «no», nos estamos poniendo por encima.

Ser complaciente es someterse a otro. Ser complaciente con alguien, a veces, implica renunciar a tu voluntad o abandonarte.

Ser complaciente haciendo lo que te gusta es sano. Ser complaciente haciendo lo que no te gusta o no te hace bien es abandonarte y someterte a otro.

«Decir "no" a la madre es cortar el cordón umbilical.»

MARGARITA FERNÁNDEZ

Cuando nos atrevemos a decir «no» a nuestra madre o a nuestro padre respecto a algo que no queremos es cuando realmente podemos empezar a asumir la responsabilidad de nuestras decisiones. Hasta que no nos atrevemos a hacer lo que queremos y a responsabilizarnos de ello, no podemos ser adultos.

Crecer, madurar, hacerse grande, cortar el cordón umbilical es asumir la responsabilidad de tu vida y la responsabilidad de tus decisiones. **El camino hacia tu libertad y a tu felicidad empieza por estar dispuesto a asumir la responsabilidad y las consecuencias de tus decisiones y acciones.**

Mientras no nos atrevemos a decir «no» a alguien es porque algo recibimos a cambio de esa persona. Algo nos estamos negando a nosotros mismos y eso nos convierte en dependientes y sumisos a la aprobación de esa persona.

Si eres adulto, debes ser capaz de asumir la responsabilidad de tus decisiones. Estás preparado. La Vida te creó para que fueras feliz y vivieras tu vida, hicieras realidad tus sueños y llevaras a cabo tu función, tu propósito, el que la Vida te dio.

Tienes derecho a decir «sí» a lo que tú deseas y necesitas y a sentirte en paz

Puedes decir «sí» a tu FELICIDAD y ser respetado y amado

En el momento en que aprendemos a hacernos cargo de nuestras necesidades, deseos y emociones, lo que puedan decir o hacer los demás pasa a un segundo plano.

Cuando tenemos claro lo que queremos y cuáles son nuestros derechos, nadie puede detenernos.

Cuando nos respetamos y nos permitimos hacer lo que de corazón necesitamos y deseamos, las personas que nos rodean nos respetarán.

Los demás siempre nos hacen de espejos. Cuando tienes claro lo que quieres y mereces, el miedo ya no tiene lugar.

Cuando tenemos claros nuestros derechos y nuestra capacidad para hacer lo que deseamos, lo notamos porque hacemos las cosas desde la calma. Ya no hay miedo al qué dirán.

Si tú te sientes en paz con lo que haces, nadie te puede culpar. Y aunque alguien lo intentara, no te afectaría. Comprenderías que esa persona está viviendo su propia historia y que lo está haciendo lo mejor que puede. Te vuelves más comprensivo, porque tú ya pasaste por ahí y sabes lo que es.

Es el poder supremo, el de la comprensión y la compasión. La mirada de quien se siente amado y comprendido, mira con amor y comprensión, respetando el momento y la libertad de cada ser para expresarse, sin identificarse con las reacciones o respuestas de los demás.

Tienes derecho a disfrutar del placer

Recuperar tu derecho al placer es recuperar tu poder

Mereces el placer.
Has sido creado/creada para el placer.
Permitirnos experimentar placer es nuestro derecho a gozar la vida.

«Placer es tu derecho a sentir, tu derecho a recibir, tu derecho a gozar.»

ANNA HERMS

El útero, la vagina, el clítoris, el pene y el glande, aparte de su función reproductiva, son órganos para experimentar placer.

Todos ellos son órganos dotados de una gran sensibilidad. Esta sensibilidad se nos ha dado para experimentar el placer en ellos y para que todos ellos sean tratados con amor, suavidad y delicadeza.

Pero al incorporar todas las ideas que censuraban el placer, al experimentar el dolor en las relaciones sexuales violentas, la culpa y la vergüenza, inconscientemente nos fuimos desconectando de nuestros genitales, insensibilizándonos y bloqueando el flujo de nuestra energía sexual, sobre todo la mujer.

Cuando tomamos conciencia de nuestro derecho y nuestra capacidad para disfrutar del placer, podemos recuperar la conexión con nuestros genitales, habitarlos y permitir que recuperen sus movimientos naturales.

El pene y la vagina son órganos que necesitan ser tratados con delicadeza y con amor, debido a su gran sensibilidad. Y en especial el glande y el clítoris, la zona de mayor sensibilidad en el hombre y en la mujer, respectivamente.

En general el hombre está más conectado a sus genitales que la mujer a los suyos, debido a que la represión sexual en el hombre ha sido menor que en la mujer.

Pero un hombre que ha sufrido violencia sexual o encuentros sexuales agresivos, o una educación muy castrante, es posible que se haya desconectado parcialmente de esa parte de su cuerpo y de su capacidad para experimentar placer.

Nuestra capacidad para disfrutar del placer está intacta tanto en el hombre como en la mujer, y en todo momento podemos recuperarla.

Yo doy gracias por haberme encontrado con Anna Herms y por sus prácticas de sexualidad orgánica. Lo que yo he liberado durante esas prácticas no se puede explicar con palabras.

Me parece alucinante hasta qué punto las creencias limitantes, los miedos, la vergüenza y la culpa pueden llegar a bloquear el cuerpo, su movilidad y su flexibilidad, contrayéndolo y contracturándolo. Y más alucinante aún me parece nuestra capacidad para sacar todo eso y devolverle la libertad de movimiento, el bienestar y el placer naturales en él.

Soy testigo del inmenso poder de nuestra respiración, cuando la combinamos con determinados movimientos y afirmaciones.

Por eso recomiendo muy mucho las prácticas de orgánica de Anna a cualquier persona que se sienta sexualmente bloqueada o a la que le cueste abrirse a disfrutar del placer, tanto para hombres como para mujeres.

> «Darte placer es un acto de amor hacia ti, desde donde la abundancia puede fluir y florecer. Todo lo que necesitas ya está dentro de ti.»
>
> ANNA HERMS

Permitirte sentir placer en todo tu cuerpo y sentirte en paz es tu derecho, tu naturaleza, tu origen.

Permitirte sentir placer es honrar la Vida, es decir «sí» a la Vida.

El amor y el placer son nuestros orígenes, son nuestra fuente de vida, los padres que nos han dado la vida.

Somos hijos del amor y del placer, somos hijos de la sexualidad sagrada de la Vida, la fusión del principio creativo femenino y del principio creativo masculino.

Recuerda:

Eres amor, eres placer, eres vida.
Eres éxtasis, gozo, dicha.
Eres belleza, sabiduría, claridad, fuerza de vida.
Eres la eterna paz.
Eres bondad.

Afirmaciones poderosas

Yo me permito incluir el placer en mi vida.

Yo invito al placer a mi vida.

El placer es bienvenido en mi vida.

El placer es mi poder.

El placer es sumamente beneficioso para todo mi sistema, me aporta bienestar, alegría, claridad mental y equilibrio emocional.

Tengo derecho a disfrutar del placer y a sentirme en paz.

El placer es algo natural en mí.

Yo permito que mi cuerpo busque y encuentre el placer en cada movimiento. Yo permito que mi cuerpo se mueva por placer.

Yo soy amor, yo soy placer, yo soy vida.

Yo soy éxtasis, gozo, dicha.

Yo soy belleza, sabiduría, claridad, fuerza de vida.

Yo soy bondad.

Yo soy abundancia, creatividad y potencialidad infinita.

Yo soy la eterna paz.

Yo merezco el placer.

Yo merezco el amor y la abundancia.

Yo me permito disfrutar del placer, sentir placer y sentirme en paz conmigo, con la vida y con todo lo que es.

Yo me permito recibir placer. Yo me permito gozar del placer. Yo me permito recibir toda la abundancia que deseo y necesito. Yo merezco disfrutar del placer, del amor y la abundancia en todo momento.

♡

Tienes derecho a disfrutar de la abundancia

Mereces la abundancia

Te mereces recibir, tener y disponer de todo
el dinero que necesitas y mucho más, para que
tu vida sea económicamente fácil y para hacer
todo lo que de corazón deseas y necesitas.
Has sido creado para ser abundante.
Has sido creado para disponer de todos los
recursos que necesitas.
Tu derecho a la abundancia es sagrado.

La vida nos lo ha dado para que podamos disponer y disfrutar de todo lo que necesitamos y deseamos para vivir nuestra vida y llevar a cabo nuestra misión o propósito de vida.

Mi visión de la vida desde que escribí *Cree en ti* es que todos tenemos una misión o función divina. Y cuando empezamos a trabajar para el Universo, para el Amor y la Vida, el Amor y la Vida empiezan a darnos todos los recursos que necesitamos.

Si yo acepto la abundancia que la vida me ofrece, yo puedo llevar a cabo mi función mucho más fácilmente que si la rechazo.

Si rechazo la abundancia, mi preocupación por cómo recibir el dinero que necesito no va a permitir que esté cien por cien centrada en mi propósito.

Por esa razón la vida nos da todo lo que necesitamos en cada momento. Desde un punto de vista pragmático, para la Vida somos más útiles cuando nuestra vida económica está resuelta, y podemos concentrarnos en nuestro trabajo.

El tiempo que pasamos preocupándonos por cómo conseguir dinero y la energía que consumimos al preocuparnos no podemos emplearlos en nuestra misión.

Así llegué yo a la conclusión de que, para mis jefes, que son el amor y la vida, soy mucho más útil siendo económicamente libre. Porque toda mi energía está disponible para llevar a cabo mi misión de vida, para investigar o para todo lo que necesite llevar a cabo.

Con la pareja y las relaciones sucede lo mismo. Si yo estoy preocupada porque no tengo mis necesidades afectivas y sexuales resueltas, la energía que consumen mis preocupaciones no está disponible para que yo lleve a cabo mi función divina.

Cuanto más libres estamos de preocupaciones, cuanto más abundantes y amados nos sentimos, más energía tenemos disponible para disfrutar de nuestra vida y de nuestra misión de vida.

La razón por la que experimentamos carencias económicas, afectivas o sexuales son las creencias limitantes que hemos asumido como verdaderas y los miedos a que nos hagan daño o perdamos algo importante para nosotros si disfrutamos de lo que deseamos y necesitamos.

El Amor y la Vida, Dios, Diosa, lo que más desean es que seamos felices y disfrutemos de nuestra vida mientras llevamos a cabo nuestra función.

Preguntas poderosas

- ¿Qué temo que suceda si gano y tengo todo el dinero que deseo?

- ¿Qué temo perder si gano y tengo todo lo que deseo y necesito?

- ¿Qué es lo que creo que Dios/Diosa o la Vida quiere de mí con respecto al dinero? ¿Quiere Dios que yo sea rico/rica o pobre? ¿Que mi vida sea fácil o difícil? ¿Que disfrute de la abundancia o que sufra carencias?

- ¿Qué es lo que yo creo que mi madre, mi padre y mis hermanos quieren de mí? ¿Quieren que yo sea rico/rica o pobre? ¿Que disfrute de mi vida o que sufra?

- ¿Me permito ganar y tener más dinero de lo que han ganado o tenido mis padres o mis hermanos?

- ¿Qué temo que suceda si gano mucho más dinero que mis padres o mis hermanos?

Responder lo más honestamente que puedas a estas preguntas puede ser muy revelador para ti. Todas las respuestas que necesitas están dentro de ti. Date tu tiempo para contestarlas y te animo a apuntarlas por escrito a medida que vayan saliendo tus respuestas.

Afirmaciones poderosas

Yo tengo derecho a recibir todo el dinero que necesito y deseo haciendo lo que amo.

Yo tengo una misión divina. Trabajo para el universo y el universo me paga en abundancia por hacer lo que amo.

Yo tengo derecho a recibir y a tener todo el dinero que deseo y necesito para poder disfrutar de mi vida y llevar a cabo mi función fácilmente.

Yo tengo derecho a ser abundante y a ser amado/amada y respetado/respetada por todos los seres del cosmos.

Yo puedo ser abundante, amado/amada y respetado/respetada.

Es seguro que yo sea abundante, en todo momento soy amado/amada y estoy a salvo.

Gracias, yo permito que así sea y así es. Hecho está.

♡

5
TUS
PODERES

☼

Tus poderes elementales

Tu libertad

Libertad para ser tú mismo, decidir y hacer tu voluntad en
tu vida. Capacidad y derecho a elegir y decidir en tu vida
y a hacer tu voluntad, asumiendo tu responsabilidad
(de tus decisiones y acciones).
Cada persona es únicamente libre para hacer su voluntad en su
territorio. Tu territorio es tu cuerpo (tu mente, tus emociones,
tu alma y tu sexualidad) y tu vida (tu felicidad, tu paz, tu salud,
tu tiempo, tu casa, tus relaciones, tu dinero y tu trabajo).
Nuestra libertad termina en nuestro territorio. No tenemos
ningún derecho a invadir el territorio y la libertad de nadie.
Cada persona es libre de hacer lo que quiere en su territorio
y ninguna persona tiene derecho a invadir su libertad.

Tu voluntad

Capacidad humana para elegir con libertad
lo que se desea y lo que no.

Tu autoridad

Poder, capacidad y derecho para gobernar tu vida.

Tu dignidad

Derecho a ser respetado. Reconocimiento del valor propio.

Tu soberanía

Poder supremo para gobernar tu vida.
Autoridad en la que reside el poder de gobernar.
Soberano/soberana: Que se gobierna a sí mismo/misma,
sin estar sometido a otro. Tiene el máximo poder sobre su vida.

El poder de tu respiración

El placer de sentir y liberar tu cuerpo

Esta sería para mí la primera asignatura que incorporaría en el sistema educativo en todos los cursos a partir de los cuatro o los cinco años de edad.

Nacemos sabiendo respirar, pero a veces lo vamos olvidando por el camino.

¿Por qué considero que nuestra respiración es tan poderosa y tan importante?

RESPIRACIÓN, MENTE Y EMOCIONES

«Escuchar tu respiración, el puente con tus emociones. La forma en que respiramos puede cambiar nuestra vida. Esta capacidad de conectar la respiración con la mente nos ofrece la posibilidad de devolver nuestra mente a nuestro cuerpo.

Cuando nos dejamos llevar por unos sentimientos o pensamientos solo podemos volver a anclar nuestra mente en el presente a través de nuestra respiración.»

XUAN LAN

Existe una relación entre lo que pensamos y sentimos y nuestra forma de respirar. Cuando sentimos que determinadas emociones o pensamientos nos desbordan o nos sobrepasan, nuestra respiración se dispara y perdemos nuestra paz.

A través de nuestra respiración, podemos devolver la paz a nuestra mente.

De modo que, si aprendemos a dirigir nuestra respiración, poniendo nuestra atención plena en ella, podemos recuperar nuestra paz mental gracias a nuestra respiración.

Nuestra respiración también nos ayuda a conectar con nuestras emociones, a ser más conscientes de cómo nos sentimos, a comprendernos mejor y saber con más claridad lo que necesitamos en cada momento.

La respiración es una herramienta muy poderosa:

1. Para conectar con nuestro interior, con nuestras emociones, pensamientos, y, en definitiva, para conocernos y comprendernos mejor.
2. Para devolver nuestra mente a su paz, a su equilibrio natural. Nos ayuda a recuperar nuestra paz mental.
3. Para recuperar nuestro equilibrio emocional.
4. Para liberar las emociones de nuestro cuerpo y, por tanto, nos ayuda a liberar nuestro cuerpo y a que nuestro cuerpo recupere su equilibrio y armonía naturales.

EL PODER DE LA RESPIRACIÓN NASAL PARA TU SALUD Y TU BIENESTAR

Cuando a un niño necesitan ponerle gafas, puede ser señal de que no está respirando correctamente, que hay miedos o emociones reprimidas que le llevan a respirar más superficialmente, a respirar por la boca en lugar de por la nariz o a hacer demasiadas retenciones inconscientemente, y esto hace que los ojos no reciban todo el oxígeno que necesitan para funcionar correctamente.

Esto no quiere decir que los problemas de la visión solo tengan que ver con la respiración. Tienen que ver con otra serie de acontecimientos. Simplemente quiero puntualizar que cuando cambiamos nuestra forma de respirar y dejamos de hacerlo adecuadamente, hay órganos o partes de nuestro cuerpo que pueden verse afectadas. Porque el oxígeno que nos ofrece una correcta respiración es vital para la armonía, la salud y el bienestar de todo nuestro cuerpo.

Cuando dejamos de respirar profundamente y empezamos a respirar superficialmente, o cuando dejamos de respirar por la nariz y empezamos a respirar por la boca, inconscientemente lo hacemos para no sentir determinadas emociones, para evitar el dolor que a veces nos desborda durante la infancia, porque aún no tenemos la capacidad de gestionar determinadas experiencias.

Cuando empezamos a hacer retenciones respiratorias de forma prolongada en el tiempo, puede ser debido a que hay mucho miedo guardado dentro de nosotros, y pasamos en estado de alerta demasiado tiempo al día.

Respirar, tragar y masticar correctamente ayudan enormemente a que el cuerpo conserve su salud y su armonía.

En el momento en que dejamos de respirar o tragar correctamente, nuestro cuerpo tiene que gastar un extra de energía para poder realizar sus funciones vitales.

Nuestro cuerpo ha sido diseñado para respirar, tragar y masticar de una determinada manera. Cuando dejamos de respirar, de tragar y de masticar como nuestro cuerpo necesita que lo hagamos, nuestro cerebro tiene que realizar una serie de compensaciones en el resto del cuerpo para poder reequilibrar nuestro cuerpo y su funcionamiento.

Estas compensaciones conllevan un mayor gasto de energía corporal, como que el corazón tenga que latir más deprisa, sobrecarga en determinadas partes del cuerpo, contracturas en determinados músculos, consecuencias en nuestro estado de ánimo y, en ocasiones, podemos llegar a enfermar.

¿Y qué es respirar, tragar y masticar correctamente?

Nuestro cuerpo ha sido diseñado para...

- Respirar por la nariz y no por la boca. Nuestra nariz filtra el aire que respiramos y lo calienta. La boca no.
- Tragar la saliva con la lengua colocada en el paladar superior, sin llegar a tocar los dientes.
- Masticar de forma equilibrada el mismo número de veces con nuestro lado izquierdo que con el derecho.

A principios de 2020 me pusieron un aparato en la boca para corregir mi mordida. Tenía la mordida abierta, y para poder cerrarla mi dentista me recomendó el tratamiento conocido con el nombre de *dentosofía*.

Tener la mordida abierta significa que cuando cierras la boca, no llegan a juntarse los dientes de arriba con los de abajo. Y cuando esto sucede, es debido a que respiramos por la boca y que no tragamos adecuadamente nuestra saliva. Es decir, no colocamos la lengua en su sitio para tragar.

Me explicó que hay un libro que lleva este nombre, *Dentosofía*, que lo leyera si me interesaba el tema, y que si quería podía hacer el tratamiento.

Empecé a leer el libro y me impactó tanto lo que leí en los primeros capítulos que decidí seguir el tratamiento, sin llegar a terminar el libro.

El aparato me enseñó a respirar por la nariz y a tragar saliva con la lengua en su sitio. Y doy fe de que noté un gran cambio en mi sensación de bienestar, que mejoró notablemente.

Yo había hecho muchos ejercicios de respiración para cambiar la respiración bucal por la nasal. Pero de noche, cuando dormía, yo seguía respirando por la boca. El aparato que me puso, «el activador», solo permite que respires por la nariz. Yo estaba contentísima porque por fin había encontrado la solución que buscaba. Poder dormir respirando correctamente, por la nariz.

> «La respiración está íntimamente relacionada con el estado de bienestar. Tanto la lengua (deglución y fonación) como la respiración están íntimamente relacionadas con nuestro estado de ánimo.»
>
> Michel Montaud

* Michel Montaud, *Dentosofía*, Móstoles, Gaia, 2017.

Con lengua se refiere a la correcta posición de la lengua, tanto cuando tragamos saliva (deglución) como cuando hablamos (fonación).

Lo que más me sorprendió de este libro y de esta experiencia fue que por muchos años que hayamos pasado respirando, tragando o masticando incorrectamente, cuando volvemos a hacerlo correctamente, según el diseño natural de nuestro cuerpo, automáticamente el cuerpo vuelve al estado de funcionamiento y de bienestar original, antes de que cambiáramos nuestra forma de respirar de la nariz a la boca.

Es decir, cuando dejamos de respirar por la boca y empezamos a respirar por la nariz, nuestro cerebro vuelve a funcionar como su diseño original, y ya no necesita compensar todo lo que antes necesitaba compensar debido a que no estábamos respirando, tragando o masticando bien.

Y esto me pareció superpotente. Y el resultado es que yo empecé a sentirme más en paz, tenía más energía, mi cuerpo estaba más relajado y mi estado de ánimo había subido de forma natural, solo con respirar correctamente.

Imagínate lo que nuestro cuerpo puede llegar a hacer cuando le damos lo que necesita y le permitimos que funcione correctamente.

EL PODER DE LA RESPIRACIÓN PARA LIBERAR EMOCIONES Y TU CUERPO

Cuando empecé a hacer ejercicios de respiración consciente (un año antes de ponerme el aparato en la boca), a veces sentía mareos, ansiedad, hasta que algo se desbloqueaba dentro de mí y, llorando, se liberaba el malestar que sentía.

Esto sucede cuando hay muchas emociones reprimidas dentro. No tiene por qué pasarle a todo el mundo. Quiero aclarar que cuando sucede esto, simplemente significa que tenemos resistencias a sentir lo que tenemos dentro, y que seamos pacientes y vayamos con calma.

Hacía esos ejercicios cada día porque estaba pagando sesiones, y porque me había propuesto liberar todas esas emociones que tenía guardadas dentro. Y quería comprenderme y descubrir por qué me pasaba eso.

Me costaba mucho hacer determinados ejercicios, y me daba mucha pereza afrontar las emociones que a veces salían.

Pero tenía claro que quería liberar mi cuerpo emocionalmente y recuperar mi libertad emocional.

Así que seguí haciéndolos y me fue genial.

Y me fueron genial todas las técnicas de liberación emocional que comparto en el capítulo sobre este tema.

Hoy te puedo decir que, de esa pereza inicial a afrontar lo que salía de mi cuerpo, he pasado a sentir placer por respirar y por liberar lo que va saliendo.

Cada día siento más gratitud y más placer cuando respiro.

Gratitud porque ahora siento que mi cuerpo es mío y placer por su liberación, mi liberación.

Gratitud porque ahora me siento mucho más libre, ágil y flexible de lo que puedo recordar.

Ahora siento en seguida los beneficios de sentarme un rato a respirar, o de hacer yoga, o determinados movimientos o danzas respirando conscientemente.

Ahora siento el placer de mi cuerpo cuando le doy lo que necesita y le permito soltar lo que no necesita.

Y el sentir esta conexión con tu propio cuerpo es un regalo maravilloso. Da mucha paz, mucha seguridad y mucha alegría.

Y también siento mucha gratitud por este poder tan inmenso que se nos ha dado para recuperar nuestra paz y nuestro equilibrio interior con solo sentarnos a respirar conscientemente un rato y convertir esta práctica en un hábito diario.

El regalo de la liberación emocional no tiene precio. Recuperar tu libertad, tu paz, tu alegría, tu amor, tu confianza, tu seguridad, tu claridad, tu abundancia, tu instinto, tu intuición, tu felicidad, y, en definitiva, reconectar con tu esencia y tu poder es maravilloso.

El poder de tu deseo

El deseo es el precursor del amor. Es el **impulso de la vida.** Es la **energía que inicia el movimiento** y nuestras acciones. El deseo surge del **corazón**

> Deseo y miedo son las dos principales energías
> que mueven a las personas.
> Si no seguimos nuestros deseos, es señal
> de que estamos moviéndonos guiados
> por el miedo.

Cuando hacemos algo por **obligación,** es el miedo el que nos está moviendo. Aunque no seamos conscientes de ello.

Si no estamos haciendo nuestros deseos realidad, ¿los deseos de quién estamos haciendo?

Napoleon Hill, en su libro *Piense y hágase rico,** escribió que para lograr hacer realidad un sueño es necesario tener un ferviente **deseo** y una **fe** inquebrantable para perseverar hasta lograrlo.

* Rubí, Obelisco, 2018.

🔖 EJERCICIO

Identificar nuestros deseos y necesidades, y el camino para satisfacerlos y permitir que sean satisfechos.

Contestar a estas preguntas con total honestidad te dará información muy poderosa para ti:

- **¿Qué es lo que realmente yo deseo?**
- ¿Qué es lo que realmente quiero?
- ¿Qué es lo que realmente me haría feliz hacer?
- ¿Qué es lo que me encantaría hacer si me diera igual lo que piensen los demás, si no tuviera miedo a las consecuencias?
- ¿Qué es lo que me encantaría hacer si mis padres ya no estuvieran aquí?
- ¿Qué es lo que temo que suceda si hago lo que realmente quiero? ¿Qué temo que suceda si lo consigo?
- ¿Por qué creo que aún no lo he conseguido?
- ¿Qué es lo que necesito para lograrlo?
- ¿Qué es lo que más necesito en este momento?
- ¿Qué necesidades mías no están cubiertas al cien por cien?
- ¿Qué puedo hacer para saciar y satisfacer mis necesidades actuales?

♡

El poder de tu «sí»

Para poder decir «sí» a lo que tú quieres, has de decir «no» a lo que no quieres

Nosotros somos los únicos que podemos **regalarnos nuestros sueños.** Si aún no hemos hecho realidad un sueño es porque aún no nos lo hemos permitido. Puede que aún no nos sintamos preparados o capaces de lograrlo, puede que tengamos miedo a perder el amor, el reconocimiento, el respeto, la protección, la vida, etcétera.

Y, por esa razón, a veces cargamos con **responsabilidades ajenas** que no nos corresponden. Y tratamos de hacer felices a otros para que nos den lo que necesitamos. Y eso que necesitamos es precisamente lo que nosotros aún no nos damos. Así se genera la dependencia emocional.

La **dependencia emocional es aprendida**. Es ese: «Si tú me das lo que yo necesito, yo te doy lo que tú necesitas».

La solución para poder liberarnos de eso es aprender a escucharnos y a darnos lo que necesitamos.

Cada vez que hemos dicho «sí» a los sueños de otros, hemos dicho «no» a los nuestros. Por tanto, necesitamos liberarnos de ese «no» a nuestra felicidad y decir «sí» **a nuestra felicidad y a nuestros sueños.**

La palabra que más escuchamos siendo niños puede que fuera «no». «No hagas esto, no hagas lo otro. No digas eso, no digas lo otro. No puedes hacer eso, no está bien que hagas eso.» Y lo cierto es que la palabra *no* es importante y es necesario aprenderla. El problema es cuando la cantidad de *no* que hemos escuchado supera a la cantidad de veces que hemos escuchado la palabra *sí.*

Si la palabra que más has escuchado en tu vida ha sido *no,* ahora puedes empezar a contrarrestar todos los *no* de tu pasado con todos tus *sí* del presente.

Decir «sí» es abrir una puerta.

✏ EJERCICIO

Haz una lista con todas las cosas que son importantes para ti y deseas experimentar en tu vida, empezando cada frase con «yo digo "sí" a...».

Ejemplo: Yo me digo «sí» a mí.

Yo digo «sí» a mi vida.

Yo digo «sí» a disfrutar de mi vida.

Yo digo «sí» a mi felicidad.

Yo digo «sí» a mi amor.

Yo digo «sí» a mi paz.

Yo digo «sí» a mi placer.

Yo digo «sí» a mi confianza.

Yo digo «sí» a mi libertad.

Yo digo «sí» a mi abundancia.

Yo digo «sí» a mi éxito profesional.

Yo digo «sí» a mi propósito de vida.

...

♡

El poder de tu «no»

Cada vez que decimos «no», estamos marcando nuestro territorio. Estamos diciendo: «Esta es mi área de vida y aquí decido yo. Tú puedes entrar hasta aquí».

Cada uno establece sus propios límites, los límites de su territorio y hasta dónde permite entrar a cada uno.

Cada persona es libre para decidir lo que consiente y lo que no consiente. Cada vez que decimos «no», estamos diciendo: «Hasta aquí».

Cada vez que decimos «no», estamos informando a la otra persona de hasta dónde puede acercarse a nosotros, lo que nos gusta y lo que no nos gusta, lo que queremos y lo que no queremos.

La clave es aprender a decir «no» en función de lo que cada uno necesita y desea en cada momento.

Es tan importante atrevernos a decir «no» a lo que no queremos, sintiéndonos completamente en paz, como respetar a cada persona que nos dice «no». El respeto debe ser mutuo en todo momento.

Afirmaciones poderosas

Yo respeto mi libertad para decir «no» a lo que no quiero.

Yo respeto la libertad de cada persona para que me diga «no».

Yo tengo derecho a decir «no» y a sentirme en paz, a ser respetado y tratado con amor en todo momento.

EJERCICIO

Dibuja un círculo y escribe dentro la palabra *sí* y aquello a lo que tú quieres decir «sí». Y fuera del círculo escribe la palabra *no* y aquello que no quieras en tu vida. El círculo representa tu territorio, tu vida. Este ejercicio es muy poderoso y clarificador para ti y para tu subconsciente.

♡

El poder de tu palabra y tu voz

Tus palabras y tu voz son creadoras

«Mi palabra no retorna a mí sin efecto, sin haber ejecutado antes mi voluntad y haber cumplido con mis designios.»

ISAÍAS, 55, 11

Tu esencia se comunica y crea a partir de tu voz, de tus palabras, de tus emociones, de tu imaginación y de tus acciones.

Cada palabra tiene una vibración, y esa vibración puede variar de una persona a otra, porque lo que determina su vibración es el significado y el sentido que le demos a esa palabra.

Las palabras son poderosas porque pueden ayudarnos a elevar nuestro estado emocional o pueden bajarlo.

Por eso es tan importante aprender a escucharnos a elegir sabiamente nuestras palabras. Nuestro subconsciente escucha en todo momento y cuanto más repetimos una idea, más se arraiga en nuestro subconsciente, independientemente de que sea falsa o verdadera. Lo que nos repiten durante la infancia y lo que nos repetimos durante la vida adulta es lo que acabamos creyendo como verdadero, aunque sea completamente falso. Y lo que nos creemos es lo que vamos a manifestar en nuestra vida. Por eso es tan importante cuestionarnos nuestras creencias, las cosas que nos dicen, y elegir con conciencia las palabras que usamos.

En *Haz tus sueños realidad,* hablo largo y tendido del inmenso poder de las palabras. Aquí simplemente quería mencionarlo, porque son tan poderosas que tenía que darles su lugar en este libro. Si aún no has leído *Haz tus sueños realidad,* te animo a leerlo.

♡

El poder de la aceptación

«Solo mediante la aceptación es posible la transformación.»

Osho, *Tantra, el camino de la aceptación**

«Aquello que no soy capaz de aceptar es la única causa del sufrimiento.»

Gerardo Schmedling, *Aceptología*

Aceptar es respetar a cada persona tal y como es, sin intentar cambiarla. Aceptar la vida es respetar el curso de la vida, el orden del Universo, respetar lo que ya es y lo que ya ha sido. Aceptar es permitir ser.

El rechazo es la ausencia de la aceptación.

En *Cree en ti* escribí:

«El sufrimiento es la ausencia de la aceptación.»

Poco después de escribir *Cree en ti,* escuché que el dolor que no aceptamos, que rechazamos, se convierte en sufrimiento. El dolor que aceptamos, que respiramos y nos permitimos sentir, lo liberamos.

Y cinco años más tarde leí un texto de Gerardo Schmedling conocido con el nombre de *Aceptología,* en el que explica que la causa del sufrimiento es la no aceptación, el rechazo. Esta idea y este texto fueron muy reveladores para mí, me impactaron por la potencia, la sencillez y la fuerza de todas las verdades que en ellos comparte.

* Móstoles, Gaia, 2007.

Días más tarde, una persona compartió un *story* en Instagram con una foto de mi libro *Cree en ti* de la página en la que aparecía esa frase: **«El sufrimiento es la ausencia de la aceptación»**, y me emocioné. Me emocioné porque yo no recordaba haberla escrito, y comprobé una vez más cómo en todo momento la Vida nos guía y nos repite las ideas que necesitamos aprender hasta que estamos preparados para abrirnos completamente a ellas, las interiorizamos y las integramos.

Un par de años más tarde, mientras escribía este libro, di un paso más en el aprendizaje de la aceptación, y comprendí que **todo lo que no aceptamos se convierte en una carga para nosotros.**

Seguramente muchos conozcáis el dicho popular «a lo que te resistes, persiste».

El rechazo funciona de forma parecida, **aquello que rechazamos, al no aceptarlo, nos quedamos enganchados a ello y lo arrastramos.**

Por esa razón, la persona que tiene tendencia a rechazarse, a no aceptarse como es, ni lo que le sucede, tiende a rechazar a los demás, no acepta cómo son, y con el tiempo va acumulando más experiencias y momentos de rechazo, hasta que llega un momento en el que el miedo a ser rechazada y el rechazo a lo vivido es tan grande que puede llegar a sentir grandes bloqueos, enfado con la vida, sensación de injusticia, aislamiento, etcétera.

Vivir es como ir en una balsa por un río, un día te paras en una orilla, te quedas un rato, unos días o un tiempo, conoces a unas personas, y luego sigues, a veces hay personas que te acompañan, otras no, y unas veces vas por el río y otras haces paradas en la orilla.

Cuando aceptamos algo, permitimos que fluya, que sea lo que tenga que ser, que nos acompañe o que se vaya. Cuando rechazamos algo que ha hecho alguien o que ha sucedido, es como si un hilo invisible nos atara a eso que hemos rechazado, y a partir de ese momento cargamos con lo que hemos rechazado. Y cuantas más cosas vamos rechazando a lo largo de nuestra vida, más cosas arrastramos con nosotros.

¿Te imaginas lo pesada, lo dura y lo difícil que puede llegar a ser la vida si vamos arrastrando cada vez más experiencias rechazadas?

Yo sé de lo que te hablo. No era consciente de cuántas cosas no había aceptado a lo largo de mi vida, y menos aún de que ese rechazo me ataba a todas esas cosas y personas, y toda esa carga hacía que el fluir de la vida y del amor a través de mí fueran mucho más lentos.

Imagínate que hay una cuerda que te ata a todas las experiencias y personas que has rechazado a lo largo de tu vida. Es como comprar cosas todas las semanas y no tirar nada, y cada vez que tienes que hacer una mudanza, es más pesada la carga que tienes que mover de una casa a otra.

Yo me he mudado muchas veces a lo largo de mi vida, y te puedo asegurar que ¡¡¡las mudanzas han sido grandes e inspiradoras experiencias de vida para mí!!!

Más adelante te explicaré cómo usar el inmenso poder de la aceptación a nivel práctico.

Durante un tiempo yo culpaba a mis padres y las experiencias del pasado de los problemas que tenía en mis relaciones. No me di cuenta de que estaba usando a mis padres como excusa o como escudo para no afrontar mis miedos. Es más fácil culpar a otros que afrontar tus miedos y asumir la responsabilidad de cuidar de ti y de hacerte feliz.

Cuando dejé de culpar a mis padres de los problemas que yo tenía, y decidí afrontar mis miedos sin excusas, fue cuando realmente logré avanzar y empecé a ver grandes cambios en mis relaciones. Por primera vez, la armonía en la relación con mis padres fue completa y duradera.

Es realmente mágico y transformador cuando aceptas a alguien tal y como es, y dejas de exigirle que sea de otra manera o que haga las cosas que a ti te gustaría que hiciera. La otra persona lo percibe inmediatamente. Y cuando una persona se siente aceptada, amada y respetada tal y como es, la relación cambia automáticamente y sana. A partir de ese momento, empiezas a disfrutar de una relación armónica basada en el respeto y aceptación mutuos. Y eso es lo más bonito que podemos disfrutar en las relaciones. Porque **cuando hay aceptación y respeto, el amor y la vida pueden fluir.**

Y cuando te sientes amado y respetado, es mucho más fácil afrontar tus miedos y superar lo que necesites superar.

Con amor, con respeto, con paciencia y con comprensión, todos los aprendizajes son mucho más sencillos.

Pero para poder disfrutar de esto, tenemos que empezar a practicarlo con nosotros mismos y con los demás. Y elegir siempre relacionarnos desde ese lugar, desde el respeto, desde el cariño, desde la comprensión y con paciencia, respetando los ritmos, los tiempos y los espacios de cada uno.

¿CÓMO USAR EL PODER DE LA ACEPTACIÓN?

Yo he reconocido dos tipos de rechazo:

1. **El rechazo a lo que ha sucedido.** Aquí se incluyen:

- El rechazo a determinados aspectos de la personalidad de una persona.
- El rechazo a lo que alguien te ha dicho o ha hecho.
- El rechazo a determinadas experiencias, como puede ser la pérdida de un ser querido, una separación, una enfermedad, un despido laboral, una pérdida material, etcétera.

2. **El rechazo a lo que no ha sucedido, pero te hubiera gustado que sucediera.**

Aquí se incluyen todas las cosas que te hubiera gustado vivir con alguien en un determinado momento de tu vida y que, hasta ahora, no han sucedido.

✎ EJERCICIO

Escribe una lista de las personas más importantes de tu vida, incluyéndote a ti, tu vida y tu pasado.

Por ejemplo:

- Yo:

- Experiencias del pasado:

- Mi pareja:

- Mi madre:

- Mi padre:

- Mis hermanos o hermanas (escribir uno por uno):

- Exparejas:

- Amigos, examigos:

- Jefes, exjefes:

- Otros familiares o personas con las que sienta algún tipo de rechazo:

Y al lado de cada persona, escribe los rasgos de su personalidad que no aceptas, las cosas que te han dicho o que han sucedido con esa persona que no has aceptado y las que te hubiera gustado vivir y no sucedieron.

El primer paso es verlo y respirarlo, sentir lo que venga.

El segundo paso es ir uno por uno, visualizando que hay un hilo invisible que te ata a ese rasgo de la personalidad de esa persona que no aceptas, a esa cosa que sucedió y no aceptaste, o a eso que no sucedió y te hubiera encantado que sucediera.

Por cada persona, aspecto o experiencia que has rechazado, visualiza un hilo invisible que sale de la parte delantera de tu cuerpo y te ata a esa experiencia, otro que sale de la parte de detrás de tu cuerpo, otro que sale de la coronilla y otro de la planta de tus pies.

Imagina que, con un haz de luz o una espada de luz, cortas esos hilos de rechazo uno a uno, visualizando cómo envías ese hilo y ese rechazo a esa experiencia a la luz, y cómo la luz lo convierte en luz. Hasta que ese rechazo se libera, va hasta la luz y se funde con ella. Y a continuación afirma internamente lo que ahora has elegido aceptar y liberar.

Por ejemplo, si no habías aceptado que una relación se terminara, la afirmación liberadora sería: «Yo acepto que la relación que tenía con esta persona ya se terminó. Gracias».

En los casos de limpiar relaciones pasadas, la afirmación completa podría ser así:

«**Yo acepto** que mi relación con _____ ya se terminó. Yo elijo ver la verdad. **Gracias. Yo la suelto y la dejo ir. Yo bendigo a** (nombre de la persona) y **deseo que sea feliz y esté bien. Yo me bendigo, deseo y elijo mi felicidad y mi bienestar. Yo soy libre.** _____ **es libre.**»

Otro ejemplo puede ser:

Si no aceptas a alguien tal y como es, primero cortas el hilo del rechazo que te ata a esa persona y al pasado con ella, y envías a la luz el hilo del rechazo y las imágenes dolorosas. Los recuerdos son dolorosos debido a nuestras interpretaciones. Eso es lo que enviamos a la luz.

Y la afirmación sanadora sería:

«**Yo acepto a esta persona tal y como es. Yo respeto su camino de vida, sus tiempos y procesos. Yo elijo, me permito y acepto ver la verdad. Gracias. Ella es libre para vivir su vida. Yo soy libre para vivir mi vida.**»

Este ejercicio es sumamente sanador y liberador. Si quieres hacer una limpieza y liberación profunda, dedícale un tiempo cada día. Y verás grandes y maravillosos cambios en tu vida.

ACEPTAR QUE CADA PERSONA SIENTA LO QUE NECESITE SENTIR

Respetar los sentimientos de cada persona y permitir que cada persona se haga cargo de sus sentimientos.

A veces sin darnos cuenta cargamos con los sentimientos que vemos en los demás y no aceptamos. Esto sucede mucho sin que nos demos cuenta durante la infancia. Cuando somos niños vemos con mucha claridad cómo se tratan los mayores, cómo se sienten, y desde nuestro deseo de ayudar, ya desde la infancia empezamos a cargar con sentimientos que no son nuestros.

Cuando vemos a alguien triste y no lo aceptamos, y queremos que esa persona esté feliz, y hacemos todo lo posible para que esa persona se sienta feliz, estamos diciendo: «Yo mejor que tú». De esa forma cargamos con su tristeza inconscientemente.

Esto mismo puede suceder cuando vemos a alguien que no se valora, que se desprecia, que sufre, y no lo aceptamos, estamos rechazando que esa persona sienta lo que siente. Al intentar cambiar su sentir y hacernos cargo de sus sentimientos, estamos interfiriendo en su proceso de aprendizaje emocional, y al decir «yo mejor que tú», inconscientemente nos estamos poniendo por encima.

Si hemos hecho esto constantemente a lo largo de nuestra vida, asumiendo sentimientos ajenos, llegará un momento en el que puede que la carga emocional ajena que arrastramos sea insoportable y nos sintamos bloqueados o desbordados emocionalmente.

¿Cómo se libera esto?

¿CÓMO SE LIBERAN SENTIMIENTOS O EMOCIONES AJENOS?

1. En primer lugar, **siendo conscientes de que estamos cargando con sentimientos o emociones ajenos.** Como escribí en *Naciste para disfrutar,* cuando sentimos que una emoción nos desborda, es muy probable que esa emoción no sea nuestra. Nos desborda porque a base de ir cargando con esas emociones y sentimientos que no aceptábamos de otras personas, llega un momento en el que esa acumulación emocional nos desborda.

2. **Identificamos la emoción o sentimiento que hemos rechazado en otra persona.** Por ejemplo, si no aceptamos que la abuela, el abuelo, mamá o papá estén tristes, uno por uno vamos a hacer la siguiente visualización.

3. **Imaginamos que un hilo invisible ata esa emoción a nuestro cuerpo,** por delante, por detrás, por la cabeza y por los pies, y nos visualizamos cortando con una espada de luz esos hilos del rechazo que nos mantienen unidos a esas emociones ajenas. Y visualizamos cómo al cortarlos y arrancarlos los enviamos a la luz junto con la emoción que estábamos rechazando. Y visualizamos cómo la luz lo transmuta y lo convierte todo en luz.

4. Afirmamos: «**Yo acepto que** *(nombre de la persona)* **se sintiera/ sienta** *(nombre de la emoción o sentimiento).* **Yo respeto sus emociones y sentimientos y me mantengo al margen. Yo respeto su vida y su camino tal y como es. Yo elijo ser feliz y disfrutar de mi vida. Gracias, yo permito que así sea, así es, hecho está**».

♡

El poder del perdón

«El perdón es la llave de la felicidad.

Una mente que no perdona está llena de miedo. Y no le brinda al amor ningún espacio para ser lo que es, no hay lugar para extender sus alas en paz y elevarse por encima de la agitación del mundo.

La mente que no perdona está triste, sin esperanza de obtener descanso o liberación del dolor. Sufre y permanece en pena asomándose en la oscuridad sin ver, pero con la certeza de que hay peligro por ahí. Sin perdón el temor no tiene fin.»

Un curso de milagros* (UCDM)

¿QUÉ ES EL PERDÓN? ¿QUÉ ES PERDONAR?

Perdonar es dejar ir. Perdonar es liberarse.

Perdonar es soltar y dejar ir todo lo que no es amor.

Perdonar es soltar el pasado, la ira, la rabia, el miedo, el resentimiento, la culpa y todo lo que no sea amor.

Solo cuando perdonamos podemos liberar completamente el pasado.

Solo cuando perdonamos podemos crear un nuevo futuro.

El perdón es una liberación del dolor y de toda emoción que no sea amor.

Sabemos que hemos perdonado realmente cuando mirar el pasado ya no duele.

Con el perdón cambiamos nuestra forma de ver el pasado, y al cambiar nuestra visión del pasado nos cambia la forma de relacio-

---

* VV. AA., *Un curso de milagros*, Mill Valley (California), Foundation for Inner Peace, 2018.

narnos en el presente. Y por tanto podemos crear experiencias diferentes a las que vivimos en el pasado.

Con dolor, con miedo, con culpa, creamos experiencias dolorosas, que dan miedo y en las que nos vamos a sentir castigados.

Con alegría, con amor y desde la gratitud vamos a crear experiencias preciosas que nos van a llevar a experimentar más amor, más alegría y más gratitud.

> «Lo que no perdonas a tus padres es lo que te haces a ti mismo.
>
> Lo que tú no perdonas a tus padres se lo haces a otros.
>
> Lo que no perdonas a tus padres acusas a otros de hacértelo a ti.
>
> Lo que no perdonas a tus padres tus hijos te acusarán de hacérselo a ellos.»
>
> LOUISE HAY Y ROBERT HOLDEN, *La Vida te ama**

Para poder perdonar a alguien es necesario liberar todas las emociones que pueda haber guardadas o reprimidas dentro de nosotros y que nos hayan dolido.

Perdonar, al igual que todo, empieza con una elección.

El perdón empieza con nuestra decisión.

Pero para poder llegar al perdón, necesitamos vaciarnos de todas esas emociones que nos impiden mirar a alguien con amor y comprenderle.

Primero necesitamos vaciarnos de las emociones dolorosas, para poder mirar con amor, para poder comprender y poder llegar finalmente a la compasión.

Este es el camino que yo he encontrado para llegar al perdón.

El perdón empieza amando a la niña o al niño que fuimos, y que de alguna forma sigue vivo dentro de nosotros.

* Barcelona, Zenith, 2015.

Cada vez que rechazamos una experiencia o una etapa de nuestra vida, estamos exiliando, rechazando, abandonando o enterrando a una parte de nosotros, al niño, a la niña, al adolescente o a la persona que éramos en esa época. De esta forma nos vamos amputando partes de nosotros mismos y eso genera mucho sufrimiento y miedo, y nos cierra la puerta a nuestra felicidad, y a veces a nuestros sueños.

✎ EJERCICIO

La escala del perdón

Este ejercicio es muy poderoso. Lo aprendí en el libro *La vida te ama*, de Louise Hay y Robert Holden. De todos los ejercicios de perdón que he hecho, y han sido muchos, este es el más potente y completo que he realizado hasta ahora. Y lo bueno es que cada día puedes ir haciéndolo poco a poco.

Si quieres ver resultados potentes, mi propuesta es que lo realices durante una semana, que todos los días dediques un rato a perdonar. Y que luego sigas al ritmo que tú quieras.

Los resultados que yo obtuve fueron muy grandes. El miedo empezó a desaparecer de mi vida a una velocidad alucinante. Y la sensación de paz que me dejaba era maravillosa. Realmente mi mente se fue calmando y empecé a recibir mucho más amor de lo que estaba acostumbrada a recibir. ¡¡¡Una maravilla!!!

La **honestidad** es clave en este ejercicio. Cuanto más honesto seas contigo y menos te juzgues, muchísimo más poderosos y eficaces serán los resultados que obtengas:

1. **Haz una lista de las personas a las que sientas o intuyas que tienes algo que perdonar,** incluyéndote a ti mismo, tu pasado, a tu padre, a tu madre, a tus padres, hermanos, a tu pareja si la tienes, exparejas, amigos, examigos, compañeros de trabajo, ex de todo tipo, y cualquier persona con la que hayas sentido dolor.

2. **Pregúntate:** «¿Del 1 al 100, **cuánto he perdonado a** _____?». Y escribe el primer número que te venga a la mente. No lo juzgues y apúntalo.

3. **Elige el tanto por ciento que quieres perdonar a esa persona ese día.** Un 5 %, un 10 %, un 20 %, un 30 %, lo que tú sientas que está bien para ti.

    Y afirma: «Hoy yo estoy dispuesto a perdonarme un _____ %», o «Yo estoy dispuesto a perdonar hoy a _____ un _____ %».

4. **El amor, la Vida y tu mente harán lo demás,** te llevarán a su manera a alcanzar cada día el tanto por ciento que hayas elegido. Tú simplemente tienes que permitirte sentir y respirar las emociones que te vengan. Puedes ayudarte del *tapping*, del yoga, o simplemente sentarte a respirar, caminar o lo que a ti te ayude a desahogarte.

A veces a mí me venían imágenes o recuerdos de algo que me había dolido con esa persona, o de mi pasado, y esos recuerdos venían con sus emociones, esperando que las sintiera y las liberara. A veces me ocurría despierta, y otras veces dormida. A veces este proceso de liberación era consciente y otras era inconsciente. En todos los casos funciona.

También nos puede ayudar mucho realizar una lista con afirmaciones de este tipo:

YO ME PERDONO A MÍ MISMO/MISMA POR...

Y escribir todas las cosas que sientas que no te has perdonado y que te gustaría perdonarte. Y simplemente leerlas en voz alta, o leerlas delante de un espejo, respirándolas y sintiéndolas, hará su función.

Afirmaciones poderosas para el perdón

Yo elijo perdonarme a mí mismo/misma por todo lo que he sufrido.

Yo me perdono a mí mismo/misma por todo el daño que me he hecho.

Yo me perdono a mí mismo/misma por todas las veces que no me he visto, escuchado, atendido, valorado, reconocido, y que no he sido agradecido/agradecida conmigo.

Yo me perdono por todas las veces que me he criticado.

Yo me perdono a mí mismo/misma por todos los errores que he cometido, por haberme culpado y castigado.

Yo me perdono a mí mismo/misma por haber dudado de mí, por no haber creído en mí y no haber confiado en mí.

Yo me perdono por todas las veces que me he ignorado, rechazado y abandonado.

Yo me perdono por todas las veces que me he engañado, me he traicionado y me he sido infiel.

Yo me perdono por no haberme sentido digno/digna y merecedor/merecedora de ser amado/amada.

Yo me perdono por todos los miedos que he tenido y que me han llevado a renunciar a lo que me hacía feliz.

Yo me perdono por haber dado prioridad a la felicidad y a las necesidades de los demás antes que a las mías.

Yo me perdono por haberme rebajado y sometido a la voluntad de los demás para obtener un poco de amor, de atención o reconocimiento.

Yo me perdono por haberme juzgado a mí mismo/misma y no haber creído en mi bondad.

♡

El poder de la bendición

Cada vez que nos hemos enfadado con lo que nos estaba sucediendo o con alguien, y hemos volcado nuestra ira sobre esa persona o sobre la vida, culpándolas de nuestro sufrimiento y deseando a esa persona con la que estábamos enfadados que sufriera, eso que le hemos deseado nos va a acompañar a nosotros también.

Todo lo que deseamos a los demás es lo que estamos decretando también para nosotros.

Cuando deseamos que alguien sufra, a quien primero le hace daño es a nosotros mismos, nos cierra la puerta a nuestra felicidad. Porque estamos todos conectados, y todo lo que sale de nosotros vuelve a nosotros. Es la ley del karma, de causa y efecto. Todas tus acciones tienen consecuencias.

A la otra persona le afectará dependiendo de si está protegida o no. Todo depende de lo fuerte que sea la voluntad de ser feliz y disfrutar de la otra persona.

Si una persona se trata mal a sí misma de forma habitual, se castiga, se tortura cuando algo no sale como le gustaría, cuando alguien la culpe o le desee algún mal, le afectará.

Si una persona se trata con amor de forma habitual, es comprensiva consigo misma, se perdona los errores que comete, es respetuosa consigo misma y con los demás, sabe poner límites sanos (decir «sí» cuando quiere decir «sí» y «no» cuando quiere decir «no»), tiene claro que quiere ser feliz y disfrutar de su vida, y es coherente con esto, se bendice a sí misma y bendice a todos, está protegida por su vibración y su coherencia.

Tu mejor protección es la bendición. Porque siempre que deseemos el bien para los demás y para nosotros mismos, y seamos coherentes con nuestras acciones en esta dirección, amor y bendiciones será lo único que podrá entrar en nosotros. Lo que damos y nos damos es lo que vamos a recibir.

Lo que creemos es nuestra última protección. Nuestras creencias delimitan nuestro territorio, nuestros derechos, responsabilidades, etcétera. Y como en el subconsciente todos podemos tener creencias limitantes que no protejan nuestros derechos, podemos usar afirmaciones específicas que nos brinden protección total.

Durante un tiempo yo usé esta afirmación cuando sentía que alguien quería algo de mí contrario a mi voluntad, o que me tenía envidia. Entonces decretaba y le decía a mi mente y a mi campo energético: «**Que solo las energías que provengan del amor puedan llegar a mí. Que solo puedan afectarme los deseos de felicidad y bienestar que sean afines a mi voluntad**». Y le pedía a mi mente: «**Envía a la luz todos los deseos ajenos diferentes a mi voluntad, para que allí sean transmutados de nuevo en luz**».

De esa forma me sentía protegida y en paz. Cuando estamos protegidos con nuestro autorrespeto y nuestra voluntad de ser felices y disfrutar de nuestra vida, y respetamos la libertad de los demás, y les deseamos también felicidad y bienestar, estamos completamente protegidos. Porque estamos vibrando en el autorrespeto.

La ley de no interferencia y la ley del karma se encargan de devolver a cada uno lo suyo y de protegernos en todo momento.

Otras afirmaciones poderosas para sentirnos protegidos son:

«**Yo me abro a recibir la protección total de la vida. Yo acepto que la Vida y el Amor protejan mi cuerpo y mi ser en todos los planos en que yo existo, mis pertenencias** (casa, coche, etcétera), **mis relaciones, mis seres queridos, sus pertenencias, mis mascotas,** etcétera».

«Yo tengo derecho a que mi libertad de decisión y acción (en mi tiempo, mi cuerpo y mi vida**), mi cuerpo y mi vida sean respetados en todo momento por todos los seres del cosmos**».

Cuando algo no fluye en nuestra vida, puede ser debido a que hemos deseado a alguien algo contrario a lo que nosotros queremos y no hemos respetado su libertad.

La bendición no solo nos ayuda a protegernos, sino que además nos ayuda a despejar el camino para que fluya nuestra felicidad libremente y podamos hacer realidad fácilmente nuestros sueños.

Cada vez que bendecimos a los demás y a nosotros mismos y todo lo que hemos vivido, hacemos una limpieza profunda y elevamos nuestra vibración de una forma maravillosa.

¿CÓMO PUEDES APLICARLO?

Haz una lista de todas las personas con las que te has enfadado en algún momento de tu vida y sobre las que sientes que aún hay envidia o resentimiento. E inclúyete a ti.

Y a continuación ve una por una bendiciéndola y bendiciéndote a ti.

Los órganos y partes de nuestro cuerpo en las que a veces sentimos dolor o en las que hay algún tipo de bloqueo o conflicto emocional son las partes de nuestro cuerpo que más necesitamos bendecir, amar, aceptar, abrazar y agradecerles todo lo que han hecho por nosotros.

Precisamente porque cuando nos duele algo, nuestra primera reacción a veces es rechazar esa parte de nuestro cuerpo o quejarnos de ella.

Cada vez que hemos despreciado alguna parte de nuestro cuerpo porque nos dolía, nos hemos quejado o hemos dicho «maldita sea», necesitamos liberar esa queja, esas palabras, esa energía y llenar esas partes de nuestro cuerpo de energía amorosa a través de la bendición, de palabras amorosas, de gratitud, de caricias, del cuidado y de todo aquello que sintamos que nuestro cuerpo nos pida para recuperar su salud y bienestar.

Afirmaciones poderosas de la bendición

Yo me bendigo a mí.

Yo me deseo sano/sana y feliz.

Yo bendigo mi vida.

Yo bendigo mi felicidad.

Yo bendigo mi salud.

Yo bendigo el amor y la vida.

Yo bendigo todas las experiencias que he vivido.

Yo bendigo todas las etapas de mi vida.

Yo bendigo a mi madre.

Yo bendigo a mi padre.

Yo bendigo a mis padres.

Yo bendigo a mi hermana, hermano, hermanos.

Yo bendigo a mi pareja, a mi compañero de vida.

Yo bendigo a mis exparejas.

Yo bendigo a mi familia.

Yo bendigo a mi sistema.

Yo doy las gracias a todos mis ancestros y pido, acepto y me permito recibir su bendición.

Yo bendigo a todos mis amigos y amigas.

Yo bendigo a todas las personas que me han acompañado en algún momento a lo largo de mi vida.

Yo bendigo mi presente.

Yo bendigo mi futuro.

Yo bendigo mi pasado.

Yo bendigo mi ahora.

Afirmaciones para bendecir tu cuerpo

Yo bendigo mi cuerpo.

Yo bendigo mi mente.

Yo bendigo mi alma.

Yo bendigo mi corazón.

Yo bendigo mi cabeza, mi cuello, mis hombros, mis brazos, mis manos, mi espalda, mi pecho, mis pechos, mi plexo solar, mi tripa, mi sexo, mi culo, mis nalgas, mis piernas, mis rodillas, mis pies.

Yo bendigo mis ojos, mi nariz, mi boca y mis orejas. Yo bendigo mi pelo, yo bendigo mi piel, yo bendigo mis uñas.

Yo bendigo todas las células y todos los órganos de mi cuerpo.

El poder de la gratitud

«La **gratitud** nos ayuda a volver a **confiar**.»

LOUISE HAY

La gratitud es un portal. La gratitud es abrir una puerta a un estado de alta vibración. La gratitud nos abre la puerta a vibrar alto y a sintonizar con experiencias de alta vibración. La gratitud abre la puerta a nuestros sueños.

La gratitud nos ayuda a elevar nuestra vibración, nuestro estado emocional. Y por esa razón nos abre las puertas a experiencias preciosas.

Aunque en mi segundo libro, *Haz tus sueños realidad*, ya escribí sobre el inmenso poder de la gratitud, es tan poderosa y tan importante que tenía que darle un lugar en este libro. Y como tampoco quiero repetir información, si aún no lo has leído, te lo recomiendo. En él podrás leer más sobre el poder de la gratitud.

✎ EJERCICIO

Haz una lista con cincuenta cosas que agradeces haber vivido, tenido, hecho o experimentado en algún momento a lo largo de tu vida. Empieza siempre cada frase con las palabras: «**Yo doy gracias a la vida por**...». La clave está en escribir la palabra *gracias* por cada cosa recibida o experimentada. Y cuando termines, lee tu lista en voz alta. Respira y permítete sentir, emocionarte y soltar lo que necesites soltar.

El poder de tu atención

Fíjate si nuestra atención es poderosa que durante la infancia casi creamos una falsa personalidad para adaptarnos a nuestro entorno, para ser aceptados, atendidos, respetados, reconocidos, incluidos y amados.

Tu atención es energía, es la energía de tu mirada. Todos somos libres para elegir dónde queremos mirar y poner nuestra atención.

Cada vez que pensamos en alguien, estamos enviando nuestra energía a esa persona.

Por eso es tan poderosa nuestra atención, porque es energía. Y todo el tiempo que pasamos pensando en los demás, no estamos atentos a nosotros.

La clave, como siempre, está en tomar conciencia, estar atentos y equilibrar nuestra atención, dentro y fuera.

Nuestra atención es tan poderosa que, cuando miramos a alguien, esa persona intuitivamente lo nota. Y cuando dejamos de mirarla también.

Recuerdo con mucha claridad algo que me comentó una amiga hace años: «Cada vez que consigo olvidarme de él —dijo refiriéndose a alguien que era muy importante para ella—, me escribe, como si notase que ya no estoy pendiente». Y eso me alucinaba, porque a mí también me había pasado.

Cuando esperamos algo de alguien, esa persona lo puede notar, si es sensible a sus sensaciones y está conectada con su intuición. Y cuando soltamos las expectativas con alguien, también lo notan.

Así de mágico y así de poderoso es. ¿Te ha pasado alguna vez? ¿lo has notado? Si nunca has sido consciente de esto, te animo a experimentarlo.

El poder de tu intención

Lo que desees para los demás y para ti ejerce una poderosa influencia en lo que te sucede. **La intención es energía en movimiento.**

Tu atención es energía. Y tu intención es energía con foco y dirección.

Sin intención vamos a la deriva.

Con nuestra intención podemos dirigir nuestra energía en la dirección que queramos.

Las afirmaciones son poderosas herramientas para usar el poder de la intención.

Al final de este libro, en el capítulo de ejercicios, hay una práctica muy poderosa de afirmaciones para empezar el día, donde podemos declarar nuestra intención y dar foco a toda nuestra jornada.

La intención es muy poderosa cuando tenemos claridad.

Si no tenemos claridad, podemos usar el poder de nuestra intención con estas afirmaciones.

Afirmaciones poderosas

Yo me abro a mi claridad.

Yo me permito tener claridad.

Yo soy el dueño/la dueña de mi claridad.

Es seguro que yo vea con claridad lo que necesito y quiero en este momento.

Mi intención y mi claridad son poderosas.

♡

Tu poder de atracción

Lo natural en nosotros es atraer lo que necesitamos y hacer realidad lo que deseamos. Cuando eso no sucede, es debido a creencias limitantes y emociones que bloquean el flujo de lo que deseamos recibir.

¿Por qué los bebés y los niños son tan atractivos? ¿Por qué sentimos tantas ganas de abrazarlos y de que nos hagan caso?

Porque son auténticos. Porque aún no están condicionados con las ideas que les generarán vergüenza, con las ideas que les harán creer que no son lo suficientemente buenos o valiosos, con críticas o juicios que les harán creer que no valen o no son capaces. Los niños, cuando nacen, llevan dentro la energía de la vida, la alegría y el amor en estado puro. Son amor, alegría y vida.

Ser amor no tiene nada que ver con ser complacientes ni sumisos ni obedientes. De esto hablaré después.

Yo he aprendido mucho observando a mi sobrina y a las personas con las que se relaciona. ¿Por qué se emociona más con unas personas que con otras? ¿Por qué llama más a unas personas que a otras?

La vida es infinitamente sabia y podemos aprender cuando desarrollamos la virtud de observar y escuchar.

Yo he observado que cuando voy a buscar su atención y ella está concentrada haciendo algo o jugando con alguien, no hace mucho caso o ninguno. Y este comportamiento lo he observado con otras personas, no solo conmigo.

Cuando ella está entusiasmada con algo o con alguien, obviamente no le gusta que la interrumpan, y si tú le pides algo en ese momento o le dices alguna cosa, lo más probable es que te diga: «No». Sin más explicaciones ni sentimientos de culpa. Ella sigue a lo suyo. Porque tiene claro que tiene derecho a decir «no» y a sentirse en paz.

Cuando yo estoy centrada en mí, haciendo mis cosas, disfrutando de lo que me gusta, despierto su interés y entonces me busca y me pide que juegue con ella.

Cuanto más me valoro, me respeto y más disfruto, más me busca. Y cuanto más respeto sus tiempos y sus momentos, más me reclama luego que juegue con ella.

Por todo lo que he observado y me ha recordado de mi infancia, me atrevo a decir que las personas más atractivas para un niño o una niña son aquellas que los aman incondicionalmente, que no esperan nada de ellos, que los respetan en todo momento, que respetan sus tiempos, sus decisiones, sus sentimientos; en definitiva, les encantan esas personas que vibran en esa frecuencia del amor incondicional, el respeto, la comprensión, y que los aman tal y como son sin esperar nada a cambio, y aquellas que quieren jugar con ellos.

En las relaciones de adultos sucede lo mismo. Cuanto más intentamos que alguien nos haga caso o que haga lo que nosotros queremos, más lo alejamos. Cuanto más felices somos, cuanto más nos amamos, más centrados estamos, más disfrutamos, más auténticos somos, y más respetamos los tiempos, espacios y decisiones nuestros y de los demás, más atractivos somos para los demás.

Así **aumenta nuestro magnetismo. Cuanto más nos damos lo que necesitamos y deseamos, más llenos de amor y de energía estamos, más magnéticos y atractivos somos para los demás. Porque estamos relajados y nuestra felicidad, nuestra alegría, nuestra paz son un poderoso imán para los demás.**

Para reconectar con nuestro poder de atracción, es muy importante aprender a respetar los tiempos, dejar de intentar llamar la atención o de meterse en medio cuando una persona está concentrada en algo o relacionándose con otra persona.

Cuando estamos desesperados por obtener algo de alguien, es señal de que no nos estamos escuchando y no nos estamos dando lo que necesitamos. Eso hace que nuestra vibración y nuestra energía baje, y eso hace que las personas mantengan cierta distancia o incluso se alejen de nosotros.

También he observado que cuando alejamos a las personas de nosotros, en lugar de atraerlas, es porque al hacerlo inconscientemente estamos satisfaciendo alguna necesidad. Si algo sucede de forma repetida en nuestra vida es porque algo necesitamos aprender de eso y porque algún beneficio obtenemos de eso. Aunque no seamos conscientes de ello.

Si estás alejando lo que tú quieres, en lugar de atraerlo, puedes hacerte estas preguntas:

«¿Qué consigo yo alejando esto de mí?»
«¿Qué estoy tratando de evitar que suceda si atraigo
lo que yo deseo a mí?»
«¿Qué necesidad estoy satisfaciendo al hacerlo?»

Por ejemplo, una persona que desea dinero y no consigue todo lo que quiere, y en vez de atraerlo, lo aleja, puede ser que tema que, si lo atrae, algo «malo» suceda. Y mantener lo que quiere alejado de sí mismo puede que le genere sufrimiento, pero garantiza su supervivencia, o el amor o la atención de alguien. Alejar o mantener lejos de nosotros lo que queremos es una forma de protección inconsciente.

Si deseas algo y no lo atraes es señal de que el miedo a lo que pueda suceder es mayor que tu deseo de conseguirlo.

En ese caso, es importante **descubrir el miedo para poder afrontarlo**. Y hacer un trabajo emocional para **aumentar la confianza en ti y en la vida, para que tu deseo y la confianza** de que todo va a ir bien y de que eres capaz de gestionar tu vida teniendo o haciendo eso que deseas **sean más grandes que tu miedo, y así puedas manifestarlo,** hacerlo realidad y atraerlo a tu vida en el plano físico y material.

Resumiendo, **para que un deseo se haga realidad, tu deseo y tu confianza deben ser más grandes que tu miedo.**

Por tanto, si el miedo es más grande que la confianza, lo que tenemos que hacer es un trabajo emocional para identificar el miedo, afrontarlo y aumentar la confianza en nosotros mismos y en la vida.

Ayudarnos a ver que somos capaces de lograrlo y de gestionar nuestra vida teniendo o haciendo eso que deseamos aumentará y fortalecerá también la confianza en nosotros.

DESPIERTA TU PASIÓN POR LA VIDA

Tu pasión por la vida es lo que te hace magnética o magnético.

La pasión por la vida potencia tu poder de atracción de alta vibración. Cuanto más conectado estés con la vida, más alegría experimentarás y más cosas bonitas te sucederán.

La alegría y la fuerza de la vida viven dentro de ti. Es algo que podemos despertar en cualquier momento. No necesitas a nadie para hacerlo ni ir a ningún lugar especial. El poder está dentro de ti.

Reconectar con la pasión por la vida tiene mucho que ver con permitirse disfrutar.

Porque es precisamente **cuando nos permitimos disfrutar** de lo que nos gusta y del aquí y el ahora cuando **reconectamos con la vida**.

La vida es movimiento. Cuando nos estancamos, sufrimos. **Cuando entramos en los círculos de la obligación, nos desconectamos de la vida**. La Vida no entiende de obligaciones, entiende de fluir, de ser tú mismo, y de hacer en cada momento lo que sientes que quieres hacer, lo que amas hacer. Y con esto no me refiero a «ale, cachondeo todo el rato». No, hablo de conectar con tu corazón y con tu cuerpo, con tus necesidades, tus deseos y tu propósito. Necesitamos tanto cuidar de nosotros como ayudar a otros haciendo lo que amamos, ese es nuestro propósito.

Cuando vives conectado con la vida puedes disfrutar tanto de tu trabajo como de fregar los cacharros, cocinar, limpiar la casa, el coche, bailar, encontrarte con tus amigos, hacer el amor, besar, abrazar o descansar.

Una vez escuché a Sergi Torres que disfrutar viene de «dar fruto». Si somos amor y luz, disfrutar es dar fruto de ese amor y esa luz que somos y que todos llevamos dentro, por muy escondidos que estén.

Los que me habéis leído en mis anteriores libros sabréis que no todo en mi vida ha sido ji, ji, ja, ja.

Viví experiencias muy difíciles durante mi infancia y durante mi vida adulta. Y transitarlas y superarlas no ha sido nada fácil. Por eso hoy te puedo decir que no importa cuán densas sean las emociones que has llegado a sentir o las emociones con las que cargas, que todas —absolutamente todo lo que ahora sientes que te paraliza o te quita tu energía— se pueden liberar. Todo. Y cuanto más nos permitamos respirar, sentir y soltar lo que no es nuestro, y las emociones del pasado, más sencillo nos será reconectar con nuestra pasión por la vida.

Afirmaciones poderosas

Yo me libero de la apatía, de la desmotivación, de la impotencia, de la frustración, del sufrimiento y de la tristeza de mis ancestros.

Yo respeto su vida como fue y me permito disfrutar de la mía.

Yo elijo la vida.

Yo digo «sí» a mi vida.

Yo digo «sí» a disfrutar de mi vida.

Yo digo «sí» a mi pasión por la vida.

Yo elijo disfrutar de mi vida con pasión.

Yo quiero vivir y disfrutar de mi vida.

Y yo permito que así sea, y así es, hecho está. Gracias.

El poder de tu claridad y tu capacidad para decidir en tu vida

Tu claridad es poder

La claridad nos abre el camino para poder hacer lo que nos hace felices, nuestros sueños realidad o nuestro propósito.

La claridad es una puerta abierta.

Cuando tenemos claro lo que queremos, sentimos una fuerza que nos impulsa hacia adelante y es incontenible.

El efecto de la duda es todo lo contrario. La duda nos detiene para hablarnos de nuestras inseguridades. Cuando dudes, date tu tiempo para respirar y escucharte.

¿Alguna vez te ha pasado no saber lo que querías? ¿Alguna vez te has sentido confuso y paralizado? ¿Por qué hay veces que no tenemos claridad acerca de lo que queremos?

En determinados momentos de mi vida me he sentido paralizada, porque no sabía hacia dónde quería realmente ir o lo que quería hacer. Y esto a veces me desconcertaba. ¿Cómo es posible que no sepa lo que quiero? Y así, empecé a hacerme preguntas, hasta que poco a poco fueron llegando las respuestas.

1. **El miedo a sufrir o a que nos hagan daño si hacemos lo que queremos.** Esto es lo que muchos llaman *miedo a equivocarse*. Miedo a equivocarse es miedo a sufrir. Porque en realidad, el error es una experiencia de aprendizaje que nos ayuda a darnos cuenta de lo que no queremos. Pero es algo que a veces necesitamos experimentar para poder tener claro lo que sí que queremos.

2. **Para poder decidir en un ámbito de tu vida, tienes que sentir que eres el dueño de ese ámbito de tu vida.** Solo el dueño de una parcela o de una cosa tiene derecho a decidir lo que quiere hacer con esa parcela o con esa cosa.

Los ámbitos de tu vida en los que tienes más claridad y decides fácilmente son aquellos en los que te sientes más dueño y más seguro.

Y al revés. Donde sientes menos claridad es en los ámbitos de tu vida en los que te sientes menos seguro, y probablemente en los que dependes más de la aprobación de los demás.

♡

Tu poder para cerrar una relación

¿Cómo poner fin a una relación?

> **Para poder empezar una nueva historia necesitamos poner fin a la que ya se terminó.**

LA IMPORTANCIA DE HACER UN DUELO CUANDO TERMINA UNA RELACIÓN

Para poder empezar algo nuevo necesitamos poner fin a lo que ya se terminó.

Una cosa es cuando termina una relación y otra muy distinta es que tu cabeza tenga claro que esa relación ya se ha terminado.

Cuando una relación se termina es nuestra responsabilidad dejar claro a nuestra mente, a nuestro cerebro, que esa relación ya ha llegado a su fin y que ya se terminó.

Si nosotros no hacemos ese trabajo, nuestra mente va a seguir manteniendo viva esa relación.

EL IMPORTANTE PAPEL DEL HIPOTÁLAMO

Más de una vez, cuando hacía terapia Gestalt, trabajando los momentos difíciles de mi infancia o de mi adolescencia, mi terapeuta me decía: «Eso ya se terminó, eso ya se acabó».

Y un día me explicó que el hipotálamo tiene la función de contextualizar los eventos que vivimos. Nosotros tenemos la responsabilidad de ayudarle y de aclararle cuando algo ya se ha terminado.

Durante el confinamiento, leyendo el libro *Lo bueno de tener un mal día,** de Anabel González, encontré un texto que hablaba pre-

---

* Barcelona, Planeta, 2020.

cisamente del hipotálamo y explicaba esto, que el hipotálamo es el que contextualiza los acontecimientos, les da un lugar en el tiempo, en el presente, en el pasado o en el futuro.

Y en nuestras manos está ayudarle.

Y entonces comprendí cuántas relaciones yo no había cerrado porque me daba miedo decir «se acabó» y tendía a dejar la puerta abierta por si acaso volvía.

Y el no cerrar relaciones hacía que yo mantuviera unos hilos invisibles de expectativa a través de los cuales perdía energía y se diluía mi poder de atracción.

El día que me di cuenta dije: «*Oh, my God,* tengo trabajo».

Yo apenas había hecho duelos. No era consciente de la necesidad y de la importancia de hacerlos.

En tres días hice tres duelos, uno por día.

Y a pesar de que cuando terminaron cada una de esas tres relaciones lloré, y mucho, me di cuenta de que todavía tenía emociones guardadas.

Y también me di cuenta de que las únicas relaciones que había cerrado bien en el pasado eran aquellas en las que un día me paré y me dije: «Se acabó, se acabó para siempre». Y, efectivamente, mi mente comprendió y pudo liberarse del pasado, cortar esos lazos y soltarlos.

Entonces fui consciente de lo importante que es cuando termina una relación y quieres empezar otra, cortar los lazos con la anterior, porque, si no, no va a funcionar.

¿CÓMO SE HACE UN DUELO? ¿CÓMO CERRAR BIEN UNA RELACIÓN?

Para cerrar una relación, lo importante es tener claro que esa no es la persona con la que tú quieres compartir tu vida. Y para poder llegar a este punto es imprescindible querer ver la verdad, en qué momento está esa persona y en qué momento estás tú, ver si vuestros momentos son compatibles, si queréis lo mismo o no, si te hace bien o no.

Querer y aceptar ver la verdad es imprescindible para desapegarte de alguien que no te hace bien o quiere algo diferente a lo que quieres tú, o con el que por equis razones sois incompatibles

Cuando tienes claro que quieres cerrar una relación, también es importante:

1. Cerrarla con respeto y con gratitud, sin culpar, sin criticar, sin echar nada en cara. Podemos decir lo que sentimos, pero siempre desde el respeto mutuo, sin exigir nada, sin reproches y sin culpar. Aceptamos al otro tal y como es y lo dejamos ir.

2. Liberar todas las emociones que sientas o que hayas ido acumulando a lo largo de la relación y que no has sentido aún. En otras palabras, permitirte sentir todo lo que necesites sentir para poder soltarlo.

3. Sanar las posibles heridas que estén abiertas. Amarte, atenderte, escucharte, darte lo que necesitas y, en definitiva, cuidarte.

4. Escribir y decir en voz alta las palabras mágicas. Y decirle al hipotálamo que tome nota, como si fuera tu notario personal:

> - **Mi relación íntima/de pareja con _____ ya se ha terminado.**
> - **Esta relación se acabó, ha llegado a su fin, se terminó. Fin.**
> - **Yo puedo decir «no» a _____ y sentirme en paz conmigo mismo. Gracias por todo lo compartido, disfrutado y aprendido.**
> - **Yo suelto a _____ y me concedo mi libertad a mí para empezar una nueva etapa de mi vida conmigo y con quien yo quiera cuando yo quiera.**
> - **Yo soy libre. Tú eres libre. Yo me deseo lo mejor y te deseo lo mejor.**
> - **Feliz vida a mí. Feliz vida a ti.**
> - **Cada uno es responsable de su felicidad.**
>
> **FIN. GRACIAS.**
>
> ♡

6

SOLTAR, LIBERAR TU MENTE Y TU CUERPO

☼

Dejar de responsabilizarnos de la felicidad y del bienestar de los demás

La felicidad y el bienestar físico, mental, emocional y espiritual son responsabilidades únicas, personales e intransferibles.
Por más que te empeñes, no puedes hacer feliz a nadie. Puedes sumar o restar energía a alguien, pero la felicidad es una responsabilidad de cada uno.

Solo puedes hacerte feliz a ti mismo. Porque ser feliz es una cualidad del ser, y una decisión unipersonal que requiere un compromiso con uno mismo.

Tú no puedes hacer feliz a una persona que no se ha responsabilizado de su felicidad. Puedes crear una dependencia emocional, y sumar alegría a esa persona en determinados momentos, pero no puedes hacerla feliz, porque esa es su decisión, no la tuya.

En realidad, solo eres capaz de hacerte feliz a ti mismo.

Creer que alguien te puede hacer feliz o que puedes hacer feliz a alguien es una ilusión temporal. Cuando una persona no asume su responsabilidad de ser feliz, podrá sentir felicidad en determinados momentos gracias a otras personas, pero al no haber asumido su propia responsabilidad, la felicidad que viene de fuera, igual que viene, se va, porque no tiene raíces en esa persona.

Mientras tú no asumes la responsabilidad de hacerte feliz a ti, te conviertes en un mendigo hambriento esperando que alguien te haga feliz, en un dependiente emocional. Y esa dependencia emocional, lejos de hacerte feliz, te generará mucho sufrimiento, sentimientos de soledad y vacío.

Cuando das a una persona el poder de hacerte feliz, también le estás dando el poder de hacerte infeliz. Porque tú no estás asumiendo tu poder de hacerte feliz a ti. Y como no lo asumes, esperas que el otro lo haga por ti.

Por experiencia te puedo decir que se sufre mucho cuando das prioridad a hacer felices a los demás, y se experimenta mucha frustración y soledad. Porque por mucho que tú quieras hacer feliz a alguien, o ayudarle, si esa persona no quiere ser feliz o no quiere recibir ayuda, te estrellarás una y otra vez contra el mismo muro. Porque esa no es tu responsabilidad.

Es lo que nos han vendido, pero realmente esta forma de relacionarse es sumamente dañina.

> **Tú eres capaz de ser y hacerte feliz.**
> **Ser feliz y hacerte feliz es tu responsabilidad.**

Afirmaciones poderosas

> Yo soy capaz de hacerme feliz.
>
> Ser feliz y hacerme feliz es mi responsabilidad.
>
> Yo asumo mi responsabilidad de hacerme feliz.

Dejar de hacernos cargo de los sentimientos de los demás

Tú solo eres responsable de tus sentimientos

Cada persona es responsable de su actitud, de lo que piensa, de lo que siente y de lo que hace.

No somos responsables de lo que sienten los demás.

Somos responsables de nuestra forma de interpretar la realidad, de lo que sentimos y de lo que hacemos.

Lo que sienten los demás depende de su forma de interpretar su realidad, de sus creencias y de su nivel de conciencia.

Solo somos responsables de nuestros sentimientos. Y nuestro papel es aprender a respetar los sentimientos de cada persona, sus tiempos y sus procesos de aprendizaje.

♡

Abandonar el victimismo

Asumir tu responsabilidad te reconecta con tu poder

Abandonar el papel de víctimas nos permite recuperar nuestra dignidad. Y asumir nuestra responsabilidad nos permite recuperar nuestro poder sobre nuestra vida.

Recuperamos nuestra dignidad cuando expresamos nuestro dolor desde el respeto a nosotros mismos y al otro, reconociendo nuestra responsabilidad y la del otro, sin culpar, sin rebajarnos, sin exigir nada. Simplemente expreso lo que siento, diciendo lo que quiero y lo que no quiero. Es una forma de marcar mi territorio, lo que quiero y de lo que me siento digno y merecedor.

Entre dos personas, la responsabilidad es compartida. **Cada uno es responsable únicamente de lo que da y de lo que consiente.**

Somos libres para expresar lo que sentimos y responsables de lo que expresamos. Pero **no somos responsables de cómo se toma otro lo que nosotros expresamos**.

Cada uno es responsable de sus reacciones.

La reacción del otro no es tu responsabilidad, pero sí cómo reaccionas, cómo te posicionas, y si decides recibirlo o dejarlo ir.

Para que una relación pueda fluir, necesitamos expresar lo que sentimos desde el corazón, desde el respeto. La clave para liberarnos está en cómo lo expresamos. Si lo expresamos desde el victimismo acusando a otro, no arreglamos nada, al contrario, nos cargamos un poco más. Si lo expresamos conscientes de nuestra parte de responsabilidad, sin exigir nada, respetando nuestra libertad y nuestra dignidad y la del otro, es decir, desde el amor y el respeto, entonces sí que nos liberamos.

♡

Superar la dependencia emocional y adueñarte de tu claridad

La claridad es una cualidad del ser

¿Cómo afecta la dependencia emocional a nuestra claridad?
¿Por qué a veces no sabemos lo que queremos?

Cuando no sabemos lo que queremos es muy probable que tengamos miedo a hacer lo que realmente deseamos.

No nos permitimos ver con claridad para evitar afrontar nuestros miedos y mantenernos en nuestra zona de confort.

Puede ser que hayamos renunciado a hacer nuestra voluntad para poder obtener algo que necesitamos o porque tememos que al hacer nuestra voluntad perdamos algo importante para nosotros.

Siempre que renunciamos a algo es para obtener algo a cambio.

Cuando renunciamos a algo es para poder recibir a cambio algo que necesitamos y que no nos creemos o sentimos capaces de conseguir por nosotros mismos (seguridad, atención, protección, aceptación, amor, reconocimiento, respeto).

Hay personas que renuncian a su felicidad y se apegan a una pareja con la que no son felices, porque a cambio reciben algo que aún no han aprendido a darse a sí mismas. Una persona puede apegarse a su pareja y renunciar a su voluntad y a su libertad para poder sentirse segura, querida, acompañada, valorada o protegida.

Hay personas a las que esto les sucede con su puesto de trabajo; por miedo a no encontrar algo mejor o a crear su propio negocio, desarrollan una relación de dependencia con su trabajo.

En una relación de pareja sana, es importante que la persona que elegimos como compañera de vida potencie nuestro bienestar emocional, nuestra felicidad, nuestra sensación de seguridad y de protección, nuestra alegría, nuestra energía, nuestra motivación, etcétera. Y para que una pareja pueda sumar, es necesario que previamente tú te hayas responsabilizado de tu felicidad, de tu bienestar, de tu seguridad, de tu alegría, y que en todo momento te des todo lo que necesitas.

Cuando tú no te das lo que necesitas, lo vas a buscar en el otro. En ese momento es cuando empiezan la dependencia y los problemas. Cuando para poder tener lo que necesitamos con nuestra pareja empezamos a renunciar a nuestra voluntad o a nuestra libertad, inconscientemente esperamos que el otro haga lo mismo por nosotros.

Cuando rechazamos al otro por no darnos lo que necesitamos, no estamos respetando ni su voluntad ni su libertad.

Y en el momento en que en una relación no respetamos la voluntad o la libertad del otro, ya no es amor incondicional, es amor condicional.

Creo que la diferencia está clara.

La principal razón por la que una persona aguanta y aguanta lo indecible en una relación tóxica, dañina o en la que simplemente no es feliz es porque hay una dependencia emocional y una ausencia de responsabilidad con uno mismo. Y es la dependencia emocional lo que potencia enormemente el sufrimiento en una relación.

Cuanto más maduras emocionalmente sean las personas que forman una pareja, menos dependencia habrá entre ellas, habrá más amor incondicional, y en el caso de que esa relación termine, habrá menos sufrimiento que en una relación entre dos personas emocionalmente dependientes.

Cuando una persona no ve con claridad lo que quiere, **puede ser debido a alguna dependencia emocional.** Una persona puede llegar a renunciar a su voluntad para obtener lo que necesita de la otra. Cuando tratamos de complacer a alguien, suele ser para obtener algo a cambio, para sentirnos aceptados, reconocidos, amados, deseados, elegidos, acompañados, seguros, protegidos, respetados, valorados, etcétera.

Cuando una persona se siente bloqueada en algún área de su vida, también puede ser debido a que en mayor o menor medida **sienta que no es dueña de esa área de su vida**. Y esto puede ser debido a una relación de dependencia o de abuso de poder actual o del pasado.

Cuando una persona ha sufrido algún tipo de abuso de poder en el pasado y eso no ha sido sanado, es posible que esa relación haya dejado creencias limitantes en su mente y que haya miedos enterrados respecto a hacer su propia voluntad.

La mente subconsciente es muy poderosa, pero es atemporal y no razona. **La capacidad de razonar y de darle una dimensión temporal a nuestros recuerdos reside en la mente consciente.**

Cuando vivimos una experiencia traumática y entramos en *shock,* muchas emociones quedan reprimidas, y el cerebro deja de funcionar al cien por cien, se desconectan algunas áreas cerebrales por pura supervivencia, para que no nos dé un infarto, debido a la sobrecarga emocional que sufrimos.

Y todas esas emociones quedan reprimidas, el cerebro no puede terminar de procesar ese recuerdo y se queda almacenado de forma fragmentada. Por un lado, pueden quedar flotando emociones, sensaciones, frases, imágenes, y todo eso la mente subconsciente no lo puede procesar por sí sola, necesita de nuestra ayuda para ello.

Necesitamos acompañarnos en el proceso de sentir todo lo que ha quedado flotando en el limbo de nuestro cuerpo para que la mente lo pueda reprocesar y guardar como el resto de los recuerdos.

Mientras no ayudemos a la mente a procesar esa experiencia, para la mente es como si eso siguiera ocurriendo ahora. Es algo así como si se hubiera quedada enganchada en ese momento.

Nosotros necesitamos decirle que eso ya se terminó, que esa persona que nos hizo daño o nos llevó a entrar en *shock* ya no tiene poder sobre nosotros. Somos nosotros los que necesitamos enseñar a la mente que la amenaza y el peligro que experimentamos en el pasado ya se terminaron.

Es algo así como el cuento del elefante encadenado. En un circo encadenan a un bebé elefante con una pequeña argolla al suelo e intenta liberarse sin éxito, hasta que finalmente se rinde. Años más tarde el elefante ha crecido y tiene una gran fuerza física, pero no lo sabe, porque en su mente quedó grabado que no tenía fuerza para arrancar la argolla y marcharse. Y un niño se pregunta: «¿Qué hace un elefante tan grande sujeto a una argolla tan pequeña?».

Y es porque no se dio cuenta de que ahora es grande y fuerte, y con un pequeño movimiento podría liberarse fácilmente de esa argolla. No volvió a intentarlo y se acostumbró a vivir sometido.

Esto es lo que nos pasa a muchas personas. Quedamos atrapadas en el momento del trauma y no somos conscientes de que ahora ya podemos superarlo y recuperar nuestro poder, porque ahora ya somos grandes, fuertes y poderosos.

Para poder liberarnos de una dependencia emocional, sanar una relación y recuperar nuestro poder y nuestra libertad, necesitamos identificar:

¿Qué me está aportando esta persona que yo no me doy? Eso que busco en el otro es lo que yo necesito darme a mí mismo para poder liberarme de la dependencia emocional que tengo con esa persona.

♡

Superar el miedo
a equivocarnos

Decisiones, errores y aciertos
¿Qué es un acierto y qué es un error?

**Todas las decisiones que has tomado
eran perfectas.**

**Porque te han llevado a vivir lo que
necesitabas experimentar en ese momento,
porque tenían algo importante que enseñarte.**

**Aprueba todas las decisiones que has tomado
y deja de martirizarte por los errores que
crees haber cometido.**

Nada es error, todo es aprendizaje.

**Un error es tan solo una experiencia de
aprendizaje.**

Decimos que nos hemos equivocado cuando no nos gusta adónde nos ha llevado, lo que hemos obtenido o cómo nos hemos sentido con la decisión que hemos tomado.

Todas las decisiones son correctas en tanto en cuanto **una decisión es tan solo una elección que nos va a llevar a explorar un camino.** Cuando nos gusta el camino y lo que sentimos, decimos que hemos acertado. Cuando no nos gusta el camino o lo que sentimos, o lo que nos lleva a experimentar ese camino, a veces creemos que nos hemos equivocado.

Cada elección es un camino que nos lleva a aprender algo. Por eso no hay errores ni aciertos, todas son experiencias de aprendizaje. Unas son dolorosas (las llamamos *errores*) y otras son placenteras (las llamamos *aciertos*).

Cuando tomas conciencia de todo esto, decidir se vuelve algo mucho más sencillo. Porque hemos tomado conciencia de que **lo importante no es el resultado, sino el aprendizaje.** Una vez que tienes claro lo que quieres y adónde te lleva cada decisión, decidir se hace más fácil y el camino más placentero. Y todo esto es posible cuando nos hemos dado la oportunidad de explorar los caminos que necesitábamos explorar. Por eso digo que no hay errores, que todo es aprendizaje.

En cada momento tomamos la decisión que necesitamos tomar, elegimos el camino que estamos preparados para transitar, el que necesitamos recorrer para aprender algo importante para nuestra felicidad, para nuestro bienestar, para poder hacer nuestros sueños realidad, para poder llevar a cabo nuestro propósito, para poder realizarnos y sentirnos plenos.

El problema es cuando nos criticamos y nos castigamos por no haber obtenido los resultados que deseábamos. Al hacer esto nos estamos tirando piedras sobre nuestro propio tejado. Nos hacemos mucho daño cada vez que nos torturamos por estar sufriendo algo que no queremos vivir. Y no nos damos cuenta de que somos nosotros los que nos estamos haciendo sufrir al no aceptar la decisión que tomamos, al no aceptar las experiencias que estamos viviendo.

El sufrimiento termina cuando aceptamos las decisiones que tomamos, cuando aceptamos lo que está sucediendo ahora (aunque no nos guste) **y decidimos abrirnos al aprendizaje** y confiar en que si nos hemos metido ahí es porque algo importante necesitábamos aprender de esa experiencia, y porque sabemos salir de ahí.

♡

Desprogramar la culpa, el sufrimiento, el sacrificio y la prohibición del placer

«El sacrificio es una noción que Dios desconoce por completo. Procede únicamente del miedo.»

UCDM

Es importante y esencial aprender a diferenciar las ideas constructivas de las ideas destructivas, los conceptos divinos de los humanos.

La culpa, la obligación, el sacrificio y el castigo son ideas destructivas, son conceptos humanos, son herramientas inventadas por los hombres para controlar y debilitar a las personas.

La responsabilidad, el respeto al libre albedrío de cada persona, la aceptación, el perdón, la bendición y la gratitud son herramientas y conceptos divinos, que provienen del Amor, de la Vida o de Dios, como tú prefieras llamarlos.

La culpa es, por tanto, una herramienta destructiva que nos desconecta de nuestro poder.

La responsabilidad es constructiva y nos reconecta con nuestro poder.

Lo sanador y liberador es aprender a sustituir la culpa por la responsabilidad.

La obligación, la obediencia, el castigo, el sacrificio y el sufrimiento son destructivos. Son conceptos humanos de la cultura del abuso de poder.

La culpa, el sufrimiento, el sacrificio y la prohibición del placer son emociones e ideas sumamente tóxicas y dañinas para nuestra salud mental, emocional, física y espiritual que nada tienen que ver con nuestra esencia, con el amor y la Vida.

La responsabilidad de ti mismo, de tu felicidad y de tu bienestar, de tus pensamientos, emociones y acciones, el respeto a la

libertad de cada ser incluyendo la propia, la comprensión, la compasión, el perdón, la alegría, el placer consciente y el cariño son buenos y necesarios para nuestra salud física, mental, emocional y espiritual.

Una de las creencias que sostiene la religión cristiana es que no podemos perdonarnos a nosotros mismos y necesitamos que Dios nos perdone. Esta idea es muy limitante porque por un lado hace creer a las personas que son incapaces de perdonarse y por otro lado las desconecta de su responsabilidad de perdonarse. La responsabilidad se sustituye por la culpa y el castigo.

Hay personas que se sienten tan culpables de lo que han hecho que, sintiéndose incapaces de perdonarse y asumir la responsabilidad de sus acciones, delegan sus emociones a un Dios, esperando que Él las perdone. Y este mecanismo es aprendido.

Lo valiente es dejar de esperar que Dios te perdone y asumir tu responsabilidad de perdonarte.

Al principio nos da pánico mirar dentro de nosotros mismos, ser honestos, aceptar y asumir lo que hemos hecho, lo que sentimos, afrontar la vergüenza, atrevernos a pedir ayuda a un profesional que pueda ayudarnos.

Y cuando las personas no se sienten capaces de responsabilizarse de sus emociones, de amarse y perdonarse, a veces encuentran en la religión el camino aparentemente más fácil, se hacen superdevotas de una religión y delegan en Dios su responsabilidad de perdonarse.

Esto es huir y abandonarse a uno mismo, esto es evitar tu propia responsabilidad y encasquetársela a otro.

Y así las heridas emocionales no se pueden sanar.

Es un vivir engañándose y huyendo de uno mismo constantemente, buscando fuera soluciones que solo pueden encontrarse dentro de uno.

Tal y como escribí en el libro *El amor de tu vida,* Dios no necesita perdonarnos porque Él jamás nos ha culpado. La culpa no es una emoción inventada por Dios. La culpa es un artilugio de la cultura del abuso de poder para someter y debilitar a las personas. La culpa no tiene nada que ver con Dios.

Para Dios, todos los errores merecen perdón, porque Dios ha creado la vida como un proceso de aprendizaje. Y para aprender es necesario cometer errores.

El pecado sostiene la creencia de que un error no merece perdón. Y de que una persona necesita ser castigada para que pueda aprender. Y todas estas ideas son inventos del hombre.

El mayor problema es que la voz de Jesús, sus palabras y sus mensajes de amor han sido muy distorsionados y manipulados a lo largo de los siglos.

Jamás encontraremos la verdadera paz abandonándonos a nosotros mismos. Porque todo empieza dentro de uno. Y para que una persona pueda encontrar la paz tiene que asumir sus actos y permitirse sentir lo que siente.

Las soluciones externas no funcionan. Porque no hay nada ahí fuera que pueda salvarte. Dios-Diosa, el Amor y la Vida están dentro de ti. No hay separación entre nosotros y nuestra fuente. Estamos conectados, aunque no siempre sintamos esa conexión.

El único camino a través del cual Dios-Diosa, el Amor o la Vida pueden salvarnos es desde la conexión con nuestro interior.

Una de las citas de Jesús que más confusión y más daño me hicieron a mí (porque la malinterpreté) fue: «Luego dijo Jesús a sus discípulos: "El que quiera venir conmigo, que se niegue a sí mismo, que cargue con su cruz y me siga. Porque el que quiera salvar su vida la perderá. Pero el que pierda su vida por mi causa, la encontrará"» (Mateo 16, 24-25).

Las mayores confusiones que me generaron fueron:

- Creer que tenía que olvidarme de mí y abandonarme a mí misma para que Dios me quisiera.
- Creer que tenía que sufrir para que Dios me quisiera.
- Creer que tenía que renunciar a mi vida y a mi felicidad para que Dios me salvara de todo peligro.

Esto es lo que yo malentendí durante muchos años. Ahora me imagino a Jesús llevándose las manos a la cabeza, girándola a un lado y a otro, suspirando y diciendo: «Oh, Dios mío, no. No habéis entendido nada. ¿Estáis locos o qué? ¿Quién os ha metido semejantes demencias en la cabeza?».

¿Qué es lo que yo creo ahora que quiso decir Jesús en esta cita?

- Si quieres salvarte, deja a un lado todas esas ideas dementes que tienes en la cabeza y que solo te conducen al sufrimiento, y abre tu corazón al Amor y a la Vida. Permítete respirar y sentir para liberar la neurosis que tienes en la cabeza y el atasco emocional que tienes en el cuerpo, para que puedas escuchar al Amor y a la Vida, que te hablan a través de tu corazón libre.
- Deja de creer que sabes más que Dios, el Amor o la Vida, y deja de intentar imponer tu voluntad a los demás. Confía en la Vida y acepta que la Vida sabe más que tú.

La liberación de la culpa

«Dios no cree en el castigo. Dios no tiene nada en contra de ti. [...]

Tu padre te creó: libre de pecado, libre de dolor y a salvo de todo sufrimiento. [...]

La inocencia es el verdadero estado mental de los hijos de Dios. [...]

La Paz es lo contrario de la culpabilidad. [...]

La culpa garantiza que el futuro será igual que el pasado. La importancia que le das a la culpabilidad se la quitas a Dios.»

UCDM

«Cada bebé ha sido creado a partir de la bondad. Cuando olvidamos nuestra bondad es cuando empezamos a sentirnos culpables, indignos o no valiosos. La verdad básica "soy digno de ser amado" es la guardiana y cuidadora de la llama.»

LOUISE L. HAY

«Nuestra bondad básica es nuestra bendición original.»

MATTHEW FOX

«La culpa hace que no te reconozcas y te aleja del merecer. Y acabamos haciendo por obligación y no desde la libertad. Pero no somos culpables de nada. Somos responsables de todo lo que hacemos, pero inocentes. Y como cada ser, te mereces todo lo mejor. Mereces amor, mereces bienestar, mereces placer, salud, alegría, abundancia.»

ANNA HERMS

APRENDER A DESMONTAR LA CULPA

Para poder desmontar la culpa, el primer paso es reconocerla y descubrir qué creencias la generan.

La comprensión (comprender qué ideas la generan) **es lo que nos permite desmontarla y liberarla.**

- La culpa es un programa mental muy destructivo, es una creación del hombre.
- La culpa es una emoción aprendida, no es natural en el ser humano.
- Es una herramienta para someter y debilitar a las personas.
- El pecado es otro invento del hombre para intentar castrarlo

emocionalmente, paralizarlo y debilitarlo.

La culpa se basa en las ideas siguientes:

- «No tengo derecho a cometer errores.»
- «No tengo derecho a _____.» (disfrutar o hacer algo en concreto)
- «Si cometo un error o si hago _____, pierdo mi derecho a ser amado y mi paz.»
- «Para recuperar mi paz y mi inocencia tengo que ser castigado.»
- «Algo o alguien externo a mí decide lo que está bien y lo que está mal, lo que debo y no debo hacer.»
- «Está mal que yo sienta _____, haga _____, disfrute _____.»

✐ EJERCICIO: LIBERAR LA CULPA

Haz una lista de todas aquellas cosas de las que te sientes culpable. Y en cada cosa de esa lista pregúntate:

- «¿Por qué me siento culpable?».

- «¿Quién me está culpando?».

- «¿Qué ideas están generando esta culpa?».

Apunta las respuestas que te vengan sin censurarlas. La respuesta te ayudará a identificar qué idea o ideas están generando tu sentimiento de culpa. Y si necesitas llorar, llora. Toda lágrima es una liberación para el cuerpo.

Y a continuación vamos a escribir las afirmaciones que nos liberan de estos sentimientos de culpa.

«Yo tengo derecho a _____ y a sentirme en paz conmigo mismo y con _____.»

«Está bien que yo _____.»

«Está bien que yo me perdone.»

«Yo puedo, tengo la capacidad de perdonarme y elijo perdonarme _____.»

Afirmaciones poderosas

Afirmaciones poderosas y sanadoras para recordar tu inocencia y la verdad sobre ti:

Mi inocencia y mi bondad son eternas e inmutables.

Mi inocencia y mi bondad son cualidades de mi ser.

Yo soy amor, estoy hecho/hecha de amor, merezco el amor y soy digno/digna de amor y de perdón en todo momento.

La vida es aprendizaje.

Tengo derecho a cometer errores y a ser amado/amada en todo momento.

Tengo derecho a disfrutar del amor, del placer, de mi felicidad, de mi abundancia, de mi salud y de mi paz.

Yo merezco, tengo derecho y soy digno/digna de ser perdonado/perdonada.

Yo merezco, tengo derecho y soy digno/digna de mi perdón.

Yo tengo la capacidad de perdonarme.

Yo elijo y me permito perdonarme todos los errores que he cometido.

♡

La liberación de la obligación

«Demasiados *debería* y *tendría* bloquean el flujo de
nuestra bondad innata.»

ROBERT HOLDEN

La obligación podemos sustituirla por nuestra voluntad y nuestra responsabilidad.

Cuando te sientes obligado a algo, puedes preguntarte:

- «¿Realmente quiero hacer esto?».
- «¿Es mi responsabilidad hacer esto?».

Si la respuesta a las dos preguntas es «no», puedes liberarte de esa obligación.

No necesitas obligaciones para sentirte en paz, feliz o realizado. Lo único que necesitas es tener claro lo que tú quieres, lo que tú necesitas y cuál es tu responsabilidad.

Si algo no es tu responsabilidad, no te corresponde a ti hacerlo. Si tú asumes algo que es responsabilidad de otra persona, al asumirlo impides que esa persona recupere su poder, aprenda y evolucione.

¿Qué es lo que realmente quieres hacer?

¿Qué es lo que necesitas darte o hacer por ti?

¿Cuáles son tus responsabilidades?

Tú eres responsable de tus decisiones, de tus acciones, de tus sentimientos, de tu felicidad, de tu bienestar, de tu calma, de tu paz, de lo que irradias al mundo, de lo que compartes, de lo que sale de ti.

No eres responsable de los sentimientos de otras personas. No eres responsable ni de la felicidad ni del sufrimiento de otros. No eres responsable de las emociones que despiertas en otros. No eres responsable del bienestar, de la salud mental, emocional o física de otras personas, a no ser que seas madre o padre y tengas hijos en los primeros años de su vida.

Somos responsables del bienestar de nuestros hijos mientras estos transitan su infancia y su adolescencia. A medida que los hijos van creciendo y se van haciendo adultos, necesitan empezar a asumir de forma progresiva y gradual la responsabilidad de su vida, de su bienestar y de su felicidad, para que al llegar a su etapa adulta puedan hacerse cargo de su vida.

En el momento en que tus hijos son adultos, ellos pasan a ser los responsables de su vida. Su felicidad o su bienestar ya no son tu responsabilidad, son la suya.

> **La Vida no es obligación.**
> **La vida es un impulso que nos mueve desde**
> **el corazón.**

Nos han hecho creer que teníamos diez mil obligaciones que hacer para ser buenas personas, un buen hijo, un buen hombre, un buen profesional, un buen padre, una buena hija, una buena mujer, una buena profesional, una buena madre. Pero todo eso pertenece a la cultura de la dependencia emocional, en la que nuestro valor lo definían los demás y vivíamos a expensas de lo que pensaban los demás. Eso es dependencia, ceder tu poder y tu responsabilidad.

¿Y cómo podemos liberarnos de las obligaciones?

Haciéndonos una sencilla pregunta.

Con cada cosa que sientas que está en tu vida como una obligación, respira profundamente, pon tu mano en tu corazón, sé honesto contigo mismo y pregúntate: «¿Esto es lo que yo quiero?».

Respira y siente.

«¿Me he comprometido a hacer esto porque realmente quiero hacerlo o lo estoy haciendo por otra persona? ¿Lo hago porque en el fondo sé que recibiré algo a cambio, como una sonrisa, ser aceptado, ser querido, respetado, reconocido, etcétera?, ¿o tal vez lo hago por miedo a ser criticado, juzgado, a recibir reproches, etcétera?»

Es imprescindible que seas honesto contigo mismo para que las respuestas sean efectivas para ti.

Cuando somos honestos podemos descubrir qué cosas realmente no queremos hacer y qué cosas nos cuesta hacer, aunque en el fondo queramos hacerlas. Son dos respuestas diferentes, una cosa es no querer y otra muy diferente es que nos cueste.

Cuando a mí me llega una propuesta, simplemente con leerla siento con claridad si la acepto o la rechazo. Si me atrae o me repele. Si estás atento al movimiento de tu cuerpo, verás lo claro que es cuando se lo permitimos. Una persona que está conectada a su cuerpo y tiene el cuerpo liberado, lo que le permite moverse libremente, podrá ver con claridad si el movimiento de su cuerpo al leer la propuesta es moverse hacia delante o hacia atrás.

A una persona con el cuerpo rígido, controlado por su mente, le costará más descubrirlo, porque primero necesitará devolverle la libertad de movimiento y de expresión a su cuerpo. Y, sobre todo, permitirse ser honesta consigo misma y conocer su verdad.

Volviendo al ejemplo de la propuesta, cuando yo dudo, respiro y pregunto a mi corazón:

- «¿Quiero hacer esto?».
- «¿Es bueno que yo haga esto?».

Y a continuación escucho el latido de mi corazón, observo el movimiento de mi cuerpo y la respuesta que me viene.

Normalmente uso estos tres test:

1. Si el corazón late sereno, es un sí. Si el corazón late aceleradamente, es un no (le genera estrés).
2. Si mi cuerpo se inclina hacia delante, es un sí; si se inclina hacia atrás, o da un paso atrás, es un no.
3. Si mi corazón dice «sí», veo un «sí» en mayúsculas en mi mente. Si mi corazón dice «no», veo un «no» en mi mente.

4. Otra forma es visualizar las dos opciones, la del sí y la del no. Y observar las reacciones de tu cuerpo en cada una de las opciones. Sentir un escalofrío es otra forma que tiene mi cuerpo de decirme «sí». Y cuanto más grande es el escalofrío o más lo siento en todo mi cuerpo, más claro lo tengo.

Primero descubrí el escalofrío como forma de comunicarse mi cuerpo conmigo, luego el latido del corazón, luego el movimiento del cuerpo, y lo último que he experimentado es ver un «sí» o un «no» en la pantalla de mi cerebro. Y por supuesto que puede haber muchos más y cada uno ha de usar el que mejor le funcione. Yo comparto los que yo uso y me funcionan.

> **La vida es muy sencilla.**
> **La complicamos nosotros cuando asumimos**
> **responsabilidades o cargamos con obligaciones**
> **que no nos corresponden.**

La liberación de la obediencia
Adoctrinados para obedecer

Muchos hemos sido educados para ser buenos hijos y buenas hijas, no para ser felices. La pregunta es: «¿Qué significa ser un buen hijo o una buena hija para ti?».

¿Cuántas veces escuchaste durante tu infancia «tienes que portarte bien y hacer lo que papá y mamá te digan»? Esto es adoctrinar en la obediencia, en la sumisión y en la dominación. Porque quien asume el papel de obedecer a alguien, para equilibrar esta relación desigual, en algún momento necesitará mandar sobre alguien para sentirse bien.

Durante la infancia necesitamos que nuestros padres cuiden de nosotros, que nos nutran, nos den cariño, protección y cubran nuestras necesidades básicas.

Los niños necesitan que se les pongan límites sanos desde el respeto.

Que un niño no sea capaz de controlar su cuerpo, sus movimientos o hablar no quiere decir que sea tonto o inferior a un adulto. Un bebé a nivel espiritual trae su alma igual de sabia que la tuya y su cuerpo es igual de sabio que el de un adulto. Y merece ser respetado en todos los sentidos.

Educar no es imponer la voluntad o las ideas de los padres a los hijos.

Educar es acompañar con amor en el desarrollo de los hijos, siempre desde el respeto a la voluntad del bebé, del niño o la niña. Porque su cuerpo tiene su propia sabiduría. Igual que la tiene el tuyo.

En el momento en que hay obligación y se exige obediencia, termina el amor y empiezan la dominación y la sumisión.

Claro que es importante ser buenas personas, ser buenos hijos, padres, parejas, pero más importante aún es tener claro qué significa para ti ser bueno o buena.

Liberar la resignación

El propósito de tu vida no es portarte bien,
es aprender a ser feliz por ti mismo,
aprender a amar y ser amado

¡Cuántas ideas tóxicas, falsas y dañinas hemos absorbido durante siglos! Y cuántos años hemos vivido sin darnos cuenta de que nuestro sufrimiento viene en gran medida de todas las ideas basura que llevamos dentro y no nos hemos parado a cuestionar.

No me extraña que haya tanto sufrimiento y miedo en el mundo, si tengo en cuenta la cantidad de ideas dañinas y falsas que hemos escuchado y asumido durante años.

¡Es impresionante!

¿Cómo no vamos a tener miedo a la Vida si tenemos unas ideas tan distorsionadas acerca de lo que realmente es la Vida? ¿Cómo no vamos a sufrir si nos han enseñado que eso es lo que teníamos que hacer para que se nos considerara buenas personas?

¿A cuántos de nosotros nos repitieron una y mil veces que teníamos que ser buenos y portarnos bien?

La pregunta es: «¿Y qué es ser bueno y portarse bien?».

Te animo a tomar papel y boli, y a escribir todo lo que te venga.

¿Cuántos crecimos escuchando este tipo de ideas?

- «Ser bueno es ser obediente.»
- «Ser bueno es obedecer a los que tienen el poder.»
- «Las personas buenas son las que más sufren.»
- «Para ser bueno hay que sufrir.»
- «Disfrutar es malo.»
- «Dios quiere que yo sea bueno.»
- «Dios quiere que yo sufra.»
- «Dios no quiere que yo sea feliz.»
- «Para que Dios me quiera tengo que sufrir.»
- «Si otros sufren, yo no tengo derecho (es injusto) a ser feliz.»
- «Si disfruto y soy feliz me van a castigar.»

¿A cuántos nos han vendido que teníamos que resignarnos, renunciar a lo que queríamos, sufrir y obligarnos a sacrificarnos para obtener el amor, el perdón o la gracia de Dios, o el amor de los demás?

No me extraña que haya tantas personas que no soporten o sientan ansiedad al oír hablar de Dios. ¿Cuántas ideas distorsionadas nos han inculcado acerca de Dios? ¿A cuántos nos han hecho creer que Dios, el origen de la vida, era un ser únicamente masculino que juzgaba y castigaba?

Hemos vivido sometidos por ideas como el culto al sufrimiento, al sacrificio, a la resignación, a la obligación, a la competición, para obtener el amor, la paz, el reconocimiento, la aproba-

ción. Cuánta neurosis y cuánta locura generan todas estas ideas, sin que nos demos cuenta.

Me parece muy interesante darse cuenta de que muchas de las ideas que nos han contado de Dios son simplemente proyecciones del ego humano y de la cultura patriarcal y del abuso de poder.

1. Dios no es masculino. La fuente de la vida y la creación es masculina y femenina. **Dios-Diosa es masculino y femenino a la vez.**

2. **Dios no juzga, ni culpa, ni castiga.** El hombre es el que juzga, culpa y castiga.

3. Dios no cree ni en la culpa ni en el pecado ni el castigo. **La culpa, el pecado y el castigo son inventos del hombre** para debilitar, someter y controlar a los pueblos a través del miedo.

4. Dios no quiere que sufras. **Dios-Diosa, el Amor y la Vida quieren que seas feliz y disfrutes de lo que amas**.

5. Dios no quiere que seas bueno. **La vida quiere que te ames, te respetes, seas consciente, feliz y disfrutes de la vida que se te ha dado.**

6. Dios no te odia. **Dios-Diosa te ama, la vida te ama y quiere lo mejor para ti.**

Y ahora vamos a ver. ¿Cuántas creencias dañinas, tóxicas y distorsionadas albergamos acerca de la vida y del mundo? ¿Reconoces alguna de estas creencias?

- «La vida no es justa.»
- «La vida es injusta, cruel, dura.»
- «La vida no me quiere, no quiere darme lo que yo quiero.»
- «La vida no quiere que yo sea feliz, desea que yo sufra.»
- «El mundo es un lugar inseguro y peligroso.»
- «Si disfruto de lo que quiero me va a pasar algo malo.»

Si alguna de las ideas que acabo de escribir tachadas te resultan familiares, y quieres liberarlas, permítete sentirlas y respirarlas, una a una.

Para poder liberar una emoción es necesario que te permitas entrar en ella y sentirla hasta que se agote. Sabrás que una emoción dolorosa se ha agotado cuando tu respiración y tu cuerpo se calmen y vuelvan a la calma por sí mismos.

Recuerda el poder de la aceptación de lo que sentimos y de la respiración.

Las emociones simplemente son energía, que, una vez aceptada y sentida, se libera, se agota. Fin.

Una vez que hayas liberado las emociones que necesitas liberar, puedes leer las siguientes afirmaciones, repetirlas si quieres integrarlas y hacerte carteles con ellas para que tu mente sepa qué ideas quieres albergar a partir de ahora acerca de la Vida.

Afirmaciones poderosas

La vida es amor. La vida es alegría. La vida es puro gozo.

El mundo es un lugar seguro y maravilloso para vivir, cuando vivo conectado/conectada a la vida.

Yo soy uno/una con la vida. La vida es una conmigo.

Lo que más desea la vida es que yo sea feliz, me ame, ame y disfrute de lo que me hace feliz.

La vida es abundancia. En todo momento me da lo que yo necesito para quererme y disfrutar de la vida que amo.

La vida me ama, me guía y me cuida en todo momento. La vida siempre me da lo que necesito.

Cuanto más me amo y más me permito disfrutar de lo que yo quiero y es bueno para mí, más experiencias maravillosas me regala la vida.

Yo soy parte de la vida. La vida vive dentro de mí.

♡

Liberar la impaciencia
Aprendiendo a tener paciencia

Uno de los grandes aprendizajes del confinamiento fue la paciencia.

La paciencia es algo que siempre me había costado horrores. Y durante este tiempo he ido descubriendo por qué.

Yo tenía pánico a la incertidumbre, era cero tolerante a la incertidumbre, porque me conectaba con la experiencia más difícil que he vivido, en la que casi pierdo la vida.

Poder llegar a verlo, a ser consciente de dónde venía mi pánico a la incertidumbre y sentirlo, me permitió aceptar la presencia de la incertidumbre en mi vida, ver que era seguro experimentarla y sentirla, y que en todo momento estaba a salvo. Que **podía sentir incertidumbre y sentirme segura y relajada. Y podía ser paciente y sentirme segura y a salvo.**

¿Cómo lo hice? Permitiéndome respirar en los momentos en que sentía que la impaciencia me desbordaba, permitiéndome sentir y aceptando las imágenes que venían a mi cabeza (recuerdos) y aceptando las sensaciones que afloraban en mi cuerpo.

Cuando permites este proceso, no suele durar mucho.

El cuerpo lo que más quiere es que respiremos lo más calmados que podamos el tiempo suficiente para que él pueda liberar la energía atrapada en él a través de nuestra respiración y de nuestro sentir.

La teoría es facilísima, es sencilla a más no poder. Lo difícil es recordarla cuando afloran las emociones atrapadas con toda su intensidad. Pero no importa si se te olvida, es cuestión de práctica. Tu cuerpo lo seguirá intentando, liberarse de esas emociones una y otra vez hasta que lo logre, hasta que tú como testigo consciente se lo permitas.

Nuestro cuerpo es muy sabio. Para poder confiar en él simplemente tenemos que aprender a escucharlo y habitarlo con nuestra respiración.

Una vez que liberé ese miedo y ese pánico a la incertidumbre, tener paciencia empezó a ser mucho más sencillo. Ya no había peligro de muerte. Podía ser paciente y vivir. Estaba a salvo.

El siguiente paso para mí fue practicar la **aceptación del aquí y el ahora en estado puro**.

Y así lo hice:

1. **Confío plenamente** en que **lo me está sucediendo es lo que necesito experimentar ahora mismo**.

2. **Acepto el aquí y el ahora**. Pongo los pies en el suelo, me doy un poco de aceite esencial de romero en las manos, lo huelo, respiro profundamente y me digo «esto es lo que hay ahora». Y a continuación me pregunto:

3. «¿Qué puedo hacer ahora? ¿Cómo puedo aprovechar este momento?» Y he aquí otra de mis máximas aprendidas en este tiempo. **Lo único que tengo que hacer ahora es lo que puedo hacer.** Si no puedo hacer algo ahora es porque ahora no lo tengo que hacer.

4. Respiro de nuevo. Qué paz da esto. Qué liberación, ¿no? Es decir, todo lo que no puedes hacer en este momento está bien que no lo hagas, no es tu responsabilidad hacerlo ahora. **Tu única responsabilidad ahora es hacer lo que puedes y quieres hacer.**

5. **No tienes que hacer nada que no quieras** y nada que no puedas. Este es el principio para LIBERARNOS de toda obligación y responsabilidad con la que no nos corresponde cargar. Lo único que tienes que hacer es lo que quieres y puedes. Repito: **si algo no está en tus manos, no es tu responsabilidad**. Así que, si no puedes hacer algo, puedes relajar tu conciencia.

♡

Soltar la represión sexual

«El sexo es el impulso humano más poderoso. La energía sexual es la energía de la vida, es incontrolable. Si a la gente se le permite la libertad sexual total, entonces no habrá posibilidad de dominarlos, será imposible hacer esclavos de ellos. La represión sexual, el tabú del sexo es el fundamento mismo de la esclavitud humana.»

OSHO, *Tantra, el camino de la aceptación*

«Si controlas la sexualidad, controlas a las personas.»

MIREIA DARDER, *Nacidas para el placer**

En los últimos años me he dedicado a escuchar mucho a los hombres y a las mujeres. Sentía mucha curiosidad por conocer sus inquietudes y por conocer realmente cómo eran los hombres a los que he querido y cómo son mis amigas y mis amigos.

Y me sorprendió mucho conocer mejor a los hombres y darme cuenta de cuánto han sufrido ellos también.

Las madres tienen mucho poder, mucho más del que imaginan. Y por supuesto que la mayoría de las veces no son conscientes del daño que pueden hacer a sus hijos o a sus hijas cuando intentan cortarles las alas de su sexualidad.

Los padres también tienen mucho poder sobre los hijos y las hijas. Ambos tienen mucho poder sobre los hijos durante la infancia, pero a los hombres creo que les afecta más la relación con la madre y a las hijas la relación con el padre.

¿Cuáles han sido los problemas que más he visto en los hombres y en las mujeres?

* Móstoles, Rigden, 2014.

- **Ser maltratados psicológicamente por la madre cuando se separan.**

  A veces las personas no se separan por miedo al maltrato psicológico de su madre. Sobre todo, cuando ya han vivido una separación.

  Conozco a hombres que han dejado de separarse para no tener que aguantar los ataques de su propia madre. Y se obligan a permanecer en una relación en la que no son felices y a conformarse y a aliviarse con un amante, con el porno o el sexo virtual.

- **Creer que está mal hacer el amor de forma salvaje con su pareja, con la persona que aman.**

  Ahora mismo te lo explico. Hay hombres (heteros) que creen que no está bien dar rienda suelta a la sexualidad con la persona que aman, permitirse ser creativos o salvajes con la mujer a la que aman. Creen que el sexo salvaje es algo sucio, guarro o de cerdos, y que no está bien practicarlo dentro del matrimonio.

¿Y por qué sucede esto?

Casi todos los hombres del mundo occidental han tenido una madre «víctima» del arquetipo de la madre virginal, distorsión de la imagen de María, la madre de Jesús.

Es decir, han visto que lo correcto en una mujer es que sea virginal, pura y asexual. Esto ha afectado tanto a hombres como a mujeres. Creer que las mujeres teníamos que ser así ha sido sumamente castrante para las mujeres y ha traído graves consecuencias para su salud y para sus relaciones de pareja.

A continuación, te propongo unas preguntas que, si te das el tiempo de contestarlas con honestidad, puede que te den información importante para ti.

- ¿Te permites disfrutar del sexo salvaje, creativo y animal con tu pareja, con tu compañera/compañero?
- ¿A tu compañera/compañero le gusta explorar su sexualidad contigo?

- ¿Te permites explorar tu sexualidad con tu compañera/compañero o tenéis sexo rutinario?

Creencias limitantes y falsas:

- «Los hombres son más sexuales que las mujeres.»
- «Los hombres tienen más necesidades sexuales que las mujeres.».
- «Las mujeres a las que les gusta disfrutar del sexo son unas guarras/golfas.»
- «No está bien que un hombre o una mujer disfruten del sexo salvaje o animal con su pareja.»

Creencias sanadoras y liberadoras

Las mujeres somos igual de sexuales que los hombres.

Hombres y mujeres tenemos necesidades sexuales por igual.

Las mujeres a las que les gusta disfrutar del sexo con amor son mujeres poderosas, sabias, amorosas, inteligentes, comprensivas y felices.

La principal diferencia sexual entre hombres y mujeres, aparte de nuestra biología, es debida a que hemos recibido la educación que hemos recibido. A las mujeres se nos ha enseñado a pensar y a comportarnos de una determinada manera y a los hombres de otra. A las mujeres nos enseñaron a rechazar el placer y a los hombres las emociones. Estos intentos por castrarnos y reprimirnos necesitan ser liberados para que podamos sentirnos completos, ser plenamente felices y estar en paz con nosotros mismos y entre nosotros.

Afirmaciones poderosas

Tengo derecho a disfrutar de la sexualidad siempre que lo necesite.

Tengo derecho a disfrutar de sexo real con mi pareja/ compañero/compañera de vida.

Tengo derecho a cambiar de opinión.

Tengo derecho a equivocarme.

Tengo derecho a decidir libremente en mi vida, a ser yo mismo/misma, a hacer lo que quiero hacer, a ser feliz y a ser respetado/respetada.

Tengo derecho a separarme de mi pareja todas las veces que lo necesite y a ser respetado/respetada por mi familia.

Tengo derecho a explorar mi sexualidad, a disfrutarla y a ser respetado/respetada.

Yo soy el dueño/la dueña de mis deseos sexuales.

Yo tengo derecho a disfrutar de la sexualidad de igual a igual, y a que se respete mi libertad en todo momento.

♡

Soltar el autoengaño

Aceptar la verdad para reconectar con nuestra claridad

Toda emoción que intentamos suprimir, reprimir o anular nos engancha al pasado, cerrándonos las puertas a un nuevo futuro.

El autoengaño es una de las herramientas que utilizamos para no sentir, para no tener que afrontar lo que sentimos.

Autoengañarse es mucho más doloroso que ser honesto contigo mismo y afrontar tus emociones.

Porque cuando te autoengañas, lo que haces es tratar de reprimir, anular y ocultar todo lo que sientes en tu cuerpo. Y en él queda todo guardado a cal y canto. Por esta razón, cuanto más te autoengañas, más emociones acumulas en tu cuerpo.

Afrontar tus emociones, aceptar lo que sientes, respirarlas y permitirte sentirlas es un camino mucho más sencillo, porque al hacerlo permitimos que el cuerpo las libere.

Ventajas de aceptar lo que sentimos y darnos un tiempo y un espacio para respirar y sentir esas emociones y sentimientos:

- Sensación de alegría, de paz, de armonía, de ligereza y de libertad.
- Claridad y relajación mental.
- Superación de las adicciones.
- Pérdida de sobrepeso y de hinchazón en el cuerpo.
- Potenciación de tu propia luz y tu belleza natural.
- Mayor capacidad de estar presentes, de tomar decisiones y disfrutar del aquí y el ahora.

Cuanto más nos autoengañamos, más sufrimos, más engordamos, más nos hinchamos, más pesados nos sentimos, más confusos, más perdidos y mayor fuerza adquieren nuestras adicciones, y más débiles, cansados y agotados nos sentimos nosotros.

¿Por qué? El cuerpo necesita mucha energía para mantener ocultas las emociones que tú no quieres ver, ni aceptar, ni sentir. Esa represión emocional a tu cuerpo le supone un gran desgaste de energía. ¿Y de dónde saca energía para mantener ocultas esas emociones? Principalmente de la glucosa.

Ya de por sí el cerebro consume mucha glucosa para poder funcionar correctamente. Si además tiene que mantener escondidas ciertas emociones, va a necesitar mucho más.

Hay dos formas de darle glucosa al cerebro: a través de fruta y de la miel cruda, o a través de alimentos químicamente procesados.

La glucosa que nos aportan la fruta y la miel cruda es sana para el cerebro y para el cuerpo. La fructosa del azúcar, no, y cuanto más procesada y manipulada está, más adicción genera al cuerpo y más tóxica es.

Además, la glucosa que nos aportan la fruta y la miel cruda, el cerebro la puede acumular, la puede guardar para cuando la necesite. La fructosa del azúcar el cerebro no la puede acumular. No es válida para almacenar en su reserva.

Hay muchos alimentos que contienen glucosa; yo hablo de la fruta y de la miel cruda, porque son los que más glucosa pueden aportar al cuerpo.

Soltar la lucha de sexos

Soltar el resentimiento y la dependencia emocional

Las mujeres también hemos hecho mucho daño a los hombres y nos lo hemos hecho entre nosotras.

Una mujer muy herida puede llegar a hacer mucho daño psicológico.

Durante muchos años yo tuve mucho miedo a las mujeres.

Me he encontrado con diferentes mujeres invasivas en mi vida que han intentado anularme y apagar mi luz. Y no es que fueran malas, seguramente no eran conscientes de lo que estaban haciendo, simplemente repetían lo que habían hecho con ellas.

Y durante muchos años yo no era consciente de lo que me hacían, y de lo que yo inconscientemente a veces también hacía.

Cada vez que una persona te dice sin que tú le hayas pedido consejo: «No. Tú lo que tienes que hacer es tal, tal y tal», te está invadiendo, te está negando, se está poniendo por encima de ti. Aunque lo más probable es que no sea consciente de ello.

Y afortunadamente también he conocido mujeres que han reconocido mi luz, me han querido tal y como soy y han potenciado mi luz con su cariño, sus elogios, su escucha y respetando mi libertad en todo momento.

Ahora sé que cuando una mujer o un hombre intentan apagar mi luz es porque la envidian, y no soportan ver a una mujer con más luz que ellos.

Cuando una mujer reconoce su luz y la cuida, puede reconocer, respetar y potenciar la luz de otras mujeres. Y lo mismo sucede con los hombres.

Las niñas necesitan el reconocimiento de las mujeres para construir una buena autoestima. De la misma forma que los niños necesitan el reconocimiento de los hombres de su clan para construir su autoestima.

Cuando no tenemos este reconocimiento de los mayores de nuestro mismo sexo durante la infancia, se genera una herida, de no ser visto y de no ser reconocido por sus semejantes.

Afortunadamente, cuando somos adultos, cada uno puede sanarse esta herida a sí mismo, y ayudará mucho a los hombres rodearse de hombres que los reconozcan y los quieran tal y como son, y a las mujeres rodearse de mujeres que las quieran y las reconozcan tal y como son.

El mayor daño que una mujer puede hacer a otra mujer o a un hombre, o un hombre a otro hombre o a una mujer, es a través de lo siguiente:

- Del desprecio y la desaprobación: con críticas, reproches, quejas, acusaciones.
- De la invasión, desprecio y anulación: poniéndose por encima de la otra persona, diciéndole lo que tiene que hacer.

- De la humillación: con insultos, riéndose de ella de forma despectiva cuando llora, disfruta o sufre.
- De la manipulación: a través del cariño y los elogios, o del maltrato psicológico o del castigo emocional, dejando de hablar a la otra persona cuando no hace lo que ella quiere, etcétera.

El apego dependiente de los padres y las madres es uno de los grandes desafíos que muchas personas necesitan superar hoy en día para poder vivir y disfrutar plenamente de su propia vida.

Madres que intentan anular sexualmente a sus hijos para que no se vayan y padres que intentan anular sexualmente a sus hijas para que no se vayan, para que se queden a su lado. No los sueltan. Y a ellos y a ellas les cuesta soltarse porque han sido muy manipulados emocional y psicológicamente, hasta que un día lean en un libro o escuchen en alguna canción o en una película las palabras que cuenten lo que les ha pasado. Y entonces se darán cuenta al instante, y despertarán del aturdimiento en el que estaban sumidos.

Estos padres y estas madres que no dejan ir a sus hijas o a sus hijos son como arañas, que van tejiendo con hilos invisibles un envoltorio que impida moverse a sus hijos. Les van coartando su libertad poco a poco a base de reproches y de elogios, en función de si hacen lo que ellos quieren o no.

A veces la manipulación es tan sutil que pueden tardar años en darse cuenta o no darse cuenta nunca.

Y es importante tener en cuenta que las personas hacen esto inconscientemente, porque tal vez es lo que vieron y lo que les hicieron a ellos.

Cuando descubres esto, es probable que salga mucha rabia, mucha ira y mucho enfado. Y es importante sacarlo sin dañar a nadie y sin culpar a nadie. Y en la medida en que te permitas liberar estas emociones, podrás comprender a estas personas y mirarlas con amor. Porque todos lo hacemos lo mejor que podemos y sabemos.

♡

Tu cuerpo necesita que expreses lo que sientes

Todo lo dañino que te tragas y no expresas se pudre dentro de ti

Para poder sentir nuestra paz, nuestro amor y nuestra felicidad, necesitamos liberar lo que nos quita la paz, la felicidad o el amor.

Todo ser humano necesita expresar lo que siente, su alegría y su tristeza, su entusiasmo, su frustración, su amor y su rabia, su cariño y su ira, su miedo y su confianza.

La clave está en aprender a expresar y liberar nuestras emociones sin hacer daño a nadie, ni a ti ni a los otros:

- Respirar.
- Permitirte sentir.
- Estirarte y mover tu cuerpo.
- Expresar lo que sientes hablando, escribiendo, pintando, cosiendo, bailando, cantando ayuda a tu cuerpo a liberar lo que te estresa, te angustia, te sienta mal, te quita la paz.

Cuando te cuesta estar en calma, sentarte y concentrarte en algo, es probable que tu cuerpo te esté diciendo «respira y muévete, ayúdame a que libere lo que me inquieta».

Tu cuerpo necesita que respires, te muevas y te permitas sentir lo que necesites sentir.

Tu cuerpo está harto de que reprimas tus emociones.

Tu cuerpo necesita que le permitas liberar lo que le carga, le intoxica y le agota.

Aprende a escuchar a tu cuerpo y a seguir tu impulso interior sin hacerte daño, de forma armónica.

♡

Liberación de emociones, sensaciones y sentimientos

Podemos liberar lo que sentimos simplemente permitiéndonos respirar y sentir lo que sentimos, aunque no seamos capaces de identificar exactamente lo que estamos sintiendo ni de dónde viene o cuál es su verdadero origen.

El primer paso siempre es permitirnos respirar y sentir sin juzgarnos. Atentos a nuestra respiración y a nuestras sensaciones, nada más.

Sin embargo, poner palabras a lo que sentimos ayuda a que el proceso de liberación emocional sea más ágil y más rápido.

Es algo así como tener una carga emocional dentro de tu cuerpo. Esa carga a menudo la llevamos desde la infancia, cuando vivimos algo difícil que no éramos capaces de gestionar, comprender y explicar. Y todo eso que no pudimos comprender se queda hecho un nudo dentro de nosotros. Hasta que, o bien una persona adulta nos ayuda a gestionarlo, procesarlo y liberarlo, o bien nos hacemos adultos y elegimos mirar dentro de nosotros para deshacer los nudos emocionales que llevamos dentro.

Como personas adultas tenemos el poder de mirar lo que hemos vivido durante la infancia con los ojos del amor y de la comprensión, y acompañarnos en ese proceso de sentir y liberar lo que de niños no fuimos capaces de gestionar.

E incluso siendo adultos, a veces necesitamos que otro adulto o persona especializada en ello nos acompañe.

LA IMPORTANCIA DE PONER PALABRAS A LO QUE SENTIMOS

Cuando alguien te llama por tu nombre, llama tu atención e instintivamente respondes. Con las emociones sucede lo mismo. A veces me las imagino sentadas aburridas, cansadas de estar encerradas dentro del cuerpo, y en cuanto alguien las llama y las despierta, están listas para salir. ¡Por fin nos dan la oportunidad de salir! Y cuanto más reprimidas están, más escopetadas y con más fuerza salen.

Cuando éramos niños o niñas, no siempre tuvimos la capacidad de poner palabras a lo que sentimos. Pero como adultos sí podemos hacerlo y, si no sabemos, podemos aprender a poner palabras a lo que sentimos.

¿Cómo? Leyendo y escuchando podemos aprender de otros a poner palabras a nuestras emociones, sensaciones y sentimientos. Es maravilloso y muy liberador leer en un libro lo que tú has sentido, permitirte emocionarte y poder desahogarte. Por eso hay libros que son tan sanadores cuando nos permitimos sentir lo que nos despiertan.

Yo he aprendido mucho a poner palabras a lo que sentía leyendo y escuchando, con libros, con conversaciones, audiolibros, vídeos y películas.

Y qué liberador y maravilloso es encontrar palabras para las sensaciones que tienes guardadas dentro y poder sacarlas al fin. ¡¡¡Qué gusto!!!

Por eso he considerado importante incluir en este libro y en este capítulo una guía de palabras para que puedas usarlas para liberar las emociones, sensaciones y sentimientos que tienes guardados dentro de ti y que quieras liberar.

Hay muchas formas de clasificar las emociones.

Yo las he agrupado de la forma que me parecía más sencilla.

Guía para identificar y liberar emociones

A continuación, he agrupado palabras que nos ayuden a expresar lo que sentimos y a dar salida a los sentimientos y emociones que guardamos dentro.

Mi recomendación es que cada día leas unas pocas palabras. Y cuando las leas hazlo con calma, respirando y permitiéndote detenerte a respirar aquellas que despierten alguna emoción dentro de ti.

Si quieres leerlas todas juntas, hazlo de forma superficial para no entrar. Porque este capítulo en realidad es una guía, un diccionario o una herramienta para que puedas acudir a él siempre que te sientas abrumado, bloqueado, desbordado emocionalmente, o no sepas muy bien lo que te pasa. Leer estas palabras te ayudará a identificar lo que sientes, por resonancia.

Cuando tú leas lo que necesitas sacar, lo reconocerás.

Cuando eso suceda, respira y siente tomando conciencia de que lo que estás sintiendo solo es energía que está guardada dentro de ti y necesita salir. **Tú eres el observador, tu cuerpo es el contenedor.** Respirar y sentir sin identificarnos con lo que sentimos nos permite dar salida a las emociones que guardamos dentro.

Una forma acelerada de liberar emociones es a través del *tapping* o EFT *(emotional freedom technique)*. En YouTube tienes muchos vídeos que explican cómo funciona esta técnica. Si no quieres aprender *tapping* en este momento, respirar y permitirte sentir también las liberará.

♡

Guía para poner palabras a sensaciones y sentimientos

Para que podamos respirarlas, sentirlas y liberarlas

Estrés, nerviosismo, preocupación, desesperación,
impotencia, indefensión, vulnerabilidad,
miedo, pánico, pavor, susto, *shock,* temor, terror, ansiedad,
tristeza, pena, melancolía, desánimo, desesperanza, llanto,
depresión, apatía, abatimiento, agotamiento, desmotivación,
indecisión, duda, inseguridad,
ira, resentimiento, rencor, odio,
enfado, enojo, rabia, frustración, furia, cólera, indignación,
asco, aversión, repulsión, repugnancia,
vergüenza, humillación, desprecio,
culpa, acusación, castigo.

Palabras relacionadas con el abuso de poder: anulado, castrado, invalidado, inutilizado, desaprobado, desautorizado, sometido, obligado, manipulado, chantajeado, utilizado, usado, invadido, abusado, violado, hecho polvo/mierda.

Palabras relacionadas con el estado físico: agotado, derrumbado, demolido, devastado, destruido, roto, destrozado, derrotado, saqueado, muerto, aniquilado, masacrado, paralizado, inmovilizado, bloqueado, atrapado, encerrado, atado, acorralado, secuestrado, controlado, vigilado, prisionero, perdido, desorientado, desordenado.

Palabras relacionadas con la tristeza: abandonado, no atendido, no tenido en cuenta, no escuchado, no visto, no amado, no valorado, no comprendido, rechazado, no respetado, excluido.

Palabras relacionadas con la humillación: humillado, ridiculizado, no respetado, avergonzado, indigno, asqueroso, aborrecido, sucio, manchado, repugnante, impuro.

Palabras relacionadas con la desvalorización: comparado, no valioso, no valorado, desvalorizado, infravalorado, invalidado, inadecuado, defectuoso, inferior, insignificante. No visto, no escuchado, no atendido, no tenido en cuenta, ignorado, no importante.

Palabras relacionadas con la ira: enfadado, irritado, furioso, encolerizado, desquiciado, frustrado, rabioso, celoso, enfurecido, agresivo, provocado, resentido, traicionado.

Palabras relacionadas con el miedo: asustado, aterrorizado, en pánico, aspaventado, herido, angustiado, ansioso.

Palabras relacionadas con la culpa: culpado, culpabilizado, acusado, castigado.

Palabras relacionadas con el estado de ánimo: desanimado, apático, desmotivado, deprimido, desilusionado y decepcionado.

✎ EJERCICIO DE LIBERACIÓN EMOCIONAL

Un ejercicio muy sencillo y muy liberador para vaciarnos emocionalmente es escribir lo que sentimos en un papel y desahogarnos, sin filtros. Permitirnos soltar todo lo que necesitamos soltar en ese papel.

Y también podemos hacer este ejercicio en voz alta, a solas, y si es al aire libre, mejor. Si lo haces en casa, ventila luego la habitación para que salga esa energía y se renueve el aire.

También podemos liberarnos bailando, corriendo, nadando o haciendo cualquier deporte que nos guste y nos ayude a desahogarnos.

La escritura, la voz, el movimiento y la respiración son herramientas poderosas para liberar emociones.

¿Cómo liberarte de emociones ajenas?

Afirmaciones poderosas y sanadoras

Yo acepto que *(nombre de la persona)* sienta *(nombre de la emoción)*.

Yo acepto y respeto que *(nombre de la persona)* haga lo que quiera con su vida.

(Nombre de la persona) es responsable de su vida, de su felicidad y de sus sentimientos.

(Nombre de la persona) es capaz de vivir por sí misma.

(Nombre de la persona) es capaz de sostenerse por sí misma. Yo respeto sus sentimientos y me mantengo al margen.

Yo respeto que *(mi madre, mi padre, mi hermana, mi pareja, etcétera)* sienta _____.

Yo elijo sentirme _____. Yo me permito disfrutar de _____.

¿Como liberarse del sentimiento de vergüenza de otra persona?

Yo respeto que _____ se avergüence de sí mismo/misma.

Yo elijo y me permito sentirme orgulloso/orgullosa de mí mismo/misma.

¿Cómo liberarse del sentimiento de rechazo de otra persona?

Yo respeto que _____ se rechace, se niegue, se desapruebe, se desautorice o se anule a sí mismo/misma.

Yo me digo «sí» a mí, digo «sí» a mi felicidad, «sí» a mi vida, «sí» a mi libertad, «sí» a mi dignidad, «sí» a reconocer mi capacidad para cuidar de mí, estar sano y a salvo, y ser feliz.

Yo elijo y me permito aceptarme y desearme a mí mismo/misma tal y como soy.

Yo elijo y me permito aprobarme y validarme como mujer/hombre.

Yo valido mi sabiduría y mi capacidad para cuidar de mí, hacerme cargo de mi vida, de mi felicidad, de mi casa y de mi trabajo.

Yo soy capaz de cuidar de mí, de hacerme cargo de mi vida, de mi felicidad, de mi casa, de mi salud y de mi trabajo.

Yo me permito ser feliz, amarme, respetarme, reconocer todo lo maravilloso y valioso que hay en mí (mi valor, mi belleza, mi amor, mi sabiduría, mi capacidad resolutiva, mi poder).

Yo apruebo mi voluntad y me autorizo a hacer lo que yo quiero, me hace feliz, es bueno para mí y necesito hacer.

¿Cómo liberarse del sentimiento de traición de otra persona?

Yo respeto que _____ se traicione o se sea infiel a sí mismo/misma.

Yo elijo y me permito serme fiel a mí, a mi voluntad, a mis necesidades y deseos.

Yo elijo y me permito tenerme en cuenta a mí y contar conmigo en todo momento. Mi opinión, mis necesidades y mis deseos son prioritarios en mi vida (son lo primero y lo más importante).

Yo elijo ser la persona más importante de mi vida.

Para mí yo soy la persona más importante de mi vida.

¿Cómo liberarse del sentimiento de injusticia de otra persona?

Yo respeto que _____ sea injusto consigo mismo/misma.

Yo elijo y me permito ser justo/justa conmigo mismo/misma.

¿Cómo liberarse del sentimiento de abandono de otra persona?

Yo respeto que _____ se abandone y se ignore a sí mismo/misma.

Yo me elijo, me escucho, me atiendo y me tengo en cuenta en todo momento.

Yo elijo estar conmigo y en mí en todo momento.

Yo elijo habitar mi cuerpo y cuidar de mi cuerpo en todo momento.

Mi salud, mi bienestar y mi felicidad son lo primero para mí.

Yo elijo pensar en mí en primer lugar.

GRACIAS, YO PERMITO QUE ASÍ SEA Y ASÍ ES, HECHO ESTÁ.

♡

¿Cómo funciona el cambio de creencias en el cuerpo?

Si realmente queremos realizar cambios en nuestra vida, es necesario que trabajemos en todos los niveles: físico, mental, emocional, sexual y espiritual.

Precisamente porque las emociones y las creencias están alojadas en nuestro cuerpo. Si nos limitamos a trabajar a nivel mental y nos olvidamos del cuerpo, nos costará ver resultados.

Cuando queremos incorporar una nueva creencia en nuestra vida, y no tenemos una opuesta en nuestro subconsciente, grabar esa nueva creencia es algo muy sencillo, porque no hay nada en nuestro cuerpo que lo impida.

Cuando queremos incorporar una nueva creencia en nuestro sistema, y tenemos una opuesta en nuestra mente y en nuestro cuerpo, lo notaremos, porque al formular la nueva creencia sentiremos una resistencia interna a incorporarla. Al intentar incorporarla aflorarán todas las emociones que están sosteniendo en nuestro cuerpo la creencia limitante que queremos cambiar.

Tal y como explico en *El amor de tu vida*, cada creencia es sostenida por una o varias emociones. Las creencias se alimentan de la energía de las emociones que tenemos reprimidas en nuestro cuerpo y mente subconsciente.

Por ejemplo. Si tú quieres incorporar una creencia que diga «yo me permito ganar más de cinco mil euros al mes fácilmente haciendo lo que me gusta y tener un colchón económico de más de cien mil euros en todo momento», y tienes una creencia limitante que dice «no me permito tener dinero, porque si lo tengo me lo pueden robar», al intentar grabar la nueva creencia en tu mente, esta chocará con el miedo que sostiene la creencia limitante.

Para que el cambio de creencias sea efectivo y pueda realizarse con éxito, es necesario que nos permitamos sentir primero esa resistencia, reconocer ese miedo a que nos quiten nuestro dinero y sentirlo, para poder liberarlo. Y una vez que liberemos el miedo, y que enseñemos a nuestra mente que «es seguro que ganemos y tengamos dinero», que «tenemos derecho a que nuestras pertenencias sean respetadas por todos los seres del cosmos» y que «la Vida en todo momento protege nuestras pertenencias», nuestra mente abrirá sus puertas a la nueva creencia.

En resumen, si sentimos resistencia a incorporar una nueva creencia, es señal de que necesitamos liberar alguna emoción y alguna creencia para que el cambio de creencias sea efectivo.

Por esa razón, si en algún momento dices en voz alta una afirmación y empiezas a sentir estrés, miedo, nerviosismo o ansiedad, es señal de que dentro de ti hay algún miedo a incorporar esta idea y existe alguna creencia limitante que acompaña a ese miedo.

Cuando esto te suceda, sentarte a respirar y permitirte sentir ese miedo, o esa sensación que está aflorando en ti, te ayudará a liberarlo. Aunque no siempre comprendas lo que está sucediendo, o no sepas identificar lo que sientes, ni por qué, no pasa nada, lo importante es sentarte a respirar y observar lo que sucede en ti. Poner tu atención en tu respiración y en tus sensaciones corporales. Convertirte en el testigo de tu respiración y de las emociones o pensamientos que puedan aparecer, sin identificarte con ellos. Simplemente, respirando y observando. Hasta que el cuerpo solo vuelva a la calma. No es necesario hacer nada más que respirar y sentir.

Y una vez que nos hemos calmado, es señal de que la emoción ha salido. Y una vez que ha salido, podemos proseguir con nuestras afirmaciones, visualizaciones o con lo que queramos.

En resumen, el cambio de creencias (de una vieja por una nueva) es efectivo cuando va acompañado de la liberación emocional, y para que se produzca una liberación emocional tenemos que permitirnos respirar y sentir las emociones que deseamos liberar.

Solo cuando trabajamos el cambio de forma íntegra podemos lograr cambios duraderos en nuestra vida. La coherencia física, mental y emocional es clave en el camino de la manifestación de nuestros deseos y sueños.

Si vivimos solo a nivel mental, nos costará manifestar ciertas cosas, porque nos faltan las raíces que nos conectan con la tierra. Habitar nuestro cuerpo, cuidarlo, escucharlo y amarlo es necesario para poder manifestar todo el poder de la energía creativa que reside dentro de nosotros.

La práctica del yoga, el pilates, el método de liberación de corazas (MLC), las meditaciones dinámicas, el taichi, la danza o cualquier actividad que hagamos tomando consciencia de nuestra respiración y de nuestro cuerpo nos ayudará a conectar con nuestro cuerpo, con las emociones y las creencias que necesitamos liberar y actualizar.

Todas estas prácticas pueden ayudarnos a poner la atención dentro de nosotros y a escucharnos, a conectar con nuestras necesidades y deseos. Y aprender a escucharnos también nos ayudará a identificar nuestros pensamientos y emociones. Y en definitiva a ser más conscientes de lo que necesitamos en cada momento y de lo que nos dicen nuestra intuición y nuestro instinto, nuestras dos grandes guías interiores, nuestra guía interior divina.

♡

Afirmaciones para liberar promesas, lealtades, renuncias, obediencias y sometimientos

Yo me libero...

de la obligación de _____.
de la obediencia a _____.
de la pertenencia a _____.
de la posesión de _____.
del adueñamiento de mi *(vida/tiempo/cuerpo/ derecho a)* **por parte de** _____.
de la invasión de _____.
de la ocupación de _____.
del sometimiento/sumisión a _____.
de la desvalorización de _____.
de la humillación de _____.
de la vergüenza de _____.
de la culpa de _____.
de la anulación de _____.
de la castración de _____.
del desprecio de _____.
de la carga emocional de _____.

Yo me libero de la responsabilidad de...

hacer feliz a _____.
encargarme del bienestar de _____.
sostener emocionalmente a _____.
sostener económicamente a _____.
proteger a _____.
cuidar a/de _____.
permanecer al lado de _____.

Yo me libero de la necesidad de...

obedecer a _____ para poder sobrevivir.
obedecer las órdenes de _____
someterme a la voluntad de para que no me hagan daño.
_____

hacer lo que quiere para que no me
_____ humillen.

permanecer al lado
de _____ para que no me aban-
sacrificar mi donen.
libertad...
renunciar a mi para que no me
voluntad... torturen.
para que no me
maten.
renunciar a mi para ser respetado,
felicidad... reconocido, aceptado,
incluido, que me
renunciar a mis quieran, etcétera.
sueños... para estar al lado de
renunciar a la vida _____, para que mi
en pareja... _____me quiera, me
renunciar a mi respete, me proteja,
derecho a _____ etcétera.
renunciar a mi para _____.
libertad de
decisión/elección...
para _____.
renunciar a mi
riqueza/ para _____.
abundancia... para que me acepten,
me quieran, me
respeten, me
renunciar a mi atiendan, me
éxito profesional... protejan, etcétera.

para que me amen,
estar seguro y a salvo.
para que me amen,
me elijan, me
incluyan, me acepten,
estar seguro y a
salvo, tener mi
vida.

Yo me libero del no permiso de _____ a que yo...	viva y disfrute de mi vida. tenga pareja. viva con quien yo quiero, donde yo quiero, y haga lo que yo quiero.	
Yo me libero...	**de la obligación de...** **del deber de...**	obedecer a _____ para ser respetado. permanecer al lado de... vivir sola/solo. vivir con _____ en _____. vivir donde _____ quiere. cuidar de... estar siempre disponible para... permanecer soltero/soltera. ocuparme del bienestar de... hacer lo que _____ quiere. contarle todo a _____. odiar al hombre/a la mujer. vivir enfadada con _____. ser pobre como _____. ser virgen/célibe. ser (*profesión*). ser perfecto/perfecta. ser fiel a mi madre/padre.

ser fiel a (*antigua pareja/amor platónico*).
ser leal a _____ en el sufrimiento (para que sepa que le quiero).
cargar con las emociones de _____.

Yo me libero del adueñamiento de _____ de mi derecho a...	vivir mi propia vida. vivir con el hombre/la mujer que amo. disfrutar del placer sexual. hacer mi voluntad/lo que yo quiero.
Yo me libero del adueñamiento de (*nombre de la persona*)	de mis deseos sexuales. de mi poder. de mi vida/cuerpo/tiempo. de mi voluntad. de mi cuerpo. de mi libertad sexual/afectiva/sentimental.
Yo me libero de la prohibición de...	ser yo misma/mismo. ser feliz, disfrutar de mi vida. amar y ser amado. tener novio/novia. vivir mi vida. vivir en pareja. vivir con mi compañero/a de vida. disfrutar de mi sexualidad/del sexo. disfrutar del placer. amar al hombre/mujer. disfrutar del contacto físico de _____. disfrutar del cariño de _____. disfrutar del placer con _____. recibir el amor/cariño de _____. amar/ser amado/a por _____. ser abundante. ser exitoso.

Yo me libero del no derecho a...	existir. ser yo misma/mismo. ser amado por el hombre/la mujer. tener mi propia intimidad. tener pareja/vivir en pareja. recibir el amor de _____. disfrutar de la vida en pareja. tener dinero para hacer lo que quiero y disfrutar de mi vida. disfrutar de una salud gozosa. cambiar de opinión. decidir en mi vida. el éxtasis, el placer, los orgasmos. la alegría, la felicidad.

Afirmaciones poderosas para liberar tu cuerpo

Devolver la libertad a tu cuerpo:

Mis ojos son libres para mirar a quien yo quiera.

Mis manos son libres para acariciar a quien amo.

Mis brazos son libres para abrazar a quien amo.

Mis labios son libres para besar a quien amo y deseo.

Tus pies son libres para ir adonde tú quieras y caminar con quien tú quieras.

Mi voz es libre para expresar lo que siento.

Mi nariz es libre para tomar todo el aire que necesito.

Mi boca es libre para comer lo que yo quiero,
para escupir lo que no quiero, para decir
«sí» a lo que quiero y «no» a lo que no quiero.

Mis piernas y mis pies son libres para llevarme
donde yo quiero.

Mi sexo es libre para abrirse a quien ama y desea y para decir
«no» a quien no quiere.

Mis dedos son libres para tocar, coger, acariciar,
escribir o cocinar lo que deseo.

Afirmaciones poderosas para adueñarte de tu vida

Yo soy el dueño/la dueña...

de mi vida.

de mi cuerpo.

de mi tiempo, de mis horas.

de mi espacio vital y de mi casa.

de mi territorio sexual.

de mi territorio del corazón.

de mi alma, de mi espíritu.

de mis deseos sexuales.

de mi energía.

de mi intimidad.

de mi libertad.

de mi libertad de decisión y
elección.

de mi voluntad, de mi autoridad.

de mi valor y de mi valía.

de mi identidad.

de mi dignidad.

de mi autoestima.

de mi poder.

de mi derecho a disfrutar de mi
vida.

de mi derecho a vivir mi propia
vida.

de mi derecho a disfrutar del
placer sexual.

de mi derecho a vivir y a dormir
con el hombre/la mujer que amo
y deseo.

de mi derecho a vivir con mi
compañero de vida.

de mi derecho a hacer mi
voluntad en mi vida.

de mi derecho a ser feliz.

Mi vida me pertenece exclusivamente a mí.

Mi cuerpo me pertenece exclusivamente a mí.

Mi tiempo me pertenece exclusivamente a mí.

Yo soy el único/la única que tiene el derecho
y el poder de decidir lo que quiero hacer
con mi tiempo.

Mi sexualidad, mi sexo y mi corazón me
pertenecen a mí.

Yo soy el único/la única que tiene el derecho y
el poder de decidir en mi sexo
y en mi corazón.

7
RECUPERA TU CUERPO

☼

Mi visión del cuerpo
Todo está conectado en tu cuerpo

Tu cuerpo, tu mente, tus emociones y tu alma están íntimamente interconectados. Durante muchos años creí que la mente estaba únicamente en el cerebro. Hasta que empecé a leer a Marie Lise Labonté. Sus libros *Liberar las corazas** y *Hacer el amor con amor*** han sido sumamente reveladores para mí y, junto con la práctica diaria del método de liberación de corazas, me han ayudado mucho a reconectar con mi cuerpo y a comprender hasta qué punto todo está interconectado en él.

La mente subconsciente habita en todo nuestro cuerpo, no solo en nuestro cerebro. De hecho, hay numerosos estudios que demuestran que no solo tenemos neuronas en nuestro cerebro y en la médula espinal. También tenemos neuronas en nuestro corazón, en el sistema nervioso que recorre y conecta todo nuestro cuerpo y en el sistema digestivo.

Nuestro cuerpo guarda memoria de todo lo que hemos vivido, no solo en nuestro cerebro, sino en el propio cuerpo. Cada parte de tu cuerpo guarda su propia memoria de lo que ha vivido para su protección y supervivencia.

Por tanto, cuando vivimos una experiencia dolorosa o placentera en alguna parte del cuerpo, esa información queda grabada en esa parte de tu cuerpo, además de en tu cerebro.

Cuando somos niños y nos caemos, nos hacemos daño y tenemos un adulto al lado que nos ayuda a calmarnos y a desahogarnos, podemos liberar esas emociones y seguir jugando felices como si nada hubiera pasado.

Pero cuando vivimos una experiencia dolorosa, física o emocionalmente, y no tenemos un adulto a nuestro lado que nos calme y nos acompañe para que podamos desahogarnos y liberarnos del

* Barcelona, Luciérnaga, 2017.
** Barcelona, Luciérnaga, 2018.

estrés experimentado, o cuando es el propio adulto el que nos genera el estrés emocional, y nos sentimos incapaces de gestionar esas emociones y comprender lo que está sucediendo (porque aún somos niños), llegará un momento en que nuestro sistema nervioso, para protegernos, nos desconecte de esas emociones y recuerdos por nuestra seguridad. Todas las emociones y sensaciones que no somos capaces de procesar durante la infancia o que evitamos sentir durante la vida adulta quedan guardadas en nuestro cuerpo. En una parte que tiene relación con lo que nos ha sucedido.

Cuando yo empecé a practicar el método de liberación de corazas, empecé a ser consciente de las emociones y recuerdos que guardaba en determinadas partes de mi cuerpo. Y aluciné con todo lo que llevaba guardado y comencé a liberar. Y empecé a comprender muchas cosas de mi vida, y por qué durante años había tenido partes de mi cuerpo tan contracturadas. Nada era casual. Cada contractura guardaba memoria de algún momento estresante.

Dejar de correr

Para poder aprender a escuchar la sabiduría de nuestro cuerpo necesitamos bajar el ritmo de vida, permitirnos relajarnos y disfrutar

Para que el cuerpo pueda hablarnos y nosotros escucharlo, y comprenderlo, necesitamos bajar el ritmo de vida y darle un espacio para que se exprese.

Para que el cuerpo te abra las puertas a tu memoria del pasado, necesita que tú estés relajado. Si vas por la vida corriendo de un lado a otro, con un estrés crónico, es imposible escuchar el cuerpo a esas velocidades, con todo ese estrés y la cantidad de emociones que tienes acumuladas.

Hace unos años me leí el libro *Escucha a tu cuerpo,** de Lise Bourbeau, y aunque el libro me encantó, después de leerlo yo seguía sin comprender cómo podía escuchar a mi cuerpo. Y por más que yo le preguntaba, cuando me dolía algo, que por qué me dolía y qué quería decirme, no me enteraba de lo que me decía.

Hasta que con los años fui aprendiendo que lo primero que tenía que hacer era reaprender a respirar, recuperar la conexión con mi cuerpo, reconectar con las sensaciones físicas de mi cuerpo, aceptar mis emociones y permitirme sentirlas.

Ha sido un trabajo de años, porque no tenía a nadie que me dijera «tienes que hacer esto, esto y esto».

La Vida me ha ido guiando en ese aprendizaje a través de la experiencia, de los libros y los cursos que me atraían. Y por eso he querido compartir este proceso tan increíble y liberador contigo.

El yoga me ha ayudado muchísimo en ese proceso, los masajes relajantes, los ejercicios del método de liberación de corazas y, sobre todo, dedicar tiempo cada día a respirar conscientemente y a sentir.

¿Por qué hay personas que enferman cuando se van de vacaciones?

Probablemente porque el cuerpo dice: «Por fin has parado y te has relajado un poco. Voy a aprovechar para hacer limpieza de todo el estrés y las emociones que has ido acumulando y echándome aquí dentro. Y voy a ver si me pongo al día con todas mis tareas de mantenimiento y regeneración del cuerpo, tareas que no he podido hacer porque me has tenido corriendo de un lado para otro, e intoxicado con todo el cortisol y adrenalina que el estrés ha generado, debido al ritmo desenfrenado que llevas. Y para hacer mis labores de mantenimiento, limpieza y regeneración necesito que descanses, te relajes y disfrutes de más horas al día».

* Málaga, Sirio, 2016.

La medicina que más necesita tu cuerpo es tu amor, tu atención, tu escucha, tu paciencia, tu comprensión y tu perdón.

¿Cómo saber lo que le sucede y lo que necesita en cada momento?

Sé paciente contigo y con tu cuerpo

Aprender a escuchar nuestro cuerpo lleva su tiempo.

El primer paso ya lo hemos visto, necesitamos bajar el ritmo de nuestra vida, nuestra velocidad, darle un espacio y aprender a ser pacientes con él y con nosotros mismos en este proceso de aprender a escucharlo.

Las prisas no forman parte de nuestra naturaleza. En la naturaleza cada cosa se toma su tiempo, va a su propio ritmo y no se puede cambiar ni forzar.

Aprender a escuchar tu cuerpo es aprender a conocerlo. Para eso es necesario que bajemos el ritmo y le dediquemos tiempo, como todo. Aprender a escucharlo requiere dedicarle atención, cariño, palabras amorosas, alimentos que sintamos que le vienen bien, y en todo momento necesita que seamos pacientes con él y con nosotros en nuestro proceso de aprender a escucharlo.

Siempre que lo necesites, **pregunta a tu cuerpo qué es lo que necesita en ese momento para sentirse bien.** Nuestra intuición nos irá guiando en todo momento. Si no confías en tu intuición, pregúntate por qué no confías en ella y permítete escuchar las ideas que te vengan al respecto.

Aprender a confiar en tu intuición requiere práctica y no juzgarte cuando los resultados que obtengas no sean los que esperabas.

Acepta que puedes equivocarte, y que la equivocación forma parte del proceso de aprendizaje. Cuanto más comprensivo seas a la hora de explorar soluciones para dar a tu cuerpo lo que necesita, más sencillo y fluido será el aprendizaje.

¿Cómo puedes saber qué trata de decirte tu cuerpo con sus sensaciones y dolores?

♡

El dolor y el placer
El cuerpo nos habla a través del dolor y del placer

El dolor y el placer son las dos respuestas y sensaciones primarias que utiliza nuestro cuerpo para comunicarse con nosotros. A través del dolor el cuerpo nos dice que algo nos está haciendo daño y a través del placer el cuerpo nos dice que algo es bueno para nosotros y nos sienta bien.

El cuerpo se comunica con nosotros a través de las sensaciones físicas, de la intuición y del instinto.

A través de las sensaciones el cuerpo también nos muestra las ideas que habitan en nuestro subconsciente y cómo afectan a nuestro cuerpo físico. Porque todo en nuestro cuerpo está conectado.

Que nos hayamos insensibilizado o que no sintamos nada lo único que quiere decir es que nos hemos desconectado de alguna parte de nuestro cuerpo.

El dolor tiene un papel muy importante en nuestro cuerpo. Está para avisarnos de que nos estamos haciendo daño, para que dejemos de hacer eso.

Si nos insensibilizamos para no sentir el dolor, nos desconectamos de lo que el cuerpo tiene que decirnos, y al hacerlo nos insensibilizamos también del placer.

La sensibilidad cuando se rechaza, se rechaza en ambos sentidos, para el dolor y para el placer.

Si queremos disfrutar del placer, tenemos que permitirnos sentir también el dolor que nuestro cuerpo tiene guardado y necesita liberar.

La sensibilidad es un regalo para escucharnos, para conectar con nuestro cuerpo y para disfrutar del placer. El dolor y el placer son indicadores que utiliza el cuerpo para decirnos lo que le hace daño y lo que le va bien.

Lo que voy a compartir contigo a continuación es principalmente el fruto de mi experiencia y de aquello que me ha dado resultado a mí. Yo simplemente lo comparto contigo para que puedas experimentarlo por ti mismo e identificar más fácilmente cómo se comunica tu cuerpo contigo.

Guía de sensaciones corporales

FRÍO

Cuando baja la temperatura, nos relajamos o estamos haciendo la digestión puede que sintamos algo de frío y necesitemos ponernos algo más de ropa. Esto es algo natural. Cuando sentimos frío de repente, y no es porque haya habido una bajada de temperatura importante, puede ser que nuestro cuerpo esté sintiendo miedo, pánico, pavor o terror.

Cuando más frío sentimos, cuando no logramos entrar en calor por más que nos abriguemos o por más que subamos la calefacción, es muy probable que nuestro cuerpo esté sacando miedo de sus adentros.

Cuando baja nuestra temperatura corporal y sentimos frío dentro de nosotros, puede ser que hayamos dejado de respirar con normalidad. Cuando tenemos miedo, pánico o terror, nuestra respiración empieza a ser más superficial y el cuerpo no recibe el oxígeno necesario como para conservar su temperatura habitual, y es por eso por lo que sentimos frío.

Una cosa es sentir frío porque ha habido una bajada de temperatura exterior y otra muy distinta es sentir frío sin que haya habido un cambio en la temperatura exterior. En el segundo caso es debido a algo que está sucediendo dentro de nuestro cuerpo, como por ejemplo que sintamos miedo y hayamos dejado de respirar adecuadamente, y que por tanto nuestro cuerpo sienta frío.

¿Qué hacemos para ayudar a que el cuerpo libere ese miedo o emoción similar?

Lo que yo hago es dejar de hacer lo que estoy haciendo, extender mi esterilla de yoga y, una de dos, o me siento y respiro, y observo lo que sucede, o me pongo a hacer yoga, respiro, pongo mi atención en mi cuerpo y observo. Y permito que el cuerpo se exprese, ya sea con temblores, llanto, expulsión de gases, etcétera.

Si eres muy consciente del miedo que estás sintiendo o entras en un estado de ansiedad o de pánico que te abruma, hay una postura que para mí es infalible; al colocarnos en esa postura, el cuerpo recupera su calma, su equilibrio, su estabilidad y su paz.

✏️ EJERCICIO

La postura fetal

Siempre que te sientas nervioso, ansioso, con miedo o con pánico, extiende tu esterilla en el suelo y túmbate. Si eso te pasa cuando estás en la cama, puedes hacerlo también en la cama. Túmbate boca arriba, flexiona tus piernas y acércalas a tu pecho en la medida de tus posibilidades, y abrázate las piernas con las manos. Si tienes flexibilidad para hacerlo, sujeta con tu mano derecha tu muñeca izquierda y con tu mano izquierda tu muñeca derecha.

Al llevar el cuerpo a esta postura, la fetal, el cuerpo, que tiene una memoria estupenda, conecta con la seguridad que sentía cuando estaba en el útero, en un espacio seguro y protegido, y casi automáticamente se calma.

Durante el confinamiento, un día me desperté en mitad de la noche con taquicardias; no recuerdo lo que estaba soñando ni por qué estaba tan agitada. En ese momento, la primera idea que me vino fue «desnúdate y ponte en postura fetal». Lo hice, porque no tenía nada que perder, y en cuestión de segundos mi respiración se calmó y mi cuerpo volvió a la calma y recuperó su equilibrio natural.

Con esto aprendí que efectivamente el cuerpo tiene memoria, y cuando conectamos a través de una postura con un estado de seguridad, el cuerpo vuelve a su perfecto funcionamiento de ese momento. Volvemos a conectar con el aquí y el ahora. El miedo que hay en el cuerpo es del pasado. Por eso respirar conscientemente nos ayuda a conectar con la paz del aquí y el ahora.

¿Eres consciente del poder de todo esto que te estoy contando? Tu cuerpo tiene memoria, y a través de determinadas posturas y de tu respiración puede recuperar su funcionamiento original. Esto es tan poderoso que puede ayudarnos a recuperar o a mejorar nuestra salud, si estamos atentos para escuchar al cuerpo y darle lo que necesita en cada momento. En lo que respecta a la postura, a la alimentación, a permitirnos descansar cuando nos lo pide, a dejar de relacionarnos con personas que nos hacen daño o nos quitan nuestra energía, a elegir pensamientos sanos y descartar los pensamientos negativos, y a dejar de entrar en los mecanismos de críticas despiadadas.

En resumen, la postura fetal puedes practicarla con diferentes variantes, vestido o desnudo. Es eficaz de las dos maneras. Si tienes la oportunidad de hacerla en la cama, en un lugar en que te sientas cálido y protegido, el contacto de tu cuerpo desnudo, de tu piel con tu piel, es muy potente y más rápido que con ropa. Pero si hacerlo desnudo te genera intranquilidad o más frío, hazlo vestido.

En cualquier caso, lo mejor es que pruebes lo que te vaya mejor en cada momento.

CALOR

Cuando sentimos calor, la emoción que puede estar sacando nuestro cuerpo es la ira y la rabia. De ahí la expresión «me has encendido». La ira es como el fuego del cuerpo. Es un subidón de energía que nos da la fuerza necesaria para defendernos o salir corriendo en caso de que sea necesario. Y cada vez que nos sube la ira necesitamos aprender a liberarla para que nuestro cuerpo pueda recuperar su estado de equilibrio y la paz.

Al igual que sucede con el frío, con el calor también es importante distinguir si viene de una subida de temperatura exterior o interior.

La ira, la rabia, la furia, la cólera, el enfado, todas ellas suben nuestra temperatura corporal, porque literalmente nuestro cuerpo está diseñado para defenderse o protegerse en caso de necesitar luchar o huir para poder sobrevivir.

Pero a veces esa ira es algo que simplemente se activa con algo que te sucede. Es decir, sucede algo que despierta tu ira. Cuanta más ira tienes guardada dentro de tu cuerpo, más altamente inflamable serás. Es decir, con menos detonarás. Porque cuando el cuerpo ya no puede guardar más ira, saltas a la mínima.

Y hablo con conocimiento de causa.

¿Y qué hacemos para sacar la ira de nuestro cuerpo? ¿O alguno de sus familiares cercanos como la rabia, la furia, la cólera, el odio o el enfado?

Cuando tenemos un subidón de energía debido a la ira, lo más inmediato y lo más sencillo es ponerte en movimiento.

Si tu cuerpo está más o menos calmado, pregúntate: «¿Exactamente con quién estoy enfadado?». A menudo nos despierta la ira una persona que no tiene nada que ver con quien realmente estamos enfadados. Esa persona simplemente nos ayuda a desatascar la emoción que tenemos estancada en nuestro cuerpo, pero la ira que nos ha despertado ella es solo la punta del iceberg.

Como ya hemos visto anteriormente, a menudo la ira que nos despierta nuestra pareja es una proyección de una persona que nos hizo mucho daño durante nuestra infancia.

Por eso, si eres consciente de quién ha despertado tu ira, si sabes con quién estás enfadado realmente, puedes imaginarte a esa persona y descargarte con ella. No con ella, sino con tu imaginación. Imaginarte que estás delante de ella y hacer todo lo que te venga en gana.

Y pedir a la Vida que todo lo que tú estás sacando lo envíe a la luz, a la fuente de la luz, para que sea transmutado, recalificado y transformado en paz y alegría.

Ya lo dijo Albert Einstein, la energía ni se crea ni se destruye, solo se transforma.

Por eso, pide que todo lo que saques vaya de vuelta a la luz. De esta manera puedes descargar al aire o al suelo todo lo que necesites.

Recuerdo un día que tenía tanta energía debido a lo que estaba saliendo de mi cuerpo que podía saltar todo lo que quería, aluciné con la energía que tenían mis piernas y me vino la visión de la diosa hindú Kali saltando sobre los demonios, descargando toda mi furia, mi cólera y mi dolor con mi baile, dando rienda suelta a mi lado más animal y salvaje, como si bailara primero aplastando todo lo que me había generado tanto miedo o sufrimiento y luego alrededor del fuego celebrando la victoria de la vida frente al miedo.

Este ejercicio es profundamente liberador, y no hace daño a nadie, porque no tocas a nadie, solo el aire. No te haces daño a ti ni se lo haces a nadie.

Si la ira que despierta en ti una persona no es muy intensa, puede que con el yoga te sirva. Tanto el yoga como los ejercicios del método de liberación de corazas, junto con la respiración consciente, son maravillosas herramientas para liberar ira, rabia y todo tipo de emociones.

Por otro lado, sentir calor también puede ser síntoma de otras emociones. La vergüenza también puede hacer que nos suban los calores. Y cuando la libido sube y se encienden nuestro fuego interior y nuestra pasión, también sube nuestra temperatura.

RITMO CARDIACO MÁS ACELERADO DE LO NORMAL

Puede ser señal de que hay algo que nos da miedo, que nos inquieta o preocupa. Es una llamada a parar, sentarnos, respirar y escucharnos.

Entre otras cosas, puede ser debido a una decisión que hemos tomado y que nos despierta miedo, o a que algún miedo del pasado ha despertado y necesita ser respirado.

SUEÑO

Puede ser indicador de que necesitamos descansar.

Puede ser que haya algo que nos da miedo escuchar, tal vez porque no nos sentimos preparados para afrontar o escuchar o ver ciertas cosas, y el sueño es una forma de desconectarnos y proteger nuestro sistema nervioso. En este sentido, el sueño puede ser un mecanismo de defensa y protección.

A mí me ha pasado en algún curso en el que se hablaba de cosas que podían despertar mi memoria cuando yo aún no me sentía preparada para afrontar mis recuerdos.

OJOS SECOS

Si tenemos los ojos secos puede ser indicador de que llevamos un tiempo sin parpadear todo lo que necesitamos, sin respirar adecuadamente, y esto mantenido en el tiempo genera deshidrata-ción en los ojos. La pregunta es por qué no estamos respirando adecuadamente.

La respuesta suele ser porque ha sucedido algo, hemos visto, oído o hecho algo que ha despertado en nosotros algún miedo, de los que tenemos guardados.

Por tanto, mi recomendación en estos casos es que te sientes y hagas unas cuantas respiraciones conscientes, profundas primero y luego más suaves. Puedes cerrar los ojos al principio para que descansen y se hidraten, y luego hacer ejercicios de parpadear, siempre poniendo tu atención en tu respiración.

La práctica del *palming* y los ejercicios de yoga para los ojos tienen efectos maravillosos para nuestros ojos. Nos ayudan a re-lajarlos, hidratarlos y tonificar los músculos oculares.

El masaje facial también puede ayudarnos mucho.

Si no conoces el *palming* o el yoga para los ojos, aquí tienes un paso a paso:

1. **Caliéntate las manos.** Frota las palmas entre sí o sostenlas bajo agua caliente (aunque no demasiado caliente). Pon una palma sobre la otra como si fueras a aplaudir. La base de tu meñique derecho deberá apoyarse en la base de tu meñique izquierdo.

2. **Cruza las manos para taparte los ojos.** La base de los dedos meñiques deberá estar justo en el puente de la nariz. Asegúrate de poder respirar por la nariz. De lo contrario, ajusta la ubica-ción de las palmas y los dedos.

3. **Comprueba la posición de tus manos.** Mantén los ojos abiertos debajo de las manos, gira hacia la dirección de la luz (sol, lám-paras, etcétera) y comprueba si eres capaz de ver la luz a través de cualquiera de los agujeros ubicados entre los dedos. Si pue-des ver la luz, corrige la colocación de las manos hasta que no permitan la entrada de luz en tus ojos.

4. **Respira profundamente.** Ahora podrás realizar una técnica pro-funda de relajación ocular que relajará y calmará todo tu siste-ma neurológico. No te concentres en los ojos o en el área detrás

de ellos. Concéntrate solo en tu respiración, en la manera en que inhalas, exhalas, inhalas, exhalas...

5. **Cierra los ojos debajo de las manos.** Despeja tu mente y concéntrate en relajarte. Imagina una imagen que te relaje. Intenta imaginar una noche negra estrellada. Concéntrate en el calor que proviene de tus palmas, pero no presiones las manos sobre los ojos. Siéntate o ponte de pie en una posición adecuada de modo que tu médula espinal se encuentre en línea recta. Esto permitirá que tu cuerpo se relaje físicamente.

TEMBLORES

Los temblores pueden indicarnos que tenemos frío debido a las bajas temperaturas del ambiente. O también puede ser que estemos liberando miedo. En el segundo caso, el frío sale de dentro del cuerpo.

Cuando el cuerpo tiembla, está liberando miedo, tensiones, memorias, etcétera. Y también puede ser síntoma de que hay alguna coraza que se está rompiendo. Y eso siempre es señal de liberación.

Normalmente esto sucede después de haber hecho un esfuerzo físico; al relajarnos, el cuerpo suelta. Cuando esto suceda, permítele que tiemble todo lo que necesite, y tú simplemente acompáñate con tu respiración y con tu presencia. No tienes que hacer nada más.

GANAS DE COMER ALGO DULCE Y NADA SANO

Puede ser señal de que nuestro cerebro o nuestro cuerpo necesita glucosa o de que nos sintamos tristes y queramos anestesiar la tristeza con algún dulce para no sentirla.

Mi recomendación es que bebas agua y comas algo de fruta o una cucharada de miel cruda. De esta forma le aportaremos glucosa al cuerpo con alimentos sanos.

Y si intuimos que estamos evitando sentir tristeza y queremos soltarla, podemos ayudarnos respirando profundamente, escuchando alguna canción que nos emocione u oliendo una rosa. El olor de la rosa nos ayuda a abrir el corazón y a desahogarnos, a soltar la coraza del corazón y a liberar la tristeza.

GANAS DE COMER ALGO SALADO

Puede ser una llamada de nuestro cuerpo para decirnos que necesita sales minerales. Pero también puede ser que tengamos ganas de desconectarnos emocionalmente, y la sal logra ese efecto, anestesia nuestras emociones.

Mi recomendación: bebe agua, respira y siente. Pregúntale a tu cuerpo qué alimento necesita comer en ese momento. Y ábrete a escucharlo y a observar lo que te dice o qué alimento viene a tu imaginación.

MAL OLOR

El mal olor en el mundo animal es un mecanismo de defensa. La mofeta sabe muy bien lo poderoso que es el mal olor para hacerse respetar y que respeten su territorio.

Con nosotros sucede algo parecido. El mal olor es un mecanismo de protección. Cuando sientas que tu cuerpo huele mal, puedes preguntarte qué teme que suceda. El mal olor es una forma de alejar algo que tu cuerpo considera peligroso, que le da miedo. Nuestro olor nos indica cuándo nos sentimos a gusto con alguien o cuándo no, o cuándo hay alguna inquietud dentro de nosotros.

En este caso también recomiendo que te tomes tu tiempo para preguntar a tu cuerpo, respirar y permitirte sentir lo que tu cuerpo necesite sacar a la luz y liberar.

OBSERVA TU CUERPO Y CREA TU PROPIA LISTA

A partir de aquí, yo te animo a que crees tu propia lista de sensaciones corporales más habituales en ti y a que observes lo que sientes con cada una de esas sensaciones. Observa tu respiración, tus ojos, tu temperatura corporal, respira y permítete sentir, observa si te viene alguna frase o imagen, y luego apunta lo que has experimentado. Y poco a poco irás comprendiendo mejor lo que tu cuerpo quiere decirte o necesita que le des en cada momento (descanso, movimiento, estirarse, agua, comida, alegría, baile, deporte, hablar con alguien, llorar, reír, etcétera).

Recuperar tu cuerpo

Puede que las personas que hemos sufrido algún tipo de abuso físico o sexual sintamos que hemos perdido el poder sobre esa parte de nuestro cuerpo, en el sentido de que se nos ha negado nuestra libertad para decir «no» a que esa parte de nuestro cuerpo fuera tocada o maltratada de alguna forma.

Por esta razón, puede suceder que sintamos que las partes de nuestro cuerpo que hayan sido tocadas sin nuestro consentimiento o maltratadas no son nuestras, sino de la persona que ha abusado de nosotros.

Por tanto, cada vez que una persona toma una parte de tu cuerpo sin tu consentimiento, lo que está haciendo es invadir tu cuerpo y adueñarse de tu libertad de decisión.

¿Cómo podemos recuperar las partes de nuestro cuerpo que fueron invadidas o maltratadas?

El primer paso es descubrir de qué partes de nuestro cuerpo estamos desconectados y liberar las creencias limitantes asociadas a esas partes.

¿Y cómo podemos descubrir qué partes sentimos que no son nuestras? En general, la tendencia es a desconectarnos de las partes de nuestro cuerpo que nos han dolido, o que nos recuerdan lo que hemos sufrido. Y precisamente nos desconectamos para no recordar lo que vivimos, y para no sentir las emociones que hay atrapadas en esa parte del cuerpo.

1. Normalmente, cuando hay dolor en una parte de tu cuerpo, es señal de que hay memorias dolorosas y emociones atrapadas.

2. Cuando se nos quedan frías o blancas algunas partes del cuerpo, en primer lugar, es señal de que el riego sanguíneo no está funcionando correctamente en esa zona, y eso genera que esté más blanca y sintamos más frío en ella. Esto también nos dice que nuestra respiración no está llegando completamente hasta esa parte del cuerpo. Y cuando evitamos llevar la respiración a una parte del cuerpo, inconscientemente es para no sentir el dolor o no reconectar con las emociones que duermen en esa parte.

3. Cuando nos avergonzamos, rechazamos u odiamos alguna parte de nuestro cuerpo, puede ser también un indicador de que en esa parte experimentamos experiencias desagradables, y por eso la rechazamos.

4. Otro indicador de la desconexión puede ser la flacidez, la ausencia de tono muscular y de fuerza en esa parte del cuerpo, precisamente porque la hemos abandonado y, aunque forme parte de nosotros, realmente no la habitamos, no la respiramos y no la sentimos.

5. Tener algún problema de salud en esa parte del cuerpo puede ser otra señal de que existe un conflicto emocional en ella. Esto suele suceder a largo plazo, después de rechazar, odiar, no habitar, no respirar, no sentir y no ejercitar una parte de nuestro cuerpo, esa parte puede acabar enfermando. Tiene mucho sentido, ¿no? Si tú no haces ni caso a tu pareja, la rechazas, la ignoras, te enfadas con ella, no pasas tiempo con ella, al final esa

relación enferma y termina si no haces nada por escucharla, atenderla y cuidarla.

Esto no quiere decir que siempre que tengamos un problema de salud en alguna parte del cuerpo sea porque alguien ha abusado de nosotros. El cuerpo tiene infinidad de mensajes para nosotros, y muchas veces esos mensajes tienen que ver con cómo nos tratamos a nosotros mismos, pueden estar contándonos algo que le sucedió a alguno de nuestros ancestros, etcétera. Pueden ser muchas cosas. Simplemente trato de darte pistas para que reconozcas las partes de tu cuerpo que no estás habitando o sobre las que crees que has perdido tu poder.

A continuación, he escrito unas afirmaciones que te recomiendo leer con calma y en voz alta, a la vez que tocas esa parte de tu cuerpo. Observa lo que sientes al tocarlas y al verbalizarlas. Si notas alguna sensación en tu cuerpo, si te entran ganas de llorar, escupir, toser, permítetelo. Si sientes algún pinchazo de dolor, hormigueo, o que alguna emoción quiere salir, respira, permítete sentir y obsérvate. Simplemente acompáñate.

Yo soy la dueña de mis dedos.
Yo soy la dueña de mis manos.
Yo soy la dueña de mis pies.
Yo soy la dueña de mi cabeza.
Yo soy la dueña de mis ojos.
Yo soy la dueña de mis labios.
Yo soy la dueña de mi boca.
Yo soy la dueña de mis dientes.
Yo soy la dueña de mi lengua.
Yo soy la dueña de mi garganta.
Yo soy la dueña de mi cara.
Yo soy la dueña de mi cuello.
Yo soy la dueña de mi nuca.
Yo soy la dueña de mi espalda.
Yo soy la dueña de mis hombros.

Yo soy la dueña de mis codos.
Yo soy la dueña de mis orejas.
Yo soy la dueña de mis oídos.
Yo soy la dueña de mis pechos.
Yo soy la dueña de mi sexo
(Puedes especificar las partes según tu sexo).
Yo soy la dueña de mi culo.
Yo soy la dueña de mis piernas.
Yo soy la dueña de mi abdomen.
Yo soy la dueña de mi tripa.

A partir de este momento, es importante que dediques un rato cada día para conectar con esas partes de tu cuerpo, para darte masajes, para tocarlas, para llevar tu respiración conscientemente hasta ellas y ayudar al cuerpo a integrar que tú eres realmente tu dueño o tu dueña y que eliges habitar tu cuerpo.

Los automasajes son muy sanadores en este sentido, y si los haces con aceites esenciales, más aún. Y cuando te duela, tócate con suavidad y trata de entrar en la medida que puedas con tu respiración.

Nunca se me olvidará la frase que me enseñó la masajista de *shiatsu* del parque natural del Montseny:

«Podemos evitar el dolor o habitarlo. Mientras lo evitamos, sigue ahí. Cuando lo habitamos y lo sentimos, se va.»

MEIS

Simplemente con nuestra atención, nuestra respiración y nuestras manos, podemos ayudarnos a recuperar la conexión con nuestro cuerpo y liberarlo del dolor y de las emociones que guarda dentro. Esto es primordial para poder recuperar la salud y la alegría en esa parte de nuestro cuerpo.

La Vida es un impulso, es energía en movimiento, es alegría, es fuerza, es sabiduría. Cuando la juzgamos y la bloqueamos, duele. Cuando la aceptamos y permitimos que fluya, nos llena de alegría. Cuando desconfiamos, la tememos y la rechazamos, sufrimos.

Es cierto que hay experiencias muy difíciles de aceptar y de comprender, pero es en esos momentos cuando hay que confiar en la Vida y en lo que trata de enseñarnos con esa experiencia, lo que nos va a ayudar a lograr aprender algo muy importante para nosotros.

La memoria corporal

Las creencias están alojadas principalmente en el cerebro, pero también tenemos creencias, emociones y sentimientos alojados a lo largo, ancho y profundo de todo nuestro cuerpo.

Ya hemos visto que tu cuerpo tiene memoria de lo que has vivido. Si durante tu infancia tocaste una cafetera recién sacada del fuego y te quemaste, esa sensación, esa memoria queda guardada en tu cuerpo y en tu mente para tu supervivencia. Desde ese momento, cada vez que ves una cafetera, antes de cogerla, te aseguras y te acercas con cuidado para ver si está caliente, si quema o no. Hay un recuerdo en tu mente y tu cuerpo que te avisa. No solo en tu mente, también en tu mano o en la parte de tu cuerpo que te quemaste en aquel momento.

Si te quemaste, es probable que te llevaras un buen susto y que esa experiencia te generara un miedo a quemarte. Si tuviste a un adulto a tu lado que te acompañó con cariño, te calmó, te tranquilizó, te consoló, te curó y te explicó que es necesario tomar una serie de precauciones cuando vas a coger una cafetera que está en la mesa o en el fuego, es muy probable que superaras esa experiencia, y la integraras correctamente gracias al adulto.

218 | Recupera tu poder

Si cuando te quemaste estabas solo y nadie te atendió, o la persona que estaba contigo se asustó más que tú, te gritó, se enfadó contigo, y en lugar de calmarte, te echó sus pestes encima, puede que se generara un trauma y una serie de miedos añadidos al hecho de que una cafetera pueda quemarte.

Un niño o una niña que no tiene a alguien a su lado que le ayude con cariño a comprender y procesar una experiencia generará una serie de miedos y creencias limitantes que afectarán a su vida hasta que recuerde esta experiencia y se acompañe a sí mismo a la hora de transitar esos recuerdos, y se dé a sí mismo el cariño, la comprensión y la calma que durante la infancia nadie le dio. Es por eso que, **como adultos comprensivos y conscientes, podemos ayudarnos a nosotros mismos, acompañando al niño o a la niña interior que fuimos y siguen vivos en nuestro interior, para procesar los recuerdos que en su momento fueron traumáticos.** La mirada del adulto comprensivo y paciente y cariñoso ayuda a que el niño o la niña se sientan vistos, atendidos y comprendidos, se calmen y suelten el miedo, el estrés, el susto, el dolor emocional, o lo que sea que vivieron y en su momento no pudieron procesar por sí mismos.

Por tanto, cada experiencia que nos dolió y que no supimos o no pudimos comprender y procesar por nosotros mismos, y para la que no recibimos la ayuda que necesitábamos en ese momento, puede haber dejado creencias limitantes y otras emociones en nuestra mente y nuestro cuerpo.

Y cuando una persona no supera una experiencia, le pasa sus creencias y sus emociones a la siguiente generación.

Todo lo que superamos y aprendemos así se lo transmitimos a nuestros hijos. Lo que no superamos o no hemos podido resolver se lo pasaremos sin resolver. Es por eso por lo que generación tras generación vamos evolucionando y aprendiendo. Y gracias a todo lo que nuestros antepasados superaron, no necesitamos enfrentarnos a lo que ellos ya aprendieron. Todo lo que tú aprendas tus hijos ya lo llevan incorporado.

Con todo esto quiero decir que la mayoría de los miedos y emociones que experimentamos en la vida adulta son ecos de las emociones que no procesamos durante la infancia o que heredamos sin resolver de nuestros antepasados.

Tu pareja, tu hijo, tu compañero de trabajo o alguien con quien tienes una discusión que despierta tu enojo no es el responsable de todo el enfado que tienes guardado dentro. Esa persona solo te lo ha activado. En lo que se refiere a las emociones que sentimos, normalmente solo somos conscientes de la punta del iceberg. No somos conscientes de todo el enfado que tenemos acumulado desde el inicio de los tiempos.

Esto es lo que se denomina **proyección.**

Cuando tú discutes con tu pareja, a menudo tu pareja simplemente está activando algo que lleva mucho tiempo guardado en ti y que, en realidad, no tiene nada que ver con ella. En realidad, la mayor parte de las veces el 80 o el 90 % de lo que sentimos viene de la infancia, y en realidad el enfado suele ser o con tu padre o con tu madre. Es decir, el enfado o la emoción que está despertando en ti tu pareja es una activación de la emoción no liberada asociada a la imagen mental que tienes de tu padre, de tu madre, de tu hermano, de tu prima, de tu tío, de tu profesor, de tu cuidadora, etcétera.

El problema es creer que todo el enfado que sentimos nos lo ha generado nuestra pareja. Y no vemos todo lo gordo que hay debajo. E inconscientemente lo que hacemos es proyectar.

En realidad, muchos de los problemas que tenemos en la vida adulta son ecos de los que vivimos durante la infancia y no tuvimos ni la capacidad ni la oportunidad de resolver entonces, y que se seguirán repitiendo en nuestra vida hasta que los resolvamos, es decir, hasta que aprendamos lo que vinieron a enseñarnos y liberemos todas las creencias limitantes, miedos y emociones que esas experiencias nos dejaron.

♡

Amar y honrar
cada parte de tu cuerpo
Recuperar tu belleza natural

Tu cuerpo escucha lo que piensas, y lo que piensas de tu cuerpo le afecta.

Lo que pensamos y sentimos de cada parte de nuestro cuerpo afecta a la forma y a la apariencia de esa parte.

Nuestro cuerpo es bello y atractivo por naturaleza hasta que empezamos a rechazarlo, a criticarlo, a avergonzarnos de él, a temer nuestro atractivo o belleza natural, a temer nuestra feminidad o masculinidad, nuestra sensualidad o erotismo natural.

Y esos sentimientos tienen consecuencias en nuestra constitución corporal.

Nuestro cuerpo guarda la memoria de todas las veces que hemos recibido críticas, insultos, desprecios o humillaciones. E inconscientemente aquello que nos hicieron a menudo es lo que hemos repetido con nosotros mismos. Sobre todo cuando no ha habido nadie que nos mostrara que eso que nos decían no era cierto o que nadie tenía derecho a criticarnos o despreciarnos.

Es decir, cuando alguien a nuestro lado nos enseña a poner límites y nos recuerda nuestro derecho a ser respetados y tratados con amor en todo momento, nuestro derecho a ser nosotros mismos y a ser respetados y aceptados tal y como somos, y a ser conscientes de que lo que nos dicen los demás no nos define, sino que es solo la opinión de los demás, entonces podremos aprender fácilmente a respetarnos y a amarnos.

Pero si nadie nos ha ayudado a poner límites, a formar una autoimagen sana y respetuosa de nosotros mismos, a defendernos cuando alguien nos invadía o atacaba, tenderemos a repetir con nosotros lo que nos han hecho.

Por eso es tan importante escucharnos, escuchar lo que pensamos de cada parte de nuestro cuerpo, y lo que sentimos en esa parte, para poder liberar aquellos sentimientos y cambiar las creencias que desprecian nuestro cuerpo y que albergamos dentro de nosotros sin darnos cuenta. Y por eso es tan importante hablar, elogiar y tratar a todas las partes de nuestro cuerpo con amor.

Lo mejor de todo es que cuando tomamos conciencia de los sentimientos y pensamientos dañinos que albergamos sobre nuestro cuerpo, y los liberamos, este recupera su belleza y su atractivo natural. Es realmente maravilloso ser testigos del poder que nuestro amor tiene sobre nuestro cuerpo. Es alucinante observar cómo cambia a medida que dejamos de avergonzarnos de él y de criticarlo, y lo empezamos a aceptar, a tratar con cariño, a elogiar, a agradecer, a tratar con amor, a darnos placer, calidez, y nuestra belleza interior empieza a salir a la luz y a ser visible en nuestro cuerpo.

Yo he sido testigo de grandes y maravillosos cambios en mi cuerpo, en la medida en que he ido tomando conciencia de las emociones y creencias limitantes que guardaba en cada parte de él, fruto de las experiencias que viví de niña, y las he ido liberando, y sustituyéndolas por amor, admiración, reconocimiento y gratitud hacia mi propio cuerpo.

Yo tenía mucho miedo a ser atractiva, a despertar el deseo sexual del hombre, a que me forzaran a hacer algo que no quería con violencia, y a que me hicieran daño. Tenía miedo a despertar la envidia de las mujeres y a que me ignoraran o excluyeran. Tenía miedo a que se rieran de mí si mostraba mi espontaneidad o mi feminidad.

Me avergonzaba de las partes de mi cuerpo de las que se habían reído o de las que habían utilizado para forzarme a hacer lo que no quería. E inconscientemente yo rechazaba las partes de mi cuerpo donde más dolor había experimentado. E inconscientemente me dañaba esas partes, me cortaba, me quemaba los dedos, me mordía la lengua, me pillaba los dedos con los cajones o las puertas. Me avergonzaba de mis manos, de mis dedos y de todas esas partes de mi cuerpo que habían sido forzadas.

Y en la medida en que fui haciendo el trabajo de reconectar con esas partes de mi cuerpo, fui tomando conciencia de las memorias y emociones que guardaban, y las fui respirando y liberando, y llenándolas de palabras y caricias de amor, mi cuerpo fue cambiando y empezando a brillar, a irradiar amor y paz.

Por eso creo tanto en el trabajo emocional y corporal con amor con el cuerpo, creo en la sanación y la liberación emocional y en los maravillosos resultados que obtenemos al hacerlo, porque lo he vivido. Y por eso quiero compartirlo con vosotros, porque con el amor consciente podremos obrar auténticos milagros en nuestro cuerpo.

Sentirte en paz con tu cuerpo, sentirte agradecida con él y sentir su paz y su gratitud hacia ti es algo indescriptible. Es maravilloso. Lleva su tiempo, requiere de grandes dosis de paciencia y perseverancia, disciplina y constancia. Es algo que sucede poco a poco. Y ese poco a poco nos ayuda a aceptar los tiempos de la vida, y a comprender que **en la vida todo tiene su tiempo y sucede a su ritmo.**

Afirmaciones para liberar emociones y creencias limitantes de cada parte de tu cuerpo

Ejemplo con las manos:

- Yo me libero de toda la vergüenza, el miedo, el desprecio, la culpa y las críticas que he recibido de otros en mis manos.
- Yo me libero de toda la culpa, la vergüenza, el desprecio y la crítica que he volcado sobre mis manos.
- Yo elijo sentirme agradecido/agradecida y orgulloso/orgullosa de mis manos.
- Yo elijo apreciar mis manos en todo momento.

- Yo me permito sentir la inocencia de mis manos.

- Yo elijo hablar a mis manos con amor, elogiarlas y tratarlas siempre con suavidad y con cariño.

- Mis manos son inocentes del daño que he sufrido y que me han hecho.

- Mis manos son dignas de ser respetadas y tratadas con amor en todo momento.

- Mis manos son dignas de mi amor, de mi respeto, de mi reconocimiento.

- Es seguro que mis manos sean bellas, muestren su belleza natural, siempre estoy a salvo y mi voluntad siempre es respetada.

- Yo tengo derecho a decidir en mis manos. Yo tengo derecho a decir «no» a quien no quiero tocar o dar la mano.

GRACIAS, YO PERMITO QUE ASÍ SEA Y ASÍ ES.

Recomiendo masajear suavemente, acariciar o sostener nuestras manos con amor mientras hacemos estas afirmaciones, dándonos todo el tiempo que necesitemos para respirar y sentir cada una de estas afirmaciones. Y permitiéndonos llorar, toser o expresar todas las emociones que salgan de nosotros sin hacernos daño.

✎ EJERCICIO PARA RECUPERAR LA CONEXIÓN CON NUESTRO CUERPO Y ADUEÑARNOS DE ÉL

Para poder reconectar con nuestro cuerpo es necesario que nos permitamos sentir esa parte de él. A través de nuestra voz, de nuestra respiración, del contacto físico y de nuestra atención realizamos la reconexión. Decir en voz alta las afirmaciones que a continuación he escrito nos va a ayudar mucho a reconectar con nuestro cuerpo de una forma amorosa y respetuosa.

Mientras dices estas afirmaciones, puedes acariciar suavemente esa parte de tu cuerpo, dar golpecitos suaves con las yemas de los dedos. En algunas partes del cuerpo, como tus manos, tus dedos, tus piernas, tus brazos, también te ayudará presionar suavemente tu piel y tus músculos.

Este ejercicio es muy potente, especialmente cuando estamos desconectados de alguna parte de nuestro cuerpo. Si afloran lágrimas o emociones, permíteles salir para poder liberarlas y habitar esa parte de tu cuerpo más fácilmente.

Mi recomendación es que cada día dediques un rato y hagas estas afirmaciones con varias partes de tu cuerpo.

Y cada día vayas reconectando con una serie de partes, hasta que reconectes con tu cuerpo entero.

Elige el ritmo que te vaya mejor y te siente bien.

Ejemplo:

Reconectar con nuestros labios

«Yo soy la dueña de mis labios.»
Inspira y suelta el aire.
«Mis labios forman parte de mi cuerpo.»
Inspira y suelta el aire.

«Mis labios me pertenecen.»
Inspira y suelta el aire.
«Yo decido en mis labios.»
Inspira y suelta el aire.
«Yo soy la única que tiene derecho a decidir en mis labios.»
Inspira y suelta el aire.
«Yo decido a quién quiero besar y a quién no, cuándo quiero be-
sar a alguien y cuándo no.»
Inspira y suelta el aire.
«Yo soy capaz de cuidar de mis labios.»
Inspira y suelta el aire.
«Yo me permito sentir mis labios.»
Inspira y suelta el aire.
«Yo me permito habitar mis labios.»
Inspira y suelta el aire.

GRACIAS, ES SEGURO QUE ASÍ SEA, ASÍ ES, HECHO ESTÁ.

OS AMO.

♡

8
RECUPERA TU PODER

☼

Piensa en ti

Concédete tu atención. Préstate atención

Dedica tiempo cada día a poner tu atención en ti. Haz lo contrario al famoso «piensa en los demás y deja de pensar solo en ti».

EL EGOÍSMO, ¿BUENO O MALO?

Hace unos años asistí a un retiro en Formentera, y allí, María, una participante, me dijo un día: «Cuando alguien te llame egoísta, alégrate, es señal de que has empezado a quererte». Esa frase me impactó.

Años más tarde, escuchando a Borja Vilaseca, reconecté con esa idea. Borja habla del egoísmo consciente, como una fase necesaria en el proceso de aprender a cuidar de ti y a responsabilizarte de tu vida.

Cuando una persona nos llama egoístas, se está quejando de que no hayamos pensado en ella y no hagamos lo que a ella le gustaría que hiciéramos. Con lo cual, la persona que nos llama egoístas en el fondo lo que reclama es que dejemos de atendernos a nosotros mismos para atenderla a ella.

Esta reflexión me ayudó a ver el egoísmo consciente como algo necesario en su justo equilibrio. **Si solo pensamos en nosotros mismos, caemos en el egocentrismo, y si solo pensamos en los demás, nos abandonamos a nosotros mismos.** Una vez más creo que lo sano es encontrar el equilibrio entre ambas actitudes.

El egoísmo consciente es necesario para reconectar con nosotros. Entendiendo egoísmo consciente como permitirnos atendernos, escucharnos y observarnos para descubrir cuáles son nuestras necesidades y deseos. Esto nos permite tener claridad a la hora de tomar nuestras propias decisiones teniéndonos en cuenta.

Si dedicamos nuestro tiempo exclusivamente a estar pendientes de los demás, no tendremos ni idea de lo que necesitamos ni de lo que deseamos, y eso nos sume en la confusión, el abandono y el sufrimiento.

A veces en la vida necesitamos dedicarnos todo el tiempo que no nos hemos dedicado antes, hasta que nos equilibramos, hasta que descubrimos lo que necesitamos y nos lo damos. A partir de ahí, cuando ya sabemos lo que necesitamos, cuanto mejor nos conocemos, menos tiempo necesitamos dedicarnos y más tiempo y energía podemos dedicar y ofrecer a los demás.

Pero primero tenemos que atendernos a nosotros para poder aportar al mundo lo mejor de nosotros.

Aprueba tu felicidad

Deja de desaprobar tu felicidad y aprueba las decisiones que te conectan con ella

Cuando no aprobamos nuestras decisiones, vamos buscando fuera la aprobación de los demás.

La pregunta es: ¿por qué desaprobamos nuestras decisiones?

En mi caso, desaprobaba mis decisiones porque no confiaba en mi capacidad de decidir y porque tenía miedo a que me hicieran daño si era feliz.

Cuando tenemos miedo a que nos hagan daño si somos felices, inconscientemente vamos a desaprobar nuestra felicidad y vamos a buscar que los demás aprueben la felicidad que previamente (inconscientemente) nos hemos desaprobado nosotros.

Afirmaciones poderosas

- Yo apruebo mi capacidad de decidir lo que me hace feliz y mi derecho a ser respetado/respetada.

- Yo apruebo mi felicidad y las decisiones que me permiten disfrutar de mi felicidad y de mi camino de vida, y soy respetado/respetada en todo momento.

Honrar tu vida

¿Qué significa para ti honrar tu vida? ¿Qué significa para ti honrar el tiempo que se te ha dado?

Para mí, honrar tu vida es honrar el tiempo que se te ha dado. Honrar tu vida es agradecerla, valorarla, disfrutarla, aprovecharla para aprender, para amar y ser amado, para disfrutarla y hacer lo que te hace feliz. Honrar tu vida es vivirla a tu manera mientras llevas a cabo tu misión, amando y siendo amado.

Sin embargo, no siempre vivimos nuestra vida, sino la que se espera que vivamos.

Durante siglos se nos ha enseñado la importancia de honrar a nuestros padres, a nuestros ancestros y honrar la vida. La pregunta importante aquí es ¿qué significa *honrar*?

Honrar, según muchos diccionarios, es respetar, apreciar y reconocer los méritos de una persona. Y para mí honrar también es agradecer.

El problema viene cuando confundimos honrar con obedecer. O cuando heredamos ideas distorsionadas y dañinas del pasado que no han sido actualizadas.

Por tanto, es importante que nos preguntemos varias cosas.

- ¿Qué significa para ti honrar a tu madre?
- ¿Qué significa para ti honrar a tu padre?

Y te animo a que escribas detenidamente las respuestas a cada pregunta.

Honrar puede confundirse con *complacer,* seguir el camino de la madre o del padre, pensar, vivir como ellos vivieron, sufrir lo que ellos sufrieron (problemas económicos, de pareja, enfermedades, infidelidades, etcétera). Pero todas estas ideas no tienen nada que ver con honrar a tus padres. Estas ideas son tremendamente dañinas. Y, sin embargo, muchos las tienen incorporadas en su sistema de creencias y las obedecen sin ser conscientes de que estas ideas están dirigiendo sus vidas.

Por eso **es tan importante hacerse preguntas, para descubrir qué ideas dirigen nuestra vida.**

Honrar a nuestros padres y honrar la vida que se nos ha dado es maravilloso cuando lo hacemos desde la conciencia y la cordura.

Honrar a nuestros padres es hacer lo que nos hace felices, es prosperar, es disfrutar, es hacer nuestros sueños realidad. Honrarles es permitirnos disfrutar de lo que ellos no pudieron o no supieron.

Al hacer esto, nuestros padres se llenan de alegría al ver que todo lo que hicieron por nosotros dio su fruto. Lo que más desean un padre o una madre que aman a sus hijos es que sean felices. Y la única forma de ser feliz es siendo tú mismo y viviendo tu vida a tu manera, desde el amor y el respeto a tu libertad y a la de los demás.

✎ EJERCICIO

Contesta a estas preguntas:

- ¿Qué significa honrar tu vida?
- ¿Qué significa para ti honrar a tu madre?
- ¿Qué significa para ti honrar a tu padre?
- ¿Qué significa para ti honrar a tus padres?*

¿Es compatible tu idea de honrar tu vida con tus ideas de honrar a tus padres? ¿Qué opinaba tu madre de tu sexualidad, de tu cuerpo, de tu forma de ser, vestir, comer, vivir, relacionarte, disfrutar, trabajar, de los hombres, de las mujeres, de la pareja, de la vida, de la familia, etcétera?

¿Qué opinaba tu padre de tu sexualidad, de tu forma de ser, vestir, comer, vivir, relacionarte, disfrutar, trabajar, de los hombres, de las mujeres, de la pareja, de la vida, de la familia, etcétera?

Realmente los conflictos solo están en la mente, en las ideas que tenemos. Una vez que ordenamos nuestras ideas, liberamos las

que no queremos e incorporamos las que queremos para nosotros, podemos empezar a manifestar lo que queremos de corazón. Cuando creamos coherencia dentro de nosotros, podemos
manifestar esa coherencia fuera.

Cuando vemos incoherencia en nuestra vida, es solo el fruto de la incoherencia interna en las ideas que albergamos
dentro.

*Cuando hablamos de creencias, en tu subconsciente, tu madre
es una entidad, tu padre otra y tus padres como pareja, otra. Por
tanto, es importante revisar las creencias subconscientes que
tenemos asociadas a la idea de *padres*.

Afirmaciones poderosas

- Honrar mi vida es ser feliz.
- Honrar mi vida es ser yo misma/mismo, hacer lo que me hace
  feliz y vivirla a mi manera.
- Honrar mi vida es permitirme amar y ser amada/amado.
- Honrar mi vida es permitirme disfrutar de mi cuerpo, de mi
  sexualidad y mi sensualidad con la persona que amo y deseo.
- Honrar mi vida es permitirme vivir con mi compañero/com-
  pañera de vida y disfrutar de la vida juntos.
- Honrar mi vida es permitirme ser abundante y profesional-
  mente exitoso/exitosa en mi trabajo.
- Honrar mi vida es permitirme trabajar en lo que amo.
- Honrar mi vida es permitirme disfrutar de la vida en pareja,
  del sexo y del amor con la persona que amo y deseo y que me
  corresponde.

- Honrar mi vida es amarme, respetarme, cuidarme, darme lo que necesito y me hace feliz, darme prioridad y respetar mi libertad.

- Honrar mi vida es decir «sí» a mi sexualidad, a mi sexo, a mi libido, a mi placer, a mi felicidad, a mi éxtasis, a mi alegría y a mi excitación.

Recupera tu vida

A lo largo de los siglos y de nuestras vidas puede ser que hayamos encontrado personas que han intentado silenciar nuestras voces, que han intentado anularnos, manipularnos, chantajearnos, cambiarnos, quitarnos del medio o apropiarse de nuestra vida. Para liberarnos de todo eso, es necesario que nos adueñemos y nos responsabilicemos plenamente de nuestra vida. Y nos recordemos siempre que lo necesitemos:

Yo no soy propiedad de nadie.
Yo soy una mujer/un hombre libre.
Yo soy la dueña/el dueño de mi vida.
Mi vida me pertenece a mí.

Durante nuestra infancia no pudimos impedir que sucedieran determinadas cosas, puede que no tuviéramos la fuerza suficiente para defendernos y protegernos por nosotros mismos, porque éramos niños. Y puede que, durante muchos años, el miedo a que nos hicieran daño fuera más grande que nuestra voluntad de vivir nuestra vida y nuestros sueños. Y puede que durante mucho tiempo nuestra autoestima y confianza quedaran dañadas o debilitadas.

Lo importante es que todo eso ya pasó. Y ahora somos grandes y fuertes, y tenemos la capacidad de amarnos, de cuidarnos, de ser y hacernos felices, de vivir nuestra vida, de protegernos y defendernos si lo necesitamos, y de hacer nuestros sueños realidad.

Afirmaciones poderosas

- Ahora ya me quiero yo, ahora ya soy grande, fuerte y capaz. Ahora soy una mujer/un hombre dueña/dueño de mi vida. Y ahora mi voluntad de vivir mi vida y mis sueños hechos realidad es mucho más grande que cualquiera de mis miedos.

- De ahora en adelante no voy a permitir que ninguna crítica, ningún reproche y ningún chantaje silencien mi voz ni me aparten de mi camino, de mi amor, de mi propósito, de mi felicidad, de mi éxito profesional y de mi derecho a compartir mi vida con el hombre/la mujer que quiero y a disfrutar de la vida juntos mientras llevo a cabo mi propósito de Vida.

- Mi vida es mía y es para mí, para que yo la comparta, la disfrute y la viva con quien yo quiera y que me quiera, donde queramos.

- Yo soy un ser sexual. Yo soy hija/hijo de la Vida, del amor y del sexo, del cielo y la tierra, de lo terreno y lo divino. Tengo derecho a disfrutar del amor, del sexo, de la abundancia, de la salud y de la vida con mi compañero/compañera de vida. Yo soy la dueña/el dueño de mi cuerpo, de mi corazón y de mi sexo. Yo soy la dueña/el dueño de mi libertad, de mi voluntad, de mi autoridad, de mi voz y de mis derechos divinos y terrenos.

- Yo soy la única/el único que puede decidir en mi vida. Nadie más que yo puede decidir lo que yo quiero hacer y lo que no, quien yo quiero ser y quien no. Porque soy una mujer/un hombre libre, hija/hijo de la Vida, y he nacido para disfrutarla siguiendo el impulso de mi corazón.

GRACIAS, YO PERMITO QUE ASÍ SEA Y ASÍ ES, HECHO ESTÁ.

Adueñarte de tu vida

Mientras escribía este libro, revisando mis cuadernos de notas, me encontré con esta cita entre mis escritos:

> «Cuando tú te adueñes de tu vida, él querrá formar parte de ella. Mientras tú no te adueñes de tu vida, él no podrá entrar en ella.»
>
> ENRIQUE FRAGA

No recuerdo de qué estábamos hablando para que mi amigo Kike me dijera esto en aquella ocasión. Pero aluciné cuando la encontré. Porque esta es una de las cosas que más he trabajado mientras escribía este libro. Y no recordaba ni remotamente que, tres años antes de escribir estas líneas, la vida ya me estaba mandando mensajes, y muy obvios. **«Rut, tienes que adueñarte de tu vida, de tu libertad, de tu cuerpo y de tu tiempo.»**

Cuando empecé a escribir este libro, pasaron una serie de cosas que me ayudaron a ser consciente de que no me sentía dueña de mi vida y que tenía que adueñarme de ella. **Y con el tiempo aprendería que adueñarnos de nuestra vida es adueñarnos de nuestro cuerpo, de nuestro tiempo, de nuestro espacio, de nuestra felicidad, de nuestra libertad, de nuestra alegría, de nuestra paz, de nuestra confianza, de nuestra claridad, de nuestra fuerza, de nuestra sexualidad y, en definitiva, de nuestro poder.**

Nuestra vida nos pertenece, pero no siempre somos conscientes de que es nuestra, o no siempre nos sentimos dueños de ella. Y al no sentirnos dueños de ella, permitimos que los demás se entrometan en nuestro territorio y en nuestras decisiones. Y sin darnos cuenta, delegamos nuestra libertad y nuestro poder cuando nos sentimos inseguros, creyendo que no somos capaces, cuando en realidad sí que lo somos.

Aunque, para ello, tenemos que darnos cuenta de que la principal creencia que nos roba nuestra seguridad es creer que somos incapaces de decidir en nuestra vida o de hacernos cargo de los diferentes ámbitos de nuestra vida (cuerpo, salud, casa, coche, trabajo, relación de pareja, amistades, etcétera).

Ideas que necesitamos integrar en nuestra mente y en nuestro cuerpo para poder tener claridad y decidir libremente:

- Tú eres dueño de tu tiempo.
- Tú eres dueño de tu espacio.
- Tú eres dueño de tu cuerpo.
- Tú eres dueño de tu corazón.
- Tú eres dueño de tu sexualidad y de tu sexo.
- Tú eres dueño de tu mente.
- Tú eres dueño de tu vida.
- Tú eres dueño de tu energía.
- Tú eres dueño de tu casa.
- Tú eres dueño de tu trabajo.
- Tú eres dueño de tu dinero.
- Tú eres dueño de tus relaciones. Es decir, eres dueño para decidir con quién quieres relacionarte y con quién no, lo que quieres hacer y lo que no en cada relación, siempre respetando la libertad de decisión de cada uno.
- Tú eres dueño de tus besos, de tus abrazos, de tu placer, de tus orgasmos, de tu éxtasis, de tu alegría, de tu felicidad, de tu calma y de tu bienestar.

¿Y por qué a veces no nos sentimos dueños de nuestro tiempo, o de nuestro espacio o de nuestra libertad?

Si no somos dueños de algo nuestro es porque en algún momento hemos entregado nuestro derecho a decidir a alguien, porque en ese momento no nos sentíamos capaces de hacernos cargo de esa situación.

Cuando nacemos, durante un tiempo nuestros padres se hacen cargo de nuestro poder y de nuestra libertad de decisión temporalmente, hasta que nosotros crecemos y somos capaces de decidir por nosotros mismos, de cuidarnos y de responsabilizarnos de nuestra vida, bienestar y felicidad.

Cuando crecemos y los padres no devuelven a sus hijos lo que les pertenece, su libertad y su derecho a decidir, a ser y hacer lo que quieran con su vida, que los hijos recuperen su poder, sus derechos y su libertad depende de ellos mismos.

Gracias a que vamos evolucionando, cada vez hay más padres que desde la infancia tratan de respetar al máximo posible la libertad de los hijos y de condicionarlos lo mínimo, permitiendo que ellos poco a poco, a medida que van creciendo, vayan asumiendo y desarrollando su capacidad para decidir en su vida.

Cuando esto es así, los hijos al llegar a adultos sienten una mayor seguridad a la hora de decidir en su vida que aquellos a los que se les ha sobreprotegido y a los que no se les ha permitido que fueran asumiendo poco a poco su derecho a decidir en su vida y la responsabilidad de su propia vida.

Cuanto más respetan los padres la libertad de los hijos a decidir en un área de su vida, ofreciéndoles en todo momento su amor y su apoyo incondicional, más seguros se sienten los hijos en su vida adulta en esa área.

Cuanto más se entrometen los padres en las decisiones de los hijos, más inseguros puede que se sientan a la hora de decidir en esa área de su vida.

También desarrollamos inseguridades o miedo a decidir cuando hemos vivido algún abuso de poder o maltrato, ya sea psicológico, físico o sexual.

Los padres y cuidadores de los hijos pueden llegar a ejercer mucho poder sobre ellos, incluso siendo adultos, porque aquellos condicionamientos o dependencias que no hemos superado siguen vigentes en la edad adulta.

Es importante tener en cuenta que los padres fueron condicionados a su vez por sus padres, que a su vez fueron condicionados por los suyos, y así sucesivamente.

Normalmente las experiencias por las que pasamos son más sencillas que aquellas por las que pasaron nuestros padres y antepasados. Habitualmente hay una evolución en la conciencia de cada persona. Y un padre y una madre siempre van a intentar hacerlo con sus hijos mejor de lo que lo hicieron sus padres con ellos. La experiencia nos ayuda a aprender.

E independientemente del nivel de conciencia de un hombre o de una mujer, siempre va a dar a sus hijos lo que cree que es mejor para ellos, de acuerdo con sus ideas y experiencias vividas y con lo que es capaz de darles en cada momento, teniendo en cuenta las circunstancias que está viviendo.

Mientras culpamos a los padres de los condicionamientos recibidos o de lo que hemos sufrido, evitamos nuestro poder. Culpar a otro es renunciar a nuestro poder.

En el momento en que tú te conviertes en un adulto, tienes el poder y la capacidad de asumir la responsabilidad de tu vida, de tu felicidad y de tu bienestar. **Cuando aceptas tu responsabilidad, puedes recuperar tu territorio y empezar a superar todo lo que necesites superar para sentirte dueño de tu vida.**

Cuando nos hacemos adultos, tenemos dos opciones:

- Seguir quejándonos, culpando y sufriendo.
- Aceptar lo que hemos vivido y afrontarlo. Dejar el pasado en el pasado y seguir hacia adelante. Abrirnos a aprender lo que necesitemos aprender: a amarnos, a respetarnos, a cuidarnos, a superar los miedos e inseguridades del pasado y a disfrutar de nuestra vida. Solo cuando elegimos este camino, podemos ser realmente felices y dueños de nuestro poder para disfrutar de nuestra vida y hacer realidad los sueños que llevamos en el corazón.

¿Cómo podemos recuperar nuestra vida?

Para poder recuperar algo, necesitamos sentir que somos capaces de hacernos cargo de eso y de gestionarlo.

Mientras nos sentimos incapaces o no capaces de hacernos cargo de algo, lo delegamos en otras personas.

Durante la infancia delegamos nuestro poder en nuestros padres. Y todo lo que delegamos en la infancia, en la vida adulta hemos de recuperarlo, asumiendo nuestra responsabilidad. La razón por la que más nos cuesta asumir la responsabilidad de nuestra vida es creer que no somos capaces, aunque no seamos conscientes de esa creencia.

Afirmaciones para recuperar un ámbito de tu vida o de tu cuerpo

Comparto varios ejemplos para que veas cuál es el proceso para adueñarte de una parte o de un área de tu vida. Estas afirmaciones son muy poderosas cuando tomamos conciencia de ellas, las respiramos, sentimos e integramos.

Ejemplo 1: Adueñarte de tu cuerpo:

Yo soy el dueño/la dueña de mi cuerpo.

Yo soy capaz de hacerme cargo de mi cuerpo.

Yo soy capaz de cuidar de mi cuerpo **y de protegerlo.**

Yo soy capaz de defenderme, de pedir ayuda o de marcharme si lo necesito.

Yo soy capaz de responsabilizarme de mi cuerpo.

Mi cuerpo **forma parte de mí.**

Mi cuerpo me pertenece a mí.

Solo yo tengo derecho a decidir sobre mi cuerpo.

Mi cuerpo me responde a mí.

Yo puedo y tengo derecho a disfrutar de mi cuerpo y a ser respetada/respetado.

Yo puedo y tengo derecho a decidir sobre mi cuerpo y a ser respetada/respetado.

Ejemplo 2: Adueñarte de tu libertad:

Yo soy el dueño/la dueña de mi libertad.

Yo soy capaz de hacerme cargo de mi libertad.

Yo soy capaz de gestionar y asumir mi libertad.

Mi libertad **forma parte de mí.**
Mi libertad **me pertenece a mí.**
Solo yo tengo derecho a decidir en mi vida.
Yo puedo y yo tengo derecho a disfrutar de mi libertad y a ser respetada/respetado.
Yo puedo y yo tengo derecho a decidir en mi libertad y a ser respetada/respetado.

Ejemplo 3: Adueñarte de tu tiempo:
Yo soy el dueño/la dueña de mi tiempo.
Yo soy capaz de hacerme cargo de mi tiempo.
Yo soy capaz de gestionar y organizar fácilmente mi tiempo.
Mi tiempo **forma parte de mí.**
Mi tiempo **me pertenece a mí.**
Solo yo tengo derecho a decidir en mi tiempo.
Yo puedo y tengo derecho a disfrutar de mi tiempo y ser respetada/respetado.
Yo puedo y tengo derecho a decidir lo que quiero hacer con mi tiempo y puedo/tengo derecho a ser respetado/respetada.

Ejemplo 4: Adueñarte de tu placer:
Yo soy la dueña de mi placer.
Yo soy capaz de hacerme cargo de mi placer.
Yo soy capaz de gestionar y asumir mi placer.
Mi placer **forma parte de mí.**
Mi placer **me pertenece a mí.**
Mi derecho a mi placer **me pertenece a mí.**
Solo yo tengo derecho a decidir en mi placer.
Yo puedo y yo tengo derecho a disfrutar de mi placer y a ser respetado/respetada.

Ejemplo 5: Adueñarte de tus decisiones:
Yo soy el dueño/la dueña de mis decisiones.
Yo soy capaz de hacerme cargo de mis decisiones.
Yo soy capaz de tomar decisiones y asumir las consecuencias de mis decisiones.

Mi libertad de decisión **forma parte de mí.**
Mi libertad de decisión **me pertenece a mí.**
Mi derecho a decidir en mi vida **me pertenece a mí.**
Solo yo tengo derecho a decidir en mi vida.
Yo puedo y tengo derecho a decidir en mi vida y a ser respetado/respetada y tratado/tratada con amor en todo momento.

Ejemplo 6: Adueñarte de tu trabajo/profesión:
Yo soy el dueño/la dueña de mi profesión y de mi trabajo.
Yo soy capaz de hacerme cargo de mi trabajo.
Yo soy capaz de tomar decisiones en mi trabajo **y asumir las consecuencias de mis decisiones.**
Mi libertad de decisión en mi trabajo **forma parte de mí.**
Mi libertad de decisión en mi trabajo **me pertenece a mí.**
Mi derecho a decidir en mi trabajo **me pertenece a mí.**
Solo yo tengo derecho a decidir en mi trabajo.
Yo puedo y tengo derecho a decidir en mi trabajo **y a ser respetado/respetada y tratado/tratada con amor en todo momento.**

Ejemplo 7: Adueñarte de tu dinero y tu abundancia:
Yo soy el dueño/la dueña de mi abundancia/dinero/casa/coche, etcétera.
Yo soy capaz de hacerme cargo de mi abundancia/dinero/casa/coche, etcétera.
Yo soy capaz de tomar decisiones en mi abundancia/dinero/casa/coche **y asumir** las consecuencias de mis decisiones.
Mi libertad de decisión en mi abundancia/dinero/casa/coche **forma parte de mí.**
Mi libertad de decisión en mi abundancia/dinero/casa/coche **me pertenece a mí.**
Mi derecho a decidir en mi abundancia/dinero/casa/coche **me pertenece a mí.**

Adueñarte de tu tiempo
Recuperar tu tiempo

Tener o no tener tiempo para ti y para lo que tú quieres es una decisión que con el tiempo se convirtió en creencia y más adelante en realidad. Y, al igual que todas las creencias, cuanto más te la crees y más la repites, más se enraíza en tu vida y con mayor rotundidad se manifiesta en tu mundo.

Cuando creemos que no tenemos tiempo es debido a que previamente nos hemos negado nuestro tiempo para dárselo a otros, para hacer lo que se esperaba de nosotros, para sentirnos aceptados, atendidos, reconocidos, respetados o amados.

Todo esto tiene que ver con que muchos fuimos adoctrinados para encajar en un sistema, para pensar y comportarnos de una determinada manera.

Fuimos adoctrinados para amoldarnos a un sistema, para vivir para los demás, para ser dependientes emocionales, para pensar en los demás, para amar a los demás, para hacer felices a los demás, para renunciar a nuestra libertad, para buscar todo fuera (el amor, la confianza, la seguridad, la felicidad) con la esperanza de que, cuanto más nos negáramos a nosotros mismos y más nos amoldáramos a lo que los demás desearan, cuanto más sumisos, complacientes y obedientes fuéramos, más se nos consideraría buenas personas, y más amados, reconocidos y felices seríamos. Y durante muchos años vivimos así, creyéndonos todas estas ideas y sufriendo las consecuencias de vivir sometidos a ellas.

Hemos sido adoctrinados en el autorrechazo, el autoabandono, el rechazo al cuerpo, la culpa, la vergüenza, el miedo, la obediencia, la obligación y el sacrificio. Y vivir así trae consecuencias muy dolorosas y dañinas para nuestra salud física, mental y emocional.

Salir de esa rueda de hámster solo requiere despertar y que te des cuenta de qué ideas han estado gobernando tu vida hasta ahora, y que te replantees qué ideas quieres que gobiernen tu vida a partir de ahora.

244 | **Recupera tu poder**

Si en este momento tú no te sientes dueño de tu tiempo, y quieres recuperarlo, puedes hacerte estas preguntas. Te advierto que son preguntas muy poderosas cuando te permites ser honesto contigo mismo.

Preguntas poderosas

¿Quién es el dueño o la dueña de mi tiempo?

¿Quién decide mis horarios?

¿A quién le he dado mi tiempo?

¿Quién gobierna mi tiempo?

¿Por qué he renunciado a mi tiempo?

¿Qué espero obtener a cambio?

¿Qué obtengo de no tener tiempo para mí?

¿Qué temo perder si soy yo quien decide mis horarios y lo que hago con mi tiempo?

¿Qué temo perder si yo digo «no» a lo que no quiero?

¿Qué puedo ganar si yo me atrevo a decir «sí» a lo que yo quiero?

Tómate todo el tiempo que necesites para responderlas. Las respuestas a estas preguntas son lo que te va a permitir conectar con tus verdaderas razones, enfrentar los miedos que necesites, respirar, conectar con tus deseos y recuperar tu tiempo.

A veces necesitamos tiempo para que las respuestas surjan de nuestro interior. **Las respuestas siempre llegan cuando estamos preparados para ver y aceptar la verdad, lo que sucedió y lo que nos llevó a tomar las decisiones que tomamos.** Y permitirnos ver la verdad de lo que hemos vivido es muy poderoso, porque nos permite superar los miedos de cuando éramos niños y tomar nuevas decisiones que nos permitan disfrutar de la vida que queremos, deseamos y merecemos.

Cómo organizamos nuestro tiempo tiene mucho que ver con nuestras prioridades y con nuestros miedos.

Todo lo que mantenemos en nuestra vida, aunque no nos guste, es porque recibimos algo a cambio: seguridad, paz, respeto, cariño, reconocimiento, admiración, atención, etcétera.

En el momento en el que ya no necesitamos lo que nos ofrece esa experiencia, porque hemos aprendido a satisfacer nuestras necesidades de otra manera mejor para nosotros, decimos adiós a eso que no nos gustaba. Y cuando decimos adiós a lo que no queremos, podemos dar la bienvenida a lo que sí queremos.

En el proceso de adueñarme de mi tiempo, me encontré con varias creencias que intentaban paralizarme.

- La primera creencia que tuve que afrontar y despedir fue: «Si yo hago lo que quiero con mi tiempo, me van a llamar egoísta y me van a reñir».
- La siguiente creencia que me encontré era prima de la anterior: «No tengo derecho a pensar en mí. Si lo hago me van a llamar egoísta y se van a enfadar conmigo».
- La tercera creencia limitante que me encontré fue: «Soy incapaz de gestionar mi tiempo y de planificarme». Y tiene sentido que, si durante muchos años no hemos hecho o no hemos logrado hacer algo, puede que acabemos creyendo que somos incapaces de hacerlo. Cuando nos sucede esto, es imprescindible que nos demos cuenta de que creer que somos incapaces de gestionar nuestro tiempo o que no tenemos tiempo para nosotros mismos son dos creencias limitantes y, por tanto, falsas. Puede que al principio nos cueste cambiar nuestras ideas y darnos cuenta de que tenemos la capacidad de aprender y que podemos hacerlo. Todo es cuestión de voluntad, práctica y perseverancia.

Afirmaciones poderosas

Yo soy el dueño/la dueña de mi tiempo.

Mi tiempo me pertenece a mí.

Mi tiempo es para mí, para lo que yo necesite y desee.

Yo soy la única persona que puede y tiene derecho a decidir en mi tiempo.

Yo tengo derecho a hacer lo que quiero con mi tiempo y a ser respetado/respetada por todos.

Yo tengo derecho a pensar en mí y hacer lo que necesito y quiero hacer, y a ser respetado/respetada.

Yo puedo decidir lo que quiero y necesito hacer con mi tiempo, y tengo derecho a ser respetado/respetada y amado/amada tal y como soy.

Es seguro que yo me organice y planifique mi tiempo.

Yo soy capaz de organizar mi tiempo.

Yo soy capaz de planificarme y gestionar mi tiempo.

Yo soy capaz de darme todo el tiempo que necesito.

Yo puedo tener todo el tiempo que necesito para mí.

Yo puedo hacer las cosas cuando quiera.

Yo soy el dueño/la dueña de mi ritmo y mi tiempo.

Yo tengo derecho a hacer las cosas cuando quiero.

Yo soy libre.

♡

Adueñarte de tus territorios

Recuperar tu espacio

Tu territorio esencial es tu cuerpo y tu campo energético. Estos se pueden clasificar en cinco territorios:

Tu territorio sexual

Tu territorio del corazón

Tu territorio mental

Tu territorio emocional

Tu territorio espiritual

Tu territorio es el espacio en el que tú decides y nadie más que tú tiene derecho a decidir en él.

Cada persona tiene el derecho de decidir en su sexo y en su sexualidad. Es libre para decir «sí» y para decir «no». Es libre para llevar la iniciativa y también tiene que respetar los «no» de las personas con las que se relaciona.

Cada persona tiene el derecho de decidir a quién amar y con quién quiere compartir su tiempo y con quién no. A quién quiere besar, abrazar o acariciar y a quién no. Y también tenemos que respetar a quien nos dice «no».

Tenemos derecho a decidir cómo queremos pensar, lo que queremos creer y lo que no, y a ser respetados. La libertad de pensamiento es un derecho de todos. Y también tenemos que respetar que cada uno piense lo que quiera y respetarlo.

Tenemos derecho a elegir nuestra actitud y cómo interpretar la realidad, y a gestionar nuestras emociones a nuestra manera. Tenemos derecho a sentir lo que sentimos y a expresar lo que sentimos desde el respeto mutuo, y a ser respetados.

Y tenemos derecho a elegir en lo que queremos creer y en lo que no y a ser respetados.

Nuestro territorio lo habitamos con nuestra respiración, con nuestra conciencia, con nuestra voz, con nuestros sentidos, la vista, el oído, el olfato, el gusto y el tacto.

Tenemos el poder de llevar nuestra respiración a todas las partes de nuestro cuerpo, aunque cuando hemos estado años sin hacerlo, puede que nos lleve tiempo conseguirlo. Este es un proceso que requiere tiempo, perseverancia y paciencia.

Luego tenemos otros territorios que a veces compartimos con otras personas y, en ese caso, las decisiones tienen que tomarse con las personas con las que convivimos o nos relacionamos, como pueden ser la casa, el coche, si los compartimos con alguien, el trabajo si trabajamos para alguien o asociados a alguien, y las relaciones.

El poder de estar contigo y confiar en la Vida
El reencuentro contigo

Cuando dejas de huir de estar a solas contigo, cuando dejas de rechazar y evitar sentir lo que sientes cuando estás solo, cuando aceptas eso que sientes y simplemente respiras y sientes, es cuando te encuentras.

Y cuando te encuentras, todo cambia.

Cuando dejas de luchar contra lo que te está sucediendo. Cuando aceptas lo que está sucediendo y dejas de intentar cambiarlo. Cuando dejas de evitar que sucedan ciertas cosas, y le dices a la vida: «*OK*, ¡vamos adelante! Voy a vivir este momento y esta experiencia, voy a confiar y me voy a abrir a ver qué quieres enseñarme, qué necesito ver y qué necesito aprender de esto que me está sucediendo y que tantas veces he rechazado».

Cuando dejas de resistirte a lo que te está sucediendo y le dices a la Vida: *«¡OK!, ¡vamos!, yo permito que suceda lo que tú quieras que yo viva, ¡Yo* CONFÍO EN TI!*»*, ahí empiezan los milagros.

Aceptar lo que está sucediendo ahora, confiar, ser honestos y abrirnos a aprender de la vida es lo que abre la puerta a la transformación, al cambio, a los milagros, a la liberación.

El regalo de estar contigo

Somos seres que necesitamos tanto relacionarnos con nosotros mismos (con nuestro interior) como con los demás (con el exterior).

Cuando queremos resolver problemas, es dentro donde tenemos que acudir para encontrar la solución. Y desde ahí tomar las acciones necesarias en el mundo exterior.

El interior de cada persona es algo así como una cueva, entrar en el espacio donde moran todas las respuestas. Y aunque en la cueva al principio nos dé la sensación de oscuridad, en su interior siempre hay mucha luz. Lo único es que a veces tenemos tantas emociones acumuladas dentro que nos impiden ver la luz que hay al otro lado.

Cuando la Vida nos lleva a estar a solas con nosotros mismos, no siempre lo aceptamos de buena gana, a veces lo evitamos con todas nuestras fuerzas. Pero cuando finalmente te atreves a afrontar las emociones, los pensamientos y los recuerdos que guardas dentro, podrás finalmente comprenderte, perdonarte tus errores, concederte tu amor y tu cariño, y eso te dará una gran paz y una alegría inmensa.

En la medida en que te permites hacer esto, la confianza en ti empieza a aumentar junto con la sensación de seguridad, y eso te da una gran libertad para salir ahí fuera, ser tú mismo y vivir tu vida, la que tú quieres vivir, y no la que se esperaba de ti.

El confinamiento que vivimos de marzo a junio de 2020 me lo tomé como una oportunidad para estar conmigo y terminar de resolver y liberar aquello que me estaba bloqueando.

Ese tiempo fue una de las etapas de mayor aprendizaje de mi vida. Literalmente vi pasar por la pantalla de mi mente los momentos más impactantes de mi vida. Y la información que esos recuerdos y sensaciones me trajeron fue muy sanadora y liberadora. Esa información me ha dado el poder de liberarme de miedos y de decisiones que estaban cerrándome el paso a mi felicidad y a la realización de algunos sueños. Y esto ha sido profundamente sanador y liberador.

Cuando estamos a solas con nosotros mismos y eliminamos las distracciones, la memoria corporal empieza a abrirse. El cuerpo necesita que le demos un espacio para poder hablarnos. El cuerpo necesita que bajemos el ritmo, para que él pueda sentir que es seguro contarnos.

Podemos ir hacia afuera o hacia dentro. Cada vez que nos distraemos, vamos hacia afuera. Cada vez que nos detenemos y respiramos, vamos hacia dentro, nos conectamos con nosotros mismos.

El hacer nos lleva hacia afuera, el ser (respirar, sentir) nos lleva hacia dentro. Y necesitamos encontrar un equilibrio entre el hacer y el ser, para que nuestro cuerpo funcione en armonía.

Durante el confinamiento hubo momentos en los que sentí la desesperación y las ganas de marcharme a Barcelona, sentía que no podía más con la situación. Hubo momentos en los que sentí que me iba a volver loca. También hubo momentos en los que sentí que me iba a morir si me quedaba más tiempo en casa sin ver y sin abrazar a nadie. Literalmente no podía más, sentía que había llegado al límite. Y cuando sentía eso, respiraba y me decía: «Rut, aunque salgas de casa, ahora está casi todo cerrado, casi toda la gente está en sus casas. Ahora no puedes tomar un tren. ¿Qué ganas con salir corriendo?».

Y en ese momento me daba cuenta de que solo eran emociones que me anunciaban que estaba a punto de superar un límite mental y emocional, de liberar un bloqueo emocional y mental.

Cuando conectamos con el aquí y el ahora a través de la respiración y nos calmamos, podemos ver las posibilidades reales que nos ofrece el aquí y el ahora. Lo que está disponible en el presente y lo que no. Y cuando traemos la mente al aquí y el ahora, la mente se calma.

Lo que revoluciona a la mente son las emociones que tenemos guardadas y que se la llevan al pasado. La respiración nos ayuda a traer nuestra mente al presente.

Cuando sentimos que hemos llegado al límite, puede ser señal de que estamos entrando en un nivel más profundo de nuestro subconsciente, donde probablemente hay recuerdos e información importante y valiosa para nosotros. Y una vez que nos atrevemos a respirar y sentir, entramos en ese nuevo estrato, y al permitirnos respirar y sentir lo que va emergiendo, experimentamos una gran liberación y, tras ella, una gran fuerza, paz, confianza y alegría.

Detrás de cada resistencia a profundizar en mí y tras desear con todas mis fuerzas huir, cuando finalmente aceptaba entrar con mi respiración, encontraba alguna información poderosa que me liberaba del pasado y me devolvía mi poder y mi libertad y mi calma.

Cada vez que me he permitido sentir lo que no quería sentir, la liberación que he experimentado ha sido impresionante.

Desde marzo de 2020 hasta hoy he vivido con diferencia las experiencias más transformadoras, sanadoras, liberadoras y empoderadoras de mi vida. Nunca había aprendido tanto en tan poco tiempo.

Por eso, te invito a que cada vez que no puedas más, cada vez que sientas que necesitas un cambio en tu vida, que estés agotado, desanimado o desesperado, te regales un tiempo para estar contigo, para disfrutar de ti, para escucharte, para quererte, para darte lo que necesitas. Y ahí, en ese estar contigo, encontrarás muchas respuestas, mucha comprensión, mucho amor, mucha paz, confianza y alegría.

A todos nos puede dar pereza sentir, porque sabemos que seguramente vamos a llorar o a sentir emociones que no son agradables de respirar, pero darnos ese espacio para respirarlas y sentirlas es lo único que puede liberarlas y permitirnos recibir la información tan valiosa que esas emociones que guardamos tienen para nosotros.

Y con estar a solas contigo no me refiero a que tengas que estar aislado. En los momentos en que necesité más intimidad conmigo, cerré el círculo de personas con el que quería comunicarme. Miré con quién me hacía bien hablar y con quién no. Y establecí grados de intimidad y me sentí genial hablando únicamente con quien en ese momento me hacía bien hablar. Y eso me ayudó a fortalecer la confianza en mí misma y mi sensación de seguridad, al ver que yo era capaz de establecer límites, de cuidar de mí, de atender mis necesidades y proteger mi espacio, de decir «no» a lo que no quería para poder decir «sí» a lo que sí quería y era prioritario para mí. Y el resultado fue maravilloso.

Los primeros meses del confinamiento fueron para mí como el cuento de Navidad en el que el espíritu del pasado, del presente y del futuro vinieron a visitarme para que tomara conciencia de los aprendizajes que tenía pendientes o que no había terminado de integrar, de los asuntos que había dejado a medias y necesitaba cerrar y dejar ir. Y, en definitiva, este tiempo me ayudó a ser cada día un poco más consciente de lo que he vivido, del tipo de relaciones que he mantenido en mi vida, del tipo de personas que he atraído, de los errores que he consentido y de los que he cometido, y también de todos mis aciertos.

Fue un ir viendo poco a poco, día a día, cada vez con más claridad, lo que he vivido y las personas que han pasado o me han acompañado en mi vida. Vi pasar por mi mente infinidad de recuerdos y sentí infinidad de sensaciones de todo tipo de todas mis edades. Y fui abriéndome a ver la verdad de cada persona que ha pasado por mi vida, y a ver mi verdad, cómo he sido, cómo me he relacionado. Y la verdad, como Jesús dijo, nos hace libres. Porque **cuando aceptamos la verdad, podemos empezar a comprender.** Y la comprensión nos libera de los juicios y de las emociones que hacen daño al corazón y nos separan de nuestra plenitud, del amor y la felicidad.

¿Quién me lo iba a decir? Que pasar tres meses confinada en mi piso de Madrid después de llevar años sin querer pasar más de una semana seguida allí iba a ser el principio de mi liberación.

«La realidad se oculta tras las cortinas.»

RUMI

Lo que a veces parece un problema es en realidad una oportunidad para liberarnos del miedo del pasado. Cuanto más horrible nos parece el problema, mayor es la liberación que nos puede ofrecer respirarlo y sentirlo.

Es cierto que hubo momentos en los que me costó muchísimo aceptar todas las privaciones de libertad que hemos vivido, pero ese no poder ir para afuera me llevó inevitablemente hacia dentro, el único lugar donde los problemas que yo tenía en mi vida podían ser resueltos.

GRACIAS.

Llegar a la raíz

Una creencia limitante o un miedo no se liberan hasta que llegamos a la raíz, a la experiencia que los generó.

¿Y cómo podemos llegar a la raíz?

Cuando seas consciente de algún miedo o de alguna inseguridad que quieras liberar, pídele a la vida que te muestre el origen. Y la Vida te lo mostrará en la medida en que tú te abras a recibir la información, en la medida en que tú te sientas preparado.

La vida no te va a mostrar algo que no quieres ver o que temes ver hasta que tú lo permitas.

Cuando nos abrimos a que la Vida nos muestre el origen de una situación conflictiva, miedo o bloqueo, automáticamente nuestro cerebro va a reprocesar el recuerdo y liberar el miedo.

El miedo se genera por una experiencia en un momento en el que no tenemos las herramientas necesarias para gestionarla. Cuando somos niños hay cosas que no tenemos la capacidad de gestionar o comprender, pero cuando somos adultos, sí.

Con los años vamos creciendo, madurando y elevando nuestro nivel de consciencia, y siendo cada vez más conscientes de nuestras capacidades. El cerebro de un adulto procesa los recuerdos de una forma diferente al de un niño. El del niño aún se está desarrollando, el del adulto posee la capacidad de procesar lo que de niño no pudo.

Reinterpretar los recuerdos
El poder sanador de tu comprensión

Las heridas se sanan cuando las aceptamos y nos permitimos sentirlas, respirarlas para que nos puedan mostrar y ver lo que en realidad sucedió.

Como niños no podemos procesar, gestionar y comprender ciertas experiencias, porque nuestro cerebro aún se está formando. Pero como adultos sí que tenemos el poder de revisar esas experiencias, reprocesarlas y sanarlas.

¿Cómo? Simplemente respirándolas y sintiéndolas como observadores sin creernos y sin identificarnos con los pensamientos que afloran en nuestra conciencia. Si simplemente nos permitimos contemplar lo sucedido, automáticamente nuestro cerebro comprenderá que lo que creímos en aquel momento a veces era falso (solo eran creencias limitantes), porque ahora como adultos podemos comprender mejor la situación.

Cuando nos permitimos ver la verdad, el cerebro comprende la diferencia entre lo que interpretó durante la infancia y lo que comprende ahora, y automáticamente reescribe el recuerdo y, por tanto, lo sana.

Donde antes había incomprensión, ahora hay comprensión. La incomprensión daña, la comprensión sana.

Aprender a escuchar y a interpretar la Vida

La aceptación, la puerta que nos abre el camino a la paz

El sufrimiento termina cuando dejamos de creernos el pensamiento que lo genera y de rechazar lo que estamos sintiendo y lo que está sucediendo; cuando nos permitimos respirar lo que estamos sintiendo y aceptamos el aquí y el ahora como experiencia de aprendizaje.

Cuando dejamos de rechazar lo que está sucediendo ahora, cuando dejamos de luchar contra lo que está pasando, y simplemente respiramos y nos abrimos al aprendizaje, el milagro sucede.

El sufrimiento cesa y se abre una puerta al aprendizaje. Y al decir «sí» a lo que está sucediendo ahora y a la experiencia como maestra de vida, el sufrimiento para, nuestra mente se calma, y desde esa paz que surge cuando dejamos de luchar, vemos el aprendizaje.

Desde esa calma podemos escuchar a la Vida, la sabiduría de nuestro corazón y de la Vida. Y en ese instante en el que nos abrimos a que la Vida nos muestre lo que necesitábamos ver, todo cambia.

Se abre una puerta a una nueva etapa. Nuestra energía se eleva y empezamos a ver poco a poco opciones y oportunidades que antes habían pasado desapercibidas para nosotros.

Desde esa apertura a escuchar, podemos recibir la verdad y comprender.

Recuerdo un tiempo en el que estaba enfadada con una amiga porque por aquel entonces no estaba en mi vida todo lo presente que yo quería que estuviera. El enfado era como un bucle. Había un pensamiento repetitivo que alimentaba mi enfado y no me dejaba ver más allá.

Hasta que un día dije: «BASTA YA». Yo decido abandonar el enfado con esta persona y el pensamiento que me está generando este enfado. El pensamiento que me generaba el enfado decía algo así: «No soy importante o prioritaria para ella. No me valora como amiga».

Y creerme este pensamiento me dolía mucho. Cuando fui consciente de que lo que me estaba generando el sufrimiento y el enfado era creerme este pensamiento, dije «basta» a seguir creyendo que eso era cierto. Y añadí: «**Yo elijo ver la verdad en esta situación. Yo elijo estar en paz con esta persona y respetar su libertad**».

Cogí las tijeras de podar las ramas secas de las plantas y salí al jardín. Podar, recoger hojas y hacer casi todas las labores de jardinería es algo que me ayuda a desfogarme, a relajarme, a conectar con la tierra, con la naturaleza y con el aquí y el ahora. Y cuando estaba completamente inmersa en la adelfa que estaba podando, completamente en paz, escuché una voz que me dijo: «¿Recuerdas cuando vivías en Barcelona? Esta amiga te escribió diciendo que quería verte. Y tú por aquella época estabas muy ocupada tratando de poner orden en tu vida. Por aquella época tú te sentías emocionalmente desbordada porque estabas haciendo grandes cambios en tu vida. Y pasó más de un año hasta que tú le escribiste y le dijiste: "Sí, vamos a quedar. Ahora ya sí puedo". Pues igual que tú en ese momento estabas inmersa en tu vida, ella ahora está inmersa en su vida haciendo grandes cambios. Por eso últimamente no te ha dicho nada de quedar».

Y acto seguido se me saltaron las lágrimas porque eso que estaba escuchando era verdad. A mí se me había olvidado que hubo un tiempo en el que yo no estaba disponible para algunas personas porque necesitaba ese tiempo para mi vida. Y reconocí que esa voz era el amor y la vida hablándome a través del corazón. Y lo sé porque la verdad trae la paz. El enfado se fue, y volví a la paz, el estado natural de nuestro ser.

Y poco tiempo después volví a escribir a esa amiga y me propuso que nos viéramos. Y cuando nos vimos me contó que efectivamente estaba en un periodo de grandes cambios. Mi corazón me había dicho la verdad.

El proceso de resignificación

El proceso de resignificación empieza por dejar de identificarte con lo que te han dicho y reconectar con tu verdadera identidad y tu potencial. Por dejar de identificarte con la personalidad de tus padres, con todos los condicionamientos recibidos, y reconectar con tu verdad, con tu esencia y tu verdadera naturaleza.

Cuando nacemos, no lo hacemos como cuadernos en blanco; traemos nuestra esencia, nuestra personalidad y nuestro carácter, y además heredamos las creencias de nuestros padres y ancestros, sus fortalezas y sus inseguridades.

Cómo se ven nuestros padres a sí mismos va a repercutir mucho en cómo nos vemos a nosotros mismos.

Cómo se sienten nuestros padres con respecto a sí mismos, a su sexualidad, su relación de pareja, su autoestima, su trabajo, su economía, va a influir en la forma en la que nos vemos a nosotros mismos.

El proceso de resignificación es tomar conciencia de las creencias limitantes que has heredado de tus padres, dejar de identificarnos con lo que no somos y recordarnos lo que sí somos para que podamos reconectar con nuestra esencia, con nuestro yo real, con nuestra verdad.

Afirmaciones poderosas

Afirmaciones poderosas en el proceso de resignificación:

Yo soy amor.
Yo soy vida.
Yo soy placer.
Yo soy alegría.
Yo soy éxtasis.
Yo soy belleza.
Yo soy bondad.
Yo soy sensualidad.
Yo soy sabiduría.
Yo soy inteligencia.
Yo soy paz.
Yo soy energía.
Yo soy luz.

Afirmaciones poderosas que hacen referencia a nuestras cualidades:

Yo soy valor.
Yo soy claridad.
Yo soy fortaleza.
Yo soy sensibilidad.
Yo soy ternura.
Yo soy suavidad.
Yo soy armonía.
Yo soy confianza.
Yo soy seguridad.

Afirmaciones poderosas para sentir la conexión con la vida y su protección:

Yo soy uno/una con la vida.
La vida vive en mí.
Yo estoy siempre a salvo.
Yo estoy protegido/protegida.
La vida me protege en todo momento.

> La vida me ama a través de todo lo que es.
> Yo amo la vida en todo lo que es.
> Yo respeto todo lo que es, y todo lo que es respeta mi vida, mi cuerpo, mi hogar y mi ser.

¿Cómo nos desconectamos de nuestra esencia, de nuestra alegría o de nuestro poder?

Lo hacemos cada vez que nos rechazamos, abandonamos, traicionamos, avergonzamos. Nos desconectamos cada vez que nos anulamos, nos negamos, nos desaprobamos, nos desautorizamos, nos culpamos o nos castigamos.

¿Cómo podemos recuperar nuestra significación original?

Yo acepto...	mi amor
Yo apruebo...	mi belleza
Yo autorizo...	mi luz
Yo digo sí a...	mi sexualidad
Yo confirmo...	mi sensualidad
Yo reconozco...	mi sabiduría
Yo valido...	mi inteligencia
Yo amo...	mi fortaleza
	mi seguridad
	mi placer
	mi excitación
	mis orgasmos
	mi autenticidad
	mi intuición
	mi instinto natural
	mi poder

♡

Eres capaz de valerte por ti mismo

Una de las creencias más limitantes y castrantes que existen es *creer que no eres capaz* o que *eres incapaz de valerte por ti mismo*. Estas creencias las aprendemos inconscientemente a base de escucharlas una y otra vez, o a base de verlas en el comportamiento de las personas más cercanas a nosotros cuando éramos niños.

Otra de las creencias más limitantes y extendidas es *creer que no sabemos y que somos tontos*. Cuantas más veces hayamos escuchado la palabra *tonto* o *tonta* durante nuestra infancia, más arraigada la tendremos en nuestro sistema de creencias. Y más necesario será arrancarla para poder conectar con nuestra verdad, con nuestra esencia y con nuestra sabiduría interior.

Frases como estas —«Tú no sabes», «Los pequeños no saben», «Pero iqué tonto!», «¡Qué tonta estás!», «Hoy estás muy tonta»— pueden hacer mucho daño cuando las escuchamos muchas veces y acabamos creyéndolas e identificándonos con ellas. Obviamente, quien te dice estas cosas es porque también ha sido condicionado con este tipo de ideas, y lo que está diciendo es lo que cree de sí mismo, aunque no sea consciente de ello.

Construimos nuestra autoimagen y una falsa identidad con las cosas que escuchábamos durante la infancia. Y todo el sufrimiento que experimentamos en la vida adulta viene de creernos e identificarnos con este tipo de ideas, que con el tiempo se convirtieron en creencias.

La expresión «es que hoy está muy tonta» en lugar de «hoy está más sensible y vulnerable porque está cansada», además de etiquetarnos y contribuir a construir una imagen falsa de nosotros, también hace daño a la expresión de nuestras emociones y a nuestra espontaneidad. Porque se nos hace creer que sentirnos vulnerables, sensibles o expresar nuestras emociones está asociado a «estar tonto».

Está claro que quien usa estas expresiones no es consciente del daño que hace, porque, si lo fuera, no las diría. Por eso es tan importante dejar de usarlas, como no culparse y perdonarse por haberlas usado.

Y lo más importante de todo es reconocer tu falsa identidad para poder liberarte de ella y **construir tu nueva identidad,** reconectando con tu verdad, con la verdad de tu ser.

Para poder ser feliz y vivir tu propia vida, es necesario que dejes de identificarte con las falsas y dañinas ideas con las que te has identificado hasta ahora y que empieces a identificarte con quien realmente eres, tu esencia y tu verdadera identidad.

Eres capaz de valerte por ti mismo. Eres capaz de decidir en tu vida.

Eres capaz de amarte, de hacerte feliz, de ser feliz y de cuidar de ti.

Eres capaz de amar y ser amado.

Eres capaz de crear y atraer toda la abundancia que necesitas y que de corazón deseas.

Eres capaz de atraer y recibir todo el amor que necesitas y deseas.

Eres capaz de atraer todo lo que de corazón deseas y necesitas.

La vida te ha creado capaz. Eres energía creativa habitando un cuerpo humano. Eres energía divina viviendo en un cuerpo humano en la Tierra.

ERES CAPAZ

Recuérdatelo. Grábatelo.

El problema no es que no seamos capaces. El único problema es creer que no lo somos.

Eres capaz, aunque no seas consciente de que lo eres.

Una de las principales razones por las que a veces nos sentimos bloqueados es precisamente porque creemos que no somos capaces.

¿Y por qué a veces creemos que no somos capaces?

Creemos lo que nos han hecho creer. Creemos lo que hemos visto que hacían las personas que estaban a nuestro alrededor.

Y otras veces somos nosotros mismos los que nos anulamos, nos desaprobamos o nos desautorizamos, por miedo a brillar, a despertar celos, envidias, por miedo a que nos dejen de querer, nos critiquen o se distancien de nosotros las personas que queremos si hacemos lo que realmente nos encantaría hacer.

Reconocerte, hacerte caso, decirte «sí» a ti, a tu felicidad y a tu bienestar
Dejar de anularte, desaprobarte, negarte, ignorarte e invalidarte

Tú eres el primero que necesita dejar de tirarse piedras sobre su propio tejado. Crecimos en una cultura que en ocasiones nos adoctrinaba en el desempoderamiento, el autoabandono, la culpabilidad, la dependencia emocional y el amor condicionado.

Nos han enseñado a negarnos, desaprobarnos, desautorizarnos, a someternos, a obedecer y a dar nuestro amor a los demás para poder ser amados y reconocidos.

Hay una expresión que dice: «Está mal que yo lo diga...», para referirse a continuación a algo bueno de uno mismo. Cuando, en realidad, **está bien que tú seas consciente de todo lo maravilloso y valioso que hay en ti y que tú haces.** Y no solo está bien, sino que además es necesario que tú seas consciente de ello, te lo reconozcas y te felicites por ello.

En *Cree en ti* escribí: «Aquello que buscas en los demás es lo que tú te niegas, lo que tú no te das».

Profundizando en ese aprendizaje, me he dado cuenta de que **«aquello que buscas en los demás es aquello que tú te quitas».**

Por tanto, lo primero que necesitamos hacer es ser conscientes de cómo nos tratamos, para que cada vez que nos demos cuenta de que somos nosotros mismos quienes nos estamos ignorando, anulando, invalidando o desaprobándonos, dejemos de hacerlo.

Cuanto más necesitas la aprobación de los demás, más necesitas dejar de desaprobarte.

Afirmaciones poderosas

Afirmación sanadora:

Yo elijo y me permito aprobarme en todo momento.
Yo me apruebo en todo momento. Yo apruebo mi voluntad,
mi iniciativa, mi intuición, mi libertad, mis deseos, mi felicidad
y mi bienestar.
Cuanto más necesitas que te reconozcan los demás, más
necesitas dejar de negarte y anularte.

Afirmación sanadora:

**Yo elijo y me permito reconocerme a mí y mi capacidad para ser
feliz, cuidar de mí y hacer mis sueños y mi propósito realidad.**
Cuanto más necesitas que te acepten los demás, más necesitas
dejar de rechazarte a ti mismo/misma.

Afirmación sanadora:

Yo elijo y me permito aceptarme a mí mismo/misma
en todo momento.
Cuanto más necesitas que te atiendan los demás, ser visto/vista
y escuchado/escuchada, más necesitas dejar de ignorarte.

Afirmación sanadora:

Yo elijo y me permito atenderme, escucharme, verme y darme lo
que necesito.

Dejar de culpar y asumir la responsabilidad de tu vida

Es muy importante aprender a distinguir la culpa de la responsabilidad, y adónde nos lleva cada una de ellas.

Asumir la responsabilidad de nuestras decisiones y acciones nos conecta con nuestro poder. Vivir culpando nos desconecta de nuestro poder y nos mantiene en la impotencia.

Para poder ser dueños de nuestro poder, tenemos que asumir la responsabilidad de nuestros pensamientos, emociones, decisiones y acciones. Necesitamos asumir la responsabilidad de nuestra felicidad, de nuestro bienestar y de nuestra paz.

Culpar a alguien significa lo mismo que decir: «Tú eres responsable de lo que yo siento y de lo que me sucede».

Culpar es evitar nuestra responsabilidad. Y mientras evitamos asumir nuestra responsabilidad, estamos renunciando a nuestro poder.

La culpa nos hunde en la impotencia a la espera de ser castigados por alguien supuestamente superior a nosotros que nos ha juzgado y condenado, que considera que no tenemos derecho a equivocarnos, y que cree que tenemos que sufrir para aprender. La culpa nos mantiene en la impotencia y en la dependencia emocional a la espera de ser salvados por alguien.

En cambio, asumir la responsabilidad de lo que sentimos, de lo que pensamos, de lo que decidimos y hacemos nos convierte en dueños de nuestra vida y de nuestro poder.

La responsabilidad nos permite aprender y evolucionar. No desde el castigo, sino desde la reflexión, la aceptación y la comprensión de las consecuencias de nuestros actos.

La culpa busca el aprendizaje a través del sufrimiento.

La responsabilidad nos permite aprender desde el amor, la compasión, el respeto y la comprensión.

Hacerte cargo de tus emociones

Durante muchos años yo no supe gestionar ciertas emociones. Estaba saturada de ciertas emociones, y cada vez que sucedía algo que despertaba alguna de esas emociones que tenía guardadas en mi cuerpo en grandes cantidades, o saltaba (reaccionaba de forma impulsiva), o me hundía en ellas.

Durante mucho tiempo no supe cómo gestionar la impaciencia, la incertidumbre, la impotencia, la rabia, la ira, la frustración, la envidia o la incomprensión. Me costaba mucho aceptar los cambios de planes y los «no» de los demás.

Mis miedos y mis carencias me habían llevado a ser muy exigente y muy inflexible. Ufff..., fueron años difíciles.

A la mayoría no nos han enseñado a gestionar nuestras emociones y a liberarlas, a expresarlas sin dañarnos y sin dañar a nadie.

Y mientras las reprimimos o las negamos, las vamos acumulando, y cada vez nos resulta más complicado que no afloren, porque, si no vamos liberándolas, cada vez acumulamos más, y

la presión interna va aumentando mientras nos vamos intoxi-
cando.

Porque todo lo que reprimimos a nuestro cuerpo le supone un
gasto importante de energía y una intoxicación emocional.

Por eso es tan necesario aprender a aceptar nuestras emociones, a respirarlas, a sentirlas y a darles salida sin dañarnos.

Hay emociones que podemos liberar llorando, pero hay otras
que necesitan que nos movamos para que puedan salir de nuestro
cuerpo. Por eso, cuando el cuerpo nos pide hacer un determinado
deporte o movimiento, es importante que lo escuchemos, porque
dentro de nosotros él sabe cómo liberarse emocionalmente, pero
para que lo haga tenemos que permitírselo.

Permitirle que llore cuando lo necesite, que se ría, que tiemble, que estornude libremente, que tosa, que escupa, que sude,
que expulse los gases, que se hidrate adecuadamente, que se
estire o que haga sus necesidades siempre que lo necesite. Y
dejar de censurarlo, reprimirlo y juzgarnos por lo que necesitamos hacer.

Es importante que recordemos que muchas de las normas so-
cialmente recibidas, con las que hemos sido adoctrinados, son
antinaturales. Es necesario que nos demos el espacio, el tiempo y
la intimidad que necesitemos para que nuestro cuerpo pueda liberar lo que precise liberar.

Mientras no nos hagamos cargo de nuestras emociones, sere-
mos explosivos que pueden detonar en cualquier momento que
suceda algo que active el exceso de carga emocional que llevamos dentro.

**Una vez que aprendemos a hacernos cargo de nuestras emo-
ciones, a gestionarlas, a expresarlas y darles salida de forma
armónica, recuperamos gran parte de nuestro poder:** el equilibrio, la confianza, la paz y la seguridad que nos da el saber que
como adultos tenemos la capacidad de gestionar lo que sentimos
y de darle salida.

Mientras nos asusten nuestras emociones, y evitemos afrontar-
las, nos sentiremos muy inseguros y necesitaremos controlar la

vida. Y eso nos debilita mucho, porque genera un agotamiento y un estrés enorme al cuerpo.

A menudo, las emociones que más evitamos sentir son las que más necesitamos sentir, las que más información tienen para nosotros y más liberación nos pueden ofrecer si las respiramos y nos permitimos sentirlas.

♡

Recuperar la confianza en tu instinto y en tu intuición

Durante miles de años hemos sido condicionados para anular nuestro instinto y nuestra intuición, que son dos canales a través de los cuales estamos conectados con nuestra sabiduría interior, la del alma (o el ser) y la de la Vida.

Durante siglos se nos ha inculcado que la razón estaba por encima de todo y que era lo único válido. Se nos ha condicionado para anular también nuestras emociones, sentimientos y nuestra sexualidad. Así aprendimos a anular, negar, desaprobar e invalidar nuestro propio poder y a rechazar nuestro cuerpo, abandonarlo, ignorarlo, juzgarlo, etcétera. Y esto genera mucho miedo.

Al rechazar los canales que nos conectan con nuestra sabiduría y poder interior, **al desconectarnos de nuestro cuerpo, de nuestras emociones y de nuestra sexualidad, y de nuestro instinto, perdemos nuestras raíces y nos quedamos flotando en la cabeza.** Y al no tener los pies en el suelo, nos sentimos tremendamente inseguros y somos carne del miedo. Porque nos hemos desconectado de **nuestro cuerpo,** que **es lo que nos conecta a la tierra.**

Y **al invalidar nuestra intuición, nos desconectamos del cielo.** Y nos quedamos flotando en el limbo de nuestra mente, en la cabeza. Y así ni se puede vivir ni se puede ser feliz. Más bien te limitas a sobrevivir, te conviertes en un ser completamente dependiente de lo externo para encontrar fuera la seguridad, el amor, la alegría y la paz.

Por eso es tan importante recuperar la conexión con nuestro cuerpo, con nuestra intuición, nuestro instinto, nuestras emociones, nuestra sexualidad y nuestro corazón, para poder recuperar la conexión con la vida, nuestra paz, confianza, seguridad, alegría, amor, placer, sabiduría y poder para ser felices, amar y ser amados en la tierra.

Y para lograr esto es imprescindible que dejemos de anularnos, desaprobarnos e invalidarnos. Y que empecemos a escucharnos, a respirar, a sentir y a dar prioridad a la verdad que nos cuenta nuestro interior, a lo que sentimos en nuestras entrañas y en nuestro corazón.

Afirmaciones poderosas

Yo me permito identificar y reconocer fácilmente la voz de mi corazón, mi sabiduría interior, mi intuición y mi instinto.

Yo me permito respirar y sentir lo que me dicen mi instinto y mi intuición.

Yo valido mi sabiduría interior, mi instinto y mi intuición.

Yo me permito creer y confiar en mi intuición y en mi instinto.

Yo acepto mi sabiduría interior y la sabiduría de la Vida que me guía a través de mi instinto y de mi intuición.

Mi intuición y mi instinto son sagrados, son regalos de la Vida para que podamos recibir la información y la guía divina de la Vida siempre que lo necesitemos.

♡

Recuperar nuestra fuerza y adueñarnos de nuestra seguridad
Aceptar nuestro instinto animal e integrarlo

Nos enseñaron a reprimir nuestro instinto animal y a rechazarlo.

Nos enseñaron que sentir rabia o expresarla no estaba bien y que había que reprimirla. Esa necesidad de patalear cuando sentíamos rabia es un impulso natural del cuerpo para expresarla y liberarla. Si reprimimos el pataleo, nos la quedamos dentro, y cuanta más rabia reprimimos, más acumulamos.

El no permitirnos sentir la rabia nos lleva a desconectarnos de las partes de nuestro cuerpo donde está guardada, de nuestra fuerza y de nuestra seguridad.

Y al no habitar esas partes de nuestro cuerpo, perdemos la fuerza natural que hay en ellas.

Aprender a expresar de forma armónica (sin dañarnos ni dañar a nadie) **la rabia y la ira que tenemos reprimida nos libera de estas emociones y nos reconecta con nuestra fuerza y nuestra seguridad.**

Mientras escribía *Naciste para disfrutar* viví una experiencia muy potente, transformadora, reveladora y liberadora. Marcó un antes y un después en mi vida.

Me sucedió mientras leía la novela de mi amigo Joaquín Camps, *La última confidencia del escritor Hugo Mendoza*.

No suelo leer novelas, pero esta me enganchó. Y llegado a un determinado punto, narraba una experiencia que yo llevaba muchos años queriendo vivir y que aún no había vivido.

Y de repente empecé a sentir una rabia inmensa y descontrolada dentro mí. Sentí como si un volcán dentro de mí hubiese despertado, y sentía toda su fuerza y la necesidad de sacar la rabia que guardaba dentro.

Aceptar esa rabia que sentía dentro de mí me conectó con una gran fuerza y con una gran energía. Nunca había sentido que tenía tanta energía y tanto fuego dentro. Era algo impresionante.

Eran las dos de la mañana. Y me pregunté: «¿Y qué hago yo con toda esta energía ahora? ¿Cómo la saco?».

Me levanté e hice lo que me sugirieron mi instinto y mi intuición.

Necesitaba sacar la rabia de mis brazos y de mi vientre, que era donde principalmente la sentía. Así que me puse a hacer flexiones, pesas y abdominales. Y respiré y bufé todo lo que necesité respirar y sacar.

Y hacia las cuatro de la mañana, ya relajada y como nueva, me metí en la cama de nuevo y me dormí.

Al día siguiente, cuando me desperté, me sentía genial, fuerte y segura.

Sentía una seguridad como mujer como nunca la había sentido antes. Algo dentro de mí se había calmado. Había liberado mucha rabia, ira y frustración, y había recuperado esos espacios que antes ocupaban esas emociones que yo tenía censuradas. Y al liberarlas había reconectado con mis brazos, mi vientre y mi abdomen, y sentía mi fuerza, la fuerza de mi cuerpo. Y esto era maravilloso.

Y entonces comprendí que realmente las emociones que reprimimos nos desconectan de nuestro cuerpo y de nuestra fuerza, seguridad, confianza, alegría y paz interior, que son cualidades de nuestra esencia.

Porque el espacio que ocupan las emociones que reprimimos en nuestro cuerpo bloquea nuestra energía vital, la energía y el flujo de la vida. Y comprendí lo importante e imprescindible que es liberar ese espacio de nuestro cuerpo para que la energía del amor, la alegría, la energía creativa y nuestra fuerza puedan fluir libremente por nuestro cuerpo, y tener espacio libre para recibir más amor, más alegría, más abundancia, etcétera.

Ese día también comprendí que había aceptado mi lado animal y lo había integrado. Y eso me permitió reconectar con mi paz y mi seguridad.

Es algo realmente maravilloso que recomiendo a todo el mundo: aceptar las emociones que hemos reprimido a lo largo de los años, en la medida en que vayan aflorando y que nos permitamos expresarlas de forma armónica, sin dañarnos ni dañar a nadie. Con la respiración, el movimiento, el ejercicio físico, el baile animal, creativo, espontáneo, natural, etcétera.

Mientras escribía este libro, vi la película *La vida de Pi*. Y en ella también se habla de la importancia y de la necesidad de aceptar nuestro instinto animal y salvaje, para poder integrarlo. La aceptación es el primer paso para poder abrazar y domesticar nuestro lado salvaje. Aprender a escucharlo y darle sus espacios para que se libere cuando lo necesite, sin dañar a nadie. El resultado es maravilloso. Yo solo te lo puedo contar. Disfrutarlo depende de que nos atrevamos a experimentarlo.

Recuperar la confianza en nosotros y en la vida

1. RECONECTAR CON NUESTRO CUERPO

Reconectamos con nuestro cuerpo al habitarlo con nuestra respiración y nuestra conciencia, y nos permitimos sentirlo. Reconectamos con nuestro cuerpo al respirar de forma consciente, al aceptar lo que sentimos y nuestras sensaciones físicas. Si estamos desconectados de nuestro cuerpo, sentiremos que estamos en el vacío. Para poder sentirnos seguros necesitamos tocar tierra. Y para poder tocar tierra necesitamos reconectar con nuestro cuerpo.

Reconectar con nuestro cuerpo es lo que nos permite reconectar con la Tierra y con el cielo. Enraizarnos en la tierra y en el cielo y aprender a vivir en equilibrio entre el mundo físico y el espiritual, lo material y lo etéreo.

Caminar descalzos en casa o en la naturaleza, o bañarnos en el mar o en un río cuando el tiempo lo permite nos ayuda a conectar con la madre tierra, a enraizarnos.

Respirar aire puro, pasear junto a los árboles, mirar el cielo, tomar un poco de sol (cuando no quema), observar la belleza de las estrellas nos ayuda a conectar con el elemento aire, con nuestro origen divino, con el padre cielo, a enraizarnos con el cielo.

2. ACEPTAR TANTO NUESTRO LADO ANIMAL–SEXUAL COMO EL DIVINO–ESPIRITUAL

Aceptar nuestro instinto animal nos permite reconectar con nuestra fuerza. Mientras negamos o reprimimos nuestro instinto animal, nos desconectamos de nuestra fuerza.

Negarlo o reprimirlo nos debilita. Nuestra labor es aceptarlo, integrarlo y aprender a gestionarlo. Domesticarlo. Aprender a gestionar la ira, la rabia, y a liberarlas sin dañarnos.

Mientras neguemos alguna de nuestras naturalezas, nos sentiremos incompletos y habrá un desequilibrio.

Aceptar nuestro lado animal y nuestro lado divino, nuestra sexualidad y nuestra espiritualidad, e integrarlas, abrazarlas, conectarlas. Al conectar sexo, corazón y conciencia podemos vivir en equilibrio.

Esto implica aceptar nuestros deseos sexuales, materiales y espirituales, y permitirnos reconocer todas nuestras necesidades sin juzgarnos, para poder darnos lo que necesitamos, recibirlo y disfrutarlo.

3. RECUPERAR NUESTRA AUTONOMÍA

Logramos la verdadera autonomía cuando:

1. **Nos hacemos cargo de nuestras propias necesidades.** Aprendemos a cuidar de nosotros, a darnos tiempo, a escucharnos, a saber lo que necesitamos y deseamos, para poder dárnoslo. Es decir, cuando nos responsabilizamos de nuestro bienestar, de nuestra felicidad y de nuestro autocuidado, y nos damos prioridad.
2. **Tomamos nuestras propias decisiones.** Asumiendo la responsabilidad de nuestras acciones. Cuando nos permitimos pensar en nosotros mismos y elegir lo que realmente queremos.
3. **Ponemos los límites que necesitamos poner.** Atreviéndonos a decir «no» a lo que no queremos y a decir «sí» a lo que sí queremos.

♡

Recuperar nuestra claridad, nuestra voluntad y nuestros deseos

Tienes derecho a pensar en ti, a hacer lo que necesitas
y a darte lo que deseas, y a sentirte en paz

Hemos sido adoctrinados principalmente para pensar en los demás. En la época y el entorno en que yo crecí, pensar en uno mismo se consideraba egoísmo.

Ciertamente, si solo pensamos en nosotros mismos, nos vamos al egocentrismo. Y si solo pensamos en los demás, nos abandonamos a nosotros mismos.

En mi opinión, la virtud está en encontrar el equilibrio entre pensar en nosotros y en los demás. Teniendo en cuenta que realmente solo podemos pensar por nosotros mismos. Por mucho que intentemos pensar en los demás, podemos equivocarnos, porque no estamos ni en la cabeza ni el cuerpo de los demás.

Solo podemos habitar nuestro cuerpo y nuestra mente. Y, por tanto, nosotros somos los únicos que podemos saber lo que realmente necesitamos y deseamos en cada momento.

Si nosotros no pensamos en nosotros, quién lo hará. Lo harán los demás a su manera. Si tú no piensas en ti, si tú no te escuchas, difícilmente sabrás lo que necesitas o quieres, y si no sabes lo que necesitas o quieres, difícilmente podrás decidir por ti. Y si tú no decides por ti, otros lo harán. Y esperar que las decisiones de otros te hagan feliz es mucho esperar. Porque nadie mejor que tú sabe lo que quieres, deseas y necesitas en este momento para ser feliz.

Nadie mejor que tú puede hacerte feliz.

Porque solo tú tienes el poder de habitarte, escucharte y conocerte realmente.

Otra cosa es que debido a los condicionamientos que hemos recibido y a los miedos que albergamos dentro de nosotros, a veces nos cueste tener claridad acerca de lo que queremos. Esa es la siguiente fase. Lo primero es permitirte pensar en ti, darte tu tiempo para escucharte, verte, sentirte y observarte, para que puedas saber lo que necesitas y deseas en cada momento.

Y en la medida en que aprendemos a escucharnos y a darnos lo que necesitamos, nos es más sencillo escuchar a los demás y pensar en ellos del modo en que podemos pensar, como observadores, teniendo siempre en cuenta que la responsabilidad de pensar en uno mismo es única e intransferible.

Pensar en ti es tu derecho y tu responsabilidad.

Reconectar con nuestra sabiduría interior

Para reconectar con nuestra sabiduría interior es necesario que dejemos de identificarnos y de creernos determinadas creencias limitantes y falsas, como pueden ser: «No sé lo que es mejor para mí», «Los mayores (mi madre, mi padre, los médicos, profesores, etcétera) saben mejor que yo lo que me conviene», «Soy tonto», «Soy inútil» o «Soy incapaz de decidir por mí mismo».

Cuantas más veces escuchemos durante la infancia y durante nuestra vida este tipo de frases, más arraigadas estarán en nuestra mente.

Cuando nos creemos este tipo de creencias, automáticamente estamos anulando, invalidando y desconectándonos de nuestra sabiduría interior.

Solo cuando somos conscientes podemos elegir a quién vamos a creer, a quién vamos a dar nuestro poder:

1. A los condicionamientos adquiridos, todo lo que nos han dicho y hemos oído infinidad de veces. A la mente condicionada.
2. A nuestra sabiduría interior. A lo que nos dice nuestra esencia, nuestro ser interior, nuestra intuición y nuestro instinto.

Uno de nuestros errores más comunes es creernos ese tipo de frases limitantes y falsas. Cuando lo hacemos, estamos renunciando a nuestro poder postrándonos a los pies de otras personas, colocándonos por debajo, sometiéndonos a lo que ellas piensan e ignorando lo que nos dice nuestra sabiduría interior.

Cuando nos ponemos por debajo, es muy probable que en otras ocasiones hagamos con otros lo que nos han hecho a nosotros, ponernos por encima de ellos, decirles lo que tienen que hacer o lo que creemos que les conviene (como si fuera una verdad absoluta), como si nosotros supiéramos mejor que ellos lo que está sucediendo dentro de sí mismos.

Nadie puede saber lo que es mejor para ti más que la vida. Y la **vida te lo dice a través de tus entrañas, de tu intuición y de tu instinto natural.** Por esa razón nadie puede saber mejor que tú lo que necesitas, lo que te conviene o lo que es mejor para ti en cada momento. Porque **esa información que necesitas está dentro de ti, no fuera**.

Por esa razón, cada vez que le decimos a alguien lo que tiene que hacer, nos estamos poniendo por encima de esa persona. Y si lo hacemos es porque esa persona lo consiente.

Otra cosa completamente diferente es cuando pedimos consejo a algún amigo o persona de confianza, o cuando alguien nos pide un consejo a nosotros. Solo tenemos derecho a dar un consejo cuando alguien nos lo pide.

Cuando una persona está conectada a la sabiduría de la vida, puede ver con mucha claridad lo que sucede en su vida y una aproximación de lo que sucede en la vida de sus seres más allegados y queridos.

A mí me pasa cada vez más a menudo, «ver» o intuir lo que les sucede a determinadas personas en determinados momentos. Y lo que la vida me ha enseñado es que esa información se me da para poder comprender y amar más incondicionalmente a esa persona. Pero yo no tengo la autorización para darle a esa persona esa información, a no ser que me la pida expresamente.

Cuando mi intuición o mi corazón me dicen que ofrezca mi ayuda a alguna persona, yo se la ofrezco. Y solo cuando esa persona acepta esa ayuda, yo puedo transmitirle el mensaje que he recibido.

Otro de nuestros mayores errores es creer que sabemos más que los niños y que los animales. Esto que voy a contar lo aprendí con Teo, un gato que vivió conmigo durante tres meses. A los dos meses de estar en mi casa me enteré de que estaba enfermo. Casi no comía y cada vez estaba más débil. Hice todo lo que pude para ayudarle. Lo llevé al veterinario y me propusieron un tratamiento que era muy agresivo y que no garantizaba su curación, solo alargarle un poco más la vida.

Yo, simplemente con ver lo nervioso que se puso en la visita al veterinario y lo mal que lo pasó con las pruebas que le hicieron, me puse en su lugar y dije: «A mí no me gustaría que me alargaran la vida así». Eso es lo que yo sentí cuando vi su vulnerabilidad y que no le estábamos permitiendo elegir a él.

Busqué otras opciones, el corazón me dijo: «Busca a alguien que haga acupuntura y visite a domicilio», y casualmente el veterinario me puso en contacto con una amiga suya, también veterinaria, que hacía acupuntura y que visitaba a domicilio.

No obstante, el veterinario me recomendó que le diera una medicina, y luego la veterinaria me dio unas pastillas a base de hierbas medicinales.

Para mi sorpresa, Teo aceptó encantado la acupuntura y las flores de Bach que yo le ponía en el agua. Ver para creer. Al principio no se dejaba poner las agujas en determinados puntos, pero a la mayoría decía que sí. Elena, la veterinaria, le ponía música relajante y él se quedaba superrelajado encima de mí. Recuerdo esos momentos de paz infinita con mucho cariño, sorprendida por lo bien que recibía las agujas. Repito, ver para creer.

Y durante un tiempo mejoró. Pero llegó un momento en el que dejó de comer, no quería que yo le diera ni la medicina ni las pastillas. Y yo me desesperaba porque no sabía qué hacer para que comiera. Y lo obligaba a tomarse la medicina y las pastillas. Y cuando le decía lo que tantas veces nos han dicho: «Te lo doy por tu bien, para que te pongas bueno», algo dentro de mí se retorcía y me rechinaba.

¿Realmente yo sabía lo que estaba sucediendo dentro de él? ¿Quién era yo para saber lo que verdaderamente necesitaban en ese momento su cuerpo o su alma?

Y poco a poco fui reconociendo la prepotencia con la que hemos sido adoctrinados, de creer que sabemos lo que es mejor para los demás, solo porque tenemos más años que otra persona, porque somos más grandes (en tamaño) o porque somos humanos.

Nos hemos creído que somos más sabios que los animales y que podemos mandar en nuestras mascotas o en nuestros hijos. Y la pregunta que a mí me venía una y otra vez es: «¿Quién soy yo para decidir en su vida? ¿Quién soy yo para obligarlo a quedarse?».

Hasta que un día, después de sentir mucha impotencia y desesperación, algo dentro de mí me dijo: «Acepta y respeta su voluntad. No tienes derecho a obligarlo a vivir. Cada persona y cada animal tiene su tiempo. Y él es libre para marcharse. Tienes que dejarlo ir con dignidad».

Y entonces le pedí perdón y lo dejé ir. Respeté su voluntad y acepté su libertad. Y aunque la despedida fue un momento difícil, también puedo decir que en el momento en que acepté su libertad y los ciclos de la Vida, y agradecí el tiempo que había compartido con él, y él conmigo, sentí una conexión muy grande con él y con la vida.

Sentí un amor muy grande acompañándonos. Y fue una de las experiencias más bonitas que he vivido, precisamente por ese amor tan puro y tan incondicional que experimentamos los dos. Yo respetando su libertad y él agradeciendo que lo acompañara en sus últimas horas.

Fue la experiencia más pura de amor que había sentido en la vida hasta ese momento. Teo ayudó a sanar mi corazón y yo a él el suyo. Él se fue lleno de amor y a mí me dejó el corazón lleno de amor. Siento que él ha sido alguien muy importante en el proceso de sanación de las heridas de mi infancia.

Los animales de compañía son grandes maestros del amor incondicional, porque al no estar tan condicionados como nosotros dan un amor muy puro.

Con los niños sucede lo mismo. **Los niños son grandes maestros del amor,** por esa misma razón, porque aún no han sido totalmente condicionados y están conectados a la vida, a su sabiduría interior, **expresan el amor en estado puro.** Por eso los vemos tan bellos, tan magnéticos, tan maravillosos, tan divinos, y el amor que dan es un auténtico bálsamo para el alma de los adultos.

Cuando un niño está creciendo, es cierto que su cerebro aún no se ha terminado de desarrollar y hay cosas que aún no puede hacer. Pero que un bebé no sepa hablar, que no pueda comprender ciertas cosas o gestionar sus emociones no quiere decir que sea tonto, o que los adultos seamos más listos que él.

Tanto los bebés como los animales están conectados a su sabiduría interior, la sabiduría de la vida que habita en ellos. Y aunque aún no puedan hablarnos, el alma que habita en ellos es consciente de lo que sucede a su alrededor. Y esto lo sé por experiencia; gracias a todo lo que he podido recordar de mi infancia, he podido comprobar que mi alma comprendía lo que estaba sucediendo a mi alrededor, aunque yo aún no supiera hablar o no supiera expresarlo. Y tomar conciencia de esto es realmente alucinante.

Puedo asegurar que durante la infancia todos sufrimos cuando no nos toman en serio, cuando se ponen por encima de nosotros o cuando nos obligan a tomar o hacer algo que no queremos.

Cuando un niño escupe la comida o la medicina que no quiere, la pregunta que yo recomiendo es: «¿Realmente sé lo que está pasando dentro de él? ¿Tengo la certeza de que esto es bueno para él?». Es cierto que los padres y los médicos pueden llegar a saber mucho, pero realmente saben más nuestra sabiduría interior o nuestro instinto vital.

Hemos sido programados para creer que somos tontos, y para rechazar nuestra sabiduría interior. Tomamos decisiones con el neocórtex, que es la parte más joven del cerebro. Y nos olvidamos de la sabiduría de nuestro instinto vital y de nuestro cerebro reptiliano, que es el más antiguo y con más años de experiencia.

Una buena pregunta que podemos hacernos cuando los niños rechacen la comida que les damos es si a nosotros como adultos nos gustaría que nos metieran la comida en la boca a la fuerza. Imagino que la respuesta es «no». No lo consentiríamos. Los niños se merecen el mismo respeto que nosotros.

En mi opinión, los tres errores más comunes que cometemos son:

1. Creer que no sabemos lo que necesitamos en nuestra vida y que necesitamos que nos lo digan los demás.
2. Creer que sabemos mejor que los demás lo que otros necesitan.
3. Creer que sabemos más que los niños y los animales (que su sabiduría vital innata).

Cuanto más conectamos con nuestra sabiduría interior, menos necesitamos decir a los demás lo que creemos que es mejor para ellos. Porque al reconocer nuestra sabiduría interior, podemos reconocer que cada uno posee la suya, y que todas las personas merecen ser respetadas y experimentar su camino de vida.

Afirmaciones poderosas

Mi sabiduría me pertenece.

Mi sabiduría forma parte de mí.

Yo soy el dueño/la dueña de mi sabiduría.

Mi sabiduría me responde a mí.

Yo escucho a mi sabiduría.

Yo digo «sí» a mi sabiduría.

Yo me permito reconectar, aceptar
y abrazar mi sabiduría interior.

Estas afirmaciones podemos usarlas también con mi claridad, mi fuerza, mi alegría, mi paz, mi calma, mi inteligencia, mi sensualidad, mi belleza, mi atractivo sexual, mi amor, mi placer, mi poder, mi felicidad y mi libertad.

Y también podemos usarlas con todos los órganos y partes de nuestro cuerpo.

Recuperar la conexión con nuestra esencia

Recuperar tu intimidad y aprender a corresponderte

La relación íntima más importante de tu vida es la que mantienes contigo.

Para sentirnos correspondidos, nosotros somos los primeros que tenemos que correspondernos.

La correspondencia empieza cuando nos escuchamos, nos respondemos, nos atendemos y nos damos lo que necesitamos.

> «El amor es una experiencia física que regula e influye en el sistema nervioso. Tiene que ver con sostener lo que sentimos.»
>
> ELISABETH SCHNEIDER

Nos sentimos correspondidos cuando existe una correspondencia entre lo que sentimos, lo que expresamos y lo que hacemos.

Desde el momento en el que nacemos, necesitamos crear vínculos seguros. Cuando los vínculos que desarrollamos no son seguros, se generan traumas.

Durante la infancia, cuando no hay comunicación, el sistema nervioso puede llegar a colapsar, cuando eso sucede, nos desconectamos de nuestro cuerpo, de nuestra esencia, y nos congelamos.

El trauma en esencia es eso, nos desconectamos de nuestra esencia y de nuestro cuerpo porque no somos capaces de soportar el dolor emocional que estamos sintiendo.

La desconexión es, por tanto, un mecanismo de defensa y de protección que nos permite sobrevivir durante la infancia.

Nuestro trabajo durante la vida adulta es reconectar con nosotros. Para sanar cualquier tipo de trauma (todos los tenemos en mayor o menor medida), nuestra tarea es reconectar con nuestro cuerpo, con nuestras sensaciones físicas y con nuestras emociones.

Cuando rechazamos o evitamos sentir lo que sentimos, interrumpimos la conexión con nosotros, nos desconectamos y nos disociamos de nosotros mismos, ahí nacen el sentimiento de rechazo y el de abandono de nosotros mismos.

Cuando reprimimos lo que sentimos, nuestro organismo gasta una gran cantidad de energía en reprimir esas emociones o sentimientos.

Cuando nos permitimos sentir lo que tenemos reprimido y expresarlo, la energía se libera y vuelve a fluir y volvemos a cargarnos de energía.

El agotamiento tiene mucho que ver con la represión emocional.

Al respirar de forma consciente y aceptar lo que sentimos (aunque no sepamos identificarlo), permitimos que la energía vuelva a fluir.

Si tienes dificultad para saber lo que sientes, puede ser debido a que en algún momento de tu vida has elegido no querer sentir para protegerte de lo que sentías. Esto es muy habitual, ya que durante la infancia no tenemos la capacidad de sostener y gestionar nuestras emociones por nosotros mismos. Necesitamos que nos ayuden los adultos a identificarlas y a darles un sentido para que nos calmemos.

Cuando no hay un adulto a nuestro lado que nos ayude a comprender lo que estamos sintiendo y a calmarnos, nuestra tendencia es a desconectarnos para poder sobrevivir.

Y hasta que no aprendemos a gestionar y a identificar nuestras emociones, es probable que arrastremos la creencia de la infancia de que *no somos capaces de hacernos cargo de nuestras emociones*. Cuando lo cierto es que, **cuando somos adultos,** sí que somos capaces. Simplemente necesitamos aprender a gestionarlas.

Cuando te sientas inquieto interiormente y al mismo tiempo bloqueado, una buena forma de desbloquearse es expresando lo que sientes. Por ejemplo, diciendo: «Me siento bloqueado. No sé qué es lo que estoy sintiendo».

Cuando nos sentimos bloqueados y nos cuesta hablar es debido a que la comunicación no está fluyendo en ese momento entre los dos hemisferios cerebrales.

Poner palabras a lo que sentimos o a nuestras sensaciones nos ayuda a conectar los dos hemisferios cerebrales y a que el cerebro vuelva a fluir y funcionar de forma conjunta.

Afirmaciones poderosas

Afirmaciones poderosas que te pueden ayudar a identificar y a gestionar tus emociones:

Yo me permito saber lo que siento.

Yo me permito identificar lo que siento.

Yo me permito sentir y respirar lo que siento. Ahora es seguro que lo haga.

Yo soy capaz de sostener, gestionar y hacerme cargo de mis emociones.

♡

Respetar los tiempos y los ritmos de cada uno

«Cada persona tiene su propio tempo.»

ANNA GARCÍA

Tempo en italiano significa «tiempo»; en español significa «ritmo de una acción».

Todo fluye y todo tiene su propio ritmo. Cada proceso, cada persona, cada relación, cada proyecto necesita su tiempo de gestación, de crecimiento y de floración.

Cada persona lleva su propio ritmo, y no podemos forzarlo, igual que no podemos forzar nuestro ritmo. Cuando intentamos forzar nuestro propio ritmo y nos imponemos o nos exigimos ir más deprisa, empezamos a generar ira y rabia, porque no nos estamos respetando y nos estamos obligando a ir a una determinada velocidad, y con el tiempo sucederá algo que hará estallar esa ira o esa rabia, o si la reprimimos constantemente, puede que el cuerpo tenga que tomar medidas para sacarla a través de alguna enfermedad.

Con las relaciones sucede lo mismo; cada vez que tú intentes forzar el ritmo de alguien u obligarle a que haga una evolución que no está preparado para hacer, la relación se debilitará.

Cuanto antes aprendamos esto, a respetar nuestro propio ritmo y el de los demás, y seamos conscientes de que **el tiempo y el ritmo de cada persona es sagrado, y no se puede forzar, ni tenemos derecho a forzarlo,** antes empezaremos a disfrutar de relaciones maravillosas.

Porque cuando hay respeto mutuo, y hacia uno mismo, nos ahorramos mucho sufrimiento y permitimos que la vida fluya y nos sucedan cosas maravillosas, somos mucho más felices y podemos disfrutar mucho más de todo.

♡

9

COMPRENDER TUS EMOCIONES

☼

Todo lo que sientes solo son emociones

Y todas las emociones se pueden liberar

Todas las emociones desagradables que sentimos son energía acumulada y estancada en nuestro cuerpo que podemos liberar en el momento que queramos.

¿Cómo? Respirando y tomando conciencia de que lo que estamos sintiendo y pensando solo son emociones y creencias.

Cuando una persona siente ganas de morirse, no necesariamente quiere decir que quiera morirse. Cuando una persona siente eso, es muy probable que esté saturada de emociones de muy baja densidad (como apatía, impotencia, agotamiento, cansancio, desánimo, tristeza, desesperación, resignación, etc.) y de creencias muy limitantes con respecto a la vida. Y en muchos casos, esas emociones que sentimos con tanta intensidad ni siquiera son nuestras. Pueden ser emociones no liberadas que han pasado de generación en generación y se han ido acumulando en el cuerpo.

Yo he sentido emociones de todo tipo y puedo decir que las emociones ya no me asustan, porque tengo comprobado que todas son energía que se puede liberar cuando aprendemos a no identificarnos con lo que estamos sintiendo ni con los pensamientos repetitivos que a veces nos asedian, y simplemente respirar.

Cuando sientas que emociones densas o de baja vibración o pensamientos dolorosos te invaden, es importante que tengas claras estas cuatro cosas:

1. **No somos lo que estamos sintiendo.**
2. **No somos los pensamientos que nos invaden.**
3. **Nuestro cuerpo es solo el continente de esas emociones y pensamientos.**
4. **Nosotros somos los observadores de lo que sucede en nuestro cuerpo.**

Y cuando nos acordamos de todo esto, cuando dejamos de creernos esos pensamientos horribles y de identificarnos con esas emociones de baja densidad, automáticamente la mente y las emociones pierden intensidad y esta se relaja considerablemente.

Cuando un pensamiento entra en bucle y una emoción nos invade, lo que el cuerpo nos está diciendo es: «**Por favor, para y respira. Necesito que me dejes liberar todo esto**».

Cuando a mí me han invadido emociones densas, ansiedad, o cuando un pensamiento entraba en bucle, me he ido directamente a mi esterilla y me he puesto a hacer yoga o *pranayamas* (ejercicios de respiración) o el MLC. Me centro en la respiración, hasta que poco a poco el cuerpo empieza a soltar y a relajarse. Y continúo con la práctica hasta que mi cuerpo suelta lo que necesita soltar y recupera la calma.

El resultado es alucinante. Yo solo te lo puedo contar. Porque hasta que no lo vives y lo experimentas por ti mismo, no puedes apreciar lo poderoso, transformador y liberador que es.

De la apatía
a la pasión por la vida

La apatía es algo externo a nosotros; la pasión por la vida es nuestra esencia, nuestro fuego interior, nuestro sol interior.

La apatía y la depresión son como las nubes. Cuando aparecen, no nos dejan ver el sol. Pero no somos eso que sentimos, no somos las nubes, somos el «sol» habitando en un cuerpo. Somos luz habitando en un cuerpo.

Todo lo que sentimos son solo emociones, las ganas de morir o el sentir que no quieres vivir son solo emociones generadas por pensamientos que a veces ni siquiera son nuestros. Durante muchos años yo no fui consciente de la cantidad de emociones y creencias que arrastraba de mi árbol genealógico. Y te puedo asegurar que yo no era la única.

Cada vez que hemos visto a alguien sufrir y no hemos aceptado su sufrimiento, hemos cargado parte de ese sufrimiento. Lo he comprobado en ambas direcciones; cuando he cargado con algo que no era mío, me sentía más apagada, y cuando alguien ha asumido alguna emoción mía, me he sentido liberada.

Cuando tomamos conciencia de que lo que estamos sintiendo no somos nosotros, la intensidad de la emoción baja o puede llegar a desaparecer completamente. Es impresionante experimentar esto.

Cuando estás en medio de una corriente emocional interna, la frase más importante que debes recordar es:

«Yo no soy eso.
Yo soy la eterna paz.
Yo soy pura dicha.
Yo observo la corriente emocional que me está atravesando y permito que pase y se vaya.
Yo solo soy el observador».

Cuando no oponemos resistencia a esa corriente emocional, cuando la aceptamos y la reconocemos, siendo conscientes de que no somos ella, la corriente mágicamente se va.

Me lo imagino como si estuviéramos dentro de una casa con un pequeño tornado. Cuanto más lo negamos o lo intentamos ignorar, más crece su intensidad. En el momento en que aceptamos que hay un tornado, y que no somos ese tornado, abrimos la puerta de la casa y el tornado se va. Así de rápido y así de potente.

Abrir la puerta es detenerte a respirar y simplemente recordar que no somos eso que estamos sintiendo. Que lo que estamos sintiendo solo son emociones (energía). Y que muchas veces ni siquiera son nuestras.

Y una vez que el tornado se ha ido, podemos escucharnos más fácilmente volver a nuestra paz y a nuestro centro.

Nuestra esencia es pura dicha, es pasión por la vida. Nuestra esencia es pura vida, placer, entusiasmo, espontaneidad, inocencia, curiosidad, deseo de aprender y de disfrutar.

Cada vez que decimos sí a la vida, sí a vivir nuestra vida, sí a nuestra felicidad, sí a formar parte activa de nuestra vida, sí a aprovechar lo que nos está sucediendo, conectamos con nuestra esencia, con nuestra alegría y con la Vida.

Cuando rechazamos nuestra felicidad, cuando en vez de hacer lo que nos hace felices, elegimos hacer lo que los demás esperan de nosotros, al complacerlos nos desconectamos de nuestra esencia y de nuestra dicha.

Emociones que apagan las ganas de vivir: apatía, desmotivación, desánimo, impotencia, resignación, negación o renuncia a nuestra libertad y felicidad, negación o represión del placer, alegría, éxtasis, excitación, miedo a que suceda algo malo si somos felices, disfrutamos o nos excitamos, etcétera.

Si intuyes que alguna de estas emociones está silenciando o taponando tus ganas de vivir, date tiempo para ir respirándolas y sintiéndolas una a una, tomando conciencia de que tú no eres eso y dejándolas ir.

Afirmaciones poderosas

Afirmaciones poderosas para conectar con tu dicha, con tu pasión, con tu alegría y con tu fuego interior:

Yo digo sí a mi felicidad.

Yo digo sí a mi alegría, a mi dicha, a mi gozo, a mi placer, a mi éxtasis, a mi excitación y a mi fuego interior.

Es completamente seguro que yo disfrute y me permita experimentar mi dicha, mi alegría, mi felicidad, mi placer.

Yo puedo incluir la pasión, la dicha, la felicidad, el placer, el éxtasis, la excitación en mi día a día, en mi vida, y vivir seguro/segura, a salvo y siendo respetado/respetada y tratado/tratada con amor en todo momento.

Yo puedo ser feliz y disfrutar de mi vida y ser respetado/respetada y tratado/tratada con amor en todo momento.

Ser feliz, amar y ser amado/amada y disfrutar de mi vida haciendo mi función es mi destino, el propósito de mi vida.

Es seguro que yo sea feliz y disfrute de mi vida, la Vida y el Amor me protegen en todo momento.

De la depresión a la felicidad

¿Qué hay detrás de la depresión?

Principalmente hay ira y tristeza por no permitirnos hacer lo que realmente deseamos y necesitamos hacer. Entramos en depresión cuando nos negamos lo que nos hace felices, cuando hacemos lo contrario de lo que deseamos o necesitamos hacer, cuando nos obligamos a hacer algo que no queremos de forma continuada en el tiempo.

Caemos en depresión cuando renunciamos a nuestra felicidad, a nuestros sueños, a nuestros deseos.

Salimos de la depresión cuando decimos «sí» a nuestra felicidad, a nuestros deseos y a nuestros sueños.

Salimos de la depresión cuando dejamos de ignorar nuestras necesidades y deseos, cuando dejamos de dar prioridad a la felicidad y al bienestar de otras personas, y empezamos a priorizar nuestra felicidad y nuestro bienestar.

Salimos de la depresión cuando elegimos atendernos, cuidarnos, escucharnos, darnos lo que necesitamos y hacer lo que nos hace felices.

Nuestra felicidad empieza cuando nos priorizamos y elegimos responsabilizarnos de nuestra felicidad y bienestar.

¿Cuándo salimos de la depresión? Cuando nos escuchamos y elegimos ser fieles a nosotros mismos, y nos permitimos hacer lo que realmente necesitamos y deseamos hacer, andar nuestro propio camino.

Yo entré en depresión en 2005, cuando hice lo contrario de lo que realmente quería hacer. Yo me quería ir a vivir al centro de Europa, pero me compré un piso en Madrid, hipotecándome de tal forma que los primeros años tuve que recortar mucho mi presupuesto en viajes. Y salí de la depresión cuando empecé a decir «sí» a hacer mis sueños realidad y lo que me hacía feliz.

De la envidia a la claridad

La envidia es una de mis grandes maestras, una de esas emociones que más presentes han estado en mi vida en ambas direcciones: el miedo a despertar envidia si me iba bien y si era feliz, y la envidia que me despertaban las personas que estaban haciendo lo que yo quería hacer y aún no había logrado.

La envidia bien gestionada puede ser una gran maestra.

Hoy doy las gracias a todas las personas que en algún momento de mi vida me despertaron la envidia. Porque gracias a ellas y a la envidia que en su momento sentí, pude ser consciente de lo que yo quería vivir y no estaba viviendo.

La ausencia de claridad acerca de lo que yo quería ha sido una sensación que me ha acompañado en varios momentos de mi vida.

Y en esos momentos en los que mis miedos me tenían parcialmente paralizada y anestesiada, con mis sueños aletargados, en esos momentos, la envidia que me despertaban los demás es la que me ayudaba a despertarme y a salir de mi letargo. El dolor que me generaba la envidia me despertaba. Y gracias a ella, podía ver lo que yo quería.

La envidia puede doler mucho. Pero cuando nuestros miedos son muy grandes, ahí llega la envidia a ayudarnos a despertarnos con su artillería pesada.

Lo primero que me despertaba era la ira y mucha rabia. Y no era agradable. Pero con el tiempo fui comprendiendo **el papel tan importante que tienen la envidia, la ira y la rabia: despertarnos y recordarnos lo que queremos.** Recordarnos que la vida pasa y que no estamos viviendo la vida que queremos, que no estamos siendo fieles a nuestra esencia, a nuestros sueños, a nuestro corazón. Que se requiere que nos escuchemos y nos atendamos, que nos movilicemos y que recordemos que nacimos para vivir nuestra vida, cada uno la suya.

Y vivir la vida es disfrutarla, haciendo cada uno lo que vino a hacer, lo que le hace feliz y lo que le apasiona.

La envidia vino a decirme: «Rut, despierta. Eso que tú envidias de otros es lo que tú has venido a hacer y no te estás permitiendo hacer porque tus miedos te están paralizando».

¿Y qué hice yo?

Dejar de alimentar mis miedos y empezar a alimentar la confianza en mí y en la vida.

Cuando tu confianza en ti y en la vida son más grandes que tus miedos, avanzar es mucho más sencillo. Los miedos ya no tienen tanto poder sobre ti. Y eso solo lo conseguimos cuando nos ponemos en movimiento.

Hoy doy gracias a todas esas personas que en algún momento me despertaron la envidia, y a la envidia en sí, por hacerme de guía.

Y cuando te das cuenta de todo esto, que la envidia es una guía, el miedo a despertar envidia desaparece.

Porque sabes que todos los que te envidian, en el fondo, te admiran, porque te has atrevido a hacer algo que ellos aún no han hecho.

¿CÓMO PODEMOS TRASCENDER LA ENVIDIA?

Cuando alguien despierte en ti la envidia, recuérdate que la vida te está dando la oportunidad de descubrir lo que realmente quieres hacer y no te permites.

Preguntas poderosas cuando alguien despierte tu envidia:

¿Qué es lo que realmente envidio de esa persona?

¿Hay algo que está haciendo esta persona que me gustaría hacer a mí también? ¿Qué?

¿Me permito hacer eso que deseo?

¿Por qué no me permito hacer lo que deseo?

¿Qué temo que suceda si hago eso que realmente deseo?

Contestar con honestidad a estas preguntas puede darte mucha información y liberación.

La inseguridad, la culpa y la vergüenza son aprendidas

En la medida en que recordamos lo que somos y de dónde venimos, podemos reconectar con nuestro poder

Cuando un bebé nace, no siente ni vergüenza ni culpa. Su instinto natural de supervivencia y sus sensaciones físicas le llevan a hacer y a pedir lo que necesita en cada momento.

No siente vergüenza ni culpa porque aún no ha aprendido a juzgarse, aún no tiene la mente llena de condicionamientos limitantes y falsos.

El miedo aparece cuando nos desconectamos de nosotros mismos, de nuestra esencia y de la fuente de la vida. **La vergüenza y la culpa provienen del juicio,** de las ideas limitantes que nos han inculcado y de los métodos que han usado para adoctrinarnos, a través de las ideas del pecado y del castigo.

La seguridad y la confianza en nosotros mismos es algo innato en nosotros, hasta que nos enseñan a rechazar y desconectarnos de nuestro instinto e intuición, y a obedecer y a pensar como nos dicen.

Si la inseguridad es aprendida, y la seguridad en nosotros mismos es innata, es posible desaprender lo «mal aprendido» y volver a reconectar con nuestras capacidades innatas.

¿Y cómo perdimos nuestra seguridad y la confianza en nosotros mismos?

Diciéndonos «no» una y otra vez a lo que nosotros pensábamos, decíamos, queríamos, hacíamos, etcétera. Y castigándonos, regañándonos, negándonos el cariño o la atención cuando hacíamos lo que queríamos y no lo que se esperaba de nosotros, etcétera.

Las personas inseguras normalmente también son dependientes emocionales. Viven para los demás, para que los demás vivan para ellas, para que las protejan y las cuiden. E inconscientemente pueden tender a ser posesivas y manipuladoras.

Cuanto más inseguros y dependientes emocionales sean una madre o un padre, más probable es que intenten castrar mental y emocionalmente a sus hijos para que no se alejen de su lado. Y seguramente es algo que harán inconscientemente, porque es lo que han vivido y aprendido y no han trascendido.

¿Cómo se quita la seguridad a alguien? ¿O cómo se castra a alguien psicológicamente?

- No permitiendo que tome sus propias decisiones.
- Cuando tome una decisión que va en contra de lo que el dominante piensa, este hará todo lo posible para que cambie de opinión, contándole sus miedos y su preocupación, usando el chantaje emocional, la manipulación sutil, la seducción, etcétera.
- Castigándole si no hace lo que la otra persona quiere, enfadándose con él/ella, criticándole, haciéndole reproches, dejando de hablarle, etcétera.

Uno de los grandes descubrimientos que hice mientras escribía este libro es que cuando nos han enseñado a obedecer a la autoridad de otra persona, en el momento en que decidimos dejar de obedecer es cuando aflora en nosotros el sentimiento de inseguridad.

Someternos a la voluntad de otros nos puede dar cierta seguridad, en cuanto que al renunciar a tomar nuestras propias decisiones, la responsabilidad no es nuestra, sino de quien decide. La responsabilidad recae sobre quien decide.

Este es el mecanismo de la dependencia emocional: «Yo me siento inseguro e incapaz de responsabilizarme de mi vida, de mi seguridad y de mi felicidad, y por eso espero que lo hagas tú por mí. Para poder sentirme seguro, me someto a ti. Renuncio a mi libertad para sentirme seguro. Aunque luego me enfade y te culpe de no ser feliz». Es la pesadilla y la pescadilla que se muerde la cola.

La pregunta es: ¿cómo vamos a ser felices si delegamos nuestra libertad de decisión y la responsabilidad de nuestra vida y felicidad en otra persona?

¿Y por qué hacemos todo esto? ¿Para sentirnos seguros? ¿Para no sentirnos solos? ¿Para sentirnos amados y aceptados? Cada uno tiene que encontrar sus propias respuestas.

La persona o el sistema que nos adoctrina se adueña de nuestra libertad y poder, y a cambio nos ofrece seguridad y protección.

El sistema que somete intenta destruir nuestra confianza y nuestra seguridad en nosotros mismos para poder someternos, y nos hace creer que lo necesitamos, que necesitamos su protección. El sometimiento es un modelo castrante a más no poder. Y lo peor es que está tan normalizado en el siglo XXI que no somos conscientes de hasta qué punto hemos agachado la cabeza y hemos renunciado a nuestro poder. Y cuando nos salimos del sistema, de estas relaciones verticales de abuso de poder, es probable que la primera sensación sea de inseguridad. Porque después de llevar toda una vida caminando con muletas (delegando nuestra responsabilidad y seguridad en los demás), es natural que, al soltar las muletas, sintamos la inseguridad de caminar apoyándonos en nuestras propias piernas.

Leer el cuento de Jorge Bucay «El rey con muletas» es maravilloso para comprender todo esto.

Y quiero recordar que aquí no hay culpables, pues todos hemos sido condicionados, unos más y otros menos. La principal diferencia entre unos y otros es nuestro nivel de conciencia: ¿cuán dormidos o despiertos estamos?, ¿cuán desconectados o conectados estamos con nuestro ser esencial? Cada persona es responsable de su despertar y de asumir la responsabilidad de su vida.

La persona que somete lo hace porque está sometida a su vez por otra persona o sistema que está por encima de ella. **Solo quien es libre puede respetar la libertad de los demás**.

Lo mejor de todo es que podremos recuperar nuestra seguridad en el momento en que seamos conscientes de que es nuestra y de que nos pertenece.

Tu seguridad y confianza en ti mismo son innatas.

Tu seguridad y tu confianza te pertenecen.

Si algo o alguien te da miedo es porque le has dado tu poder y has delegado tu seguridad en él. Y basta con que seas consciente de ello y te permitas respirarlo y sentirlo, y declarar lo que te pertenece, para poder recuperarla.

Estas afirmaciones pueden ayudarte a respirar y liberar la inseguridad.

Cuando eras niño te enseñaron a dudar de ti, cada vez que te decían «no», cada vez que te criticaban, te insultaban, se reían de ti o te castigaban.

Entonces es probable que pensaras cosas de este tipo: «Yo no puedo ser yo mismo», «No puedo tomar mis propias decisiones», «No puedo hacer lo que yo quiero; si lo hago me van a reñir o a castigar», «Tengo que consultarlo todo con... para que no me castiguen y no me hagan daño».

Y un tiempo más tarde, puede ser que también pensaras: «No soy capaz de tomar mis propias decisiones», «No soy capaz de gestionar mi vida», «Necesito tener a alguien a mi lado que decida por mí y me proteja...».

Esto es especialmente habitual en las mujeres, pero también les puede pasar a los hombres que hayan tenido una madre posesiva y dependiente.

Si te sientes inseguro, para recuperar tu poder puedes hacerte estas preguntas:

- «¿Qué temo que suceda si me siento seguro y hago lo que yo quiero?».
- «¿Hay alguna persona que temo que se enfade conmigo si hago lo que yo quiero?».

Esa persona que tú temes que se enfade contigo y te haga daño si haces lo que realmente quieres es aquella a la que le has dado tu poder.

Afirmaciones poderosas

Yo soy capaz de cuidar de mí mismo/misma.

La vida me ha creado capaz de cuidar de mí.

Yo soy capaz de protegerme y defenderme en caso de necesitarlo.

Mi seguridad me pertenece. Mi seguridad es una cualidad de mi ser.

Yo soy dueño/dueña de mi seguridad.

Todo está en paz en mi mundo. Siempre estoy seguro/segura y a salvo.

Yo soy capaz de decidir en mi vida.

Yo soy capaz de tomar mis propias decisiones y en todo momento estoy a salvo.

Yo puedo confiar en mi intuición y mi instinto, porque son mis guías divinas, que me guían hacia mi felicidad y bienestar, y me protegen en todo momento.

Yo elijo respetar mi libertad y la de cada ser. Yo respeto y tengo derecho a ser respetado/respetada.

Yo no necesito obedecer a nadie para sentirme seguro/segura. Yo puedo hacerme caso a mí y sentirme seguro/segura.

Yo no tengo que obedecer a nadie. Nadie tiene derecho a decidir por mí. Yo soy libre para decidir en mi vida. Mi vida es para mí. Yo soy la única persona que tiene derecho a decidir en mi vida y en mi cuerpo.

Nadie tiene derecho a castigarme por ser yo mismo/misma o hacer lo que yo quiero con mi vida (siempre respetando mi libre albedrío y el de cada persona).

Yo tengo derecho a ser yo mismo/misma y a hacer lo que me hace feliz y a ser respetado/respetada en todo momento.

Yo no tengo que dar explicaciones a nadie que yo no quiera. Tengo derecho a guardar silencio y a marcharme cuando lo necesite y a ser respetado/respetada.

Yo tengo derecho a tomar mis propias decisiones y a ser apreciado/apreciada y respetado/respetada tal y como soy.

Yo puedo tomar mis propias decisiones y hacer lo que yo quiero a mi manera y ser respetado/respetada y apreciado/apreciada.

Yo puedo hacer lo que yo quiero y sentirme seguro/segura de mí mismo/misma. La vida me apoya en todo lo que a mí me hace feliz y yo me apoyo a mí en todo momento. Siempre estoy a salvo.

Yo puedo elegir libremente en mi vida y ser respetado/respetada y apreciado/apreciada tal y como soy. Estoy a salvo.

Yo puedo sentirme seguro/segura y ser respetado/respetada.

GRACIAS, YO PERMITO QUE ASÍ SEA Y ASÍ ES, HECHO ESTÁ.

♡

¿Cómo nos enseñaron a culparnos?

Cada vez que alguien nos ha intentado culpar o hacer creer que éramos responsables o culpables de sus sentimientos, nos estaba ofreciendo un gran aprendizaje.

Cuando alguien nos culpa de lo que siente, puede que la vida nos esté mostrando que en el fondo nos creemos responsables o culpables de lo que sienten los demás.

Cuando aprendemos que cada persona es responsable de sus sentimientos, y que somos responsables únicamente de lo que hacemos, y no de cómo interpretan nuestras acciones los demás, y no somos responsables de los sentimientos que generan sus interpretaciones, nadie puede volver a culparnos. Porque somos conscientes de hasta dónde llega nuestra responsabilidad y de dónde empieza la suya.

Tus actos pueden gustar o no gustar, alegrar o doler a una persona.

Pero los sentimientos, la felicidad o el sufrimiento son responsabilidad de cada uno. Porque lo que sentimos depende de cómo interpretamos lo que nos sucede, y en nuestra forma de percibir e interpretar la realidad intervienen nuestras creencias (la forma de pensar de cada uno).

Cuando sufrimos, es porque hemos juzgado algo desde el miedo, desconectados del amor. En otras palabras, cuando sufrimos es porque hemos pensado mal de alguien, o de nosotros, o de lo que nos sucede.

El problema es que a veces tenemos una herida tan grande y tantas emociones reprimidas que nos cuesta percibir la realidad con amor, porque llevamos una carga emocional tan grande que nos impide percibir la realidad con claridad de forma neutra.

Por eso es tan importante y necesario para disfrutar de la vida y de relaciones sanas que cada uno asuma la responsabilidad de sanar sus heridas y se permita liberar sus emociones reprimidas a medida que vayan emergiendo, de forma armónica, respirando, haciendo yoga, deporte, llorando, bailando, cantando, dibujando, pintando, escribiendo, paseando, etcétera.

Tú eres inocente del sufrimiento de los demás.
Tú solo eres responsable de tu felicidad
y de tus sentimientos.
Cada persona es responsable de su felicidad
y sus sentimientos.

¿Cómo nos enseñaron a no amarnos?

Aprendemos viendo cómo se tratan nuestros padres a sí mismos y entre ellos. También aprendemos por placer, cuando alguien nos recompensa o nos premia por haber logrado algo. Y también podemos aprender para evitar el dolor o que nos hagan daño.

Aprendimos a no amarnos cada vez que alguien nos decía: «Tú solo piensas en ti», «Tú vas a lo tuyo, te importan un bledo los demás» o «Eres muy egoísta». Llegamos a creer que amarnos o pensar en nosotros, atendernos, darnos lo que necesitábamos o hacer lo que queríamos o nos hacía felices estaba mal. Cuando lo que realmente nos daña son esas ideas que tratan de castrar o censurar el autoamor o el autocuidado.

Y, una vez más, es importante recordar que nadie hace esto conscientemente. Es algo que repetimos hasta que lo hacemos consciente, entonces es cuando podemos hacer las cosas de otra forma.

¿Cómo nos enseñaron a sufrir?

Ver el sufrimiento de nuestros padres más a menudo que su felicidad puede llevarnos a entender que eso es lo normal.

También podemos haber sido influenciados cada vez que nos lo estábamos pasando bien, nos estábamos divirtiendo, riendo y nos sentíamos felices, y nos regañaron y nos castigaron.

Y también hemos sido condicionados por creencias religiosas y culturales que antiguamente inculcaban que el sufrimiento era lo que nos convertía en buenas personas.

Si queremos desmontar y liberarnos del sufrimiento, podemos preguntarnos qué ganamos sufriendo y qué beneficios obtenemos.

Del sufrimiento a la felicidad, el amor y la paz

El inmenso poder de la aceptación y la confianza en la vida

> Yo no soy lo que me ha sucedido.
> Lo que me ha sucedido no me define.
> Lo que te ha sucedido no te define.

Osho decía que «la aceptación es el camino hacia la transformación». A lo largo de estos años he aprendido que las grandes **causas del sufrimiento** son estas:

● **La ignorancia,** no conocer las leyes de la Vida, no saber quiénes somos ni cómo funciona el Universo, desconocer la relación que existe entre nuestros pensamientos, emociones, experiencias y la propia Vida. De ahí que los antiguos dijeran «conócete a ti mismo y conocerás el Universo». **El conocimiento es el camino hacia la comprensión.** La comprensión nos libera del sufrimiento. Y para eso **necesitamos estar abiertos al aprendizaje.**

- **Dar un significado equivocado a lo que nos está sucediendo.** No sabemos lo que significa lo que está sucediendo y le damos un significado erróneo a lo que estamos experimentando. Juzgamos la situación como algo malo para nosotros o nos juzgamos a nosotros por lo que estamos viviendo. El resultado de esta incomprensión y de dar un significado equivocado a lo que está sucediendo genera sufrimiento.
- **El rechazo o no aceptación de la realidad.** Como no nos gusta lo que estamos viviendo y nos duele, y lo juzgamos como algo malo, sufrimos. Y al intentar rechazarlo y cambiar la realidad o a las personas, sufrimos aún más.
- **Luchar contra la Vida y el orden del Cosmos.** Cada vez que intentamos cambiar lo que ya es o cambiar a alguien, estamos yendo en contra de la Vida. Nuestro limitado ego está diciendo a la Vida: «Yo sé más que tú, déjame hacer a mí». Cada vez que intentamos bloquear o cambiar el flujo de la vida, estamos luchando contra ella. Y eso genera muchos problemas y mucho sufrimiento.
- **Infringir la ley de no interferencia,** o lo que es lo mismo, no respetar, invadir o interferir en la libertad de otro ser.

La Vida tiene su propia forma de enseñarnos. Cada vez que rechazamos lo que nos sucede, estamos rechazando el aprendizaje que la vida nos ofrece en esa experiencia. El resultado de este rechazo es mucho sufrimiento y que pronto la vida nos traerá otra experiencia parecida pero más desagradable aún, hasta que la aceptemos.

Identificarnos, etiquetarnos y juzgarnos conforme a lo que pensamos, sentimos, nos han dicho, nos han hecho o hemos vivido. Hacer esto puede convertirse en una fuente inmensa de desvalorización y sufrimiento.

Si queremos dejar de sufrir, y **aprender a disfrutar de la Vida tal y como viene,** el camino debería ser hacer lo opuesto a lo que genera el sufrimiento.

- **Acepta lo que ya es.** Simplemente respira y permítete sentir lo que sientes. No luches contra lo que ya ha sucedido ni contra lo que estás sintiendo. Respira, siente y observa. Acompáñate en este momento con cariño y con paciencia, como si estuvieras con un bebé en brazos.

- **Ábrete al aprendizaje.** Dedica un tiempo diario a conocerte a ti, a reconectar con tu cuerpo, a escucharte, a atenderte, a descubrir lo que necesitas y realmente deseas. Y cuanto más te conozcas, más fácil te resultará ver la conexión que existe entre tu estado actual y lo que te sucede. Y qué relación existe entre lo que has vivido, lo que piensas, lo que sientes y lo que te sucede.

- **Da un significado positivo a lo que te sucede.** Ejemplos: «Si algo me está sucediendo es porque la Vida está tratando de enseñarme algo importante y valioso para mí», «Todo lo que me sucede es para mi más alto bien, para que pueda disfrutar de mi Vida», «Confío en la vida y en su forma de enseñarme lo que es importante para mí», «No tengo ni idea de lo que significa lo que me está sucediendo, pero elijo confiar plenamente en la sabiduría de la Vida y me abro a descubrir el aprendizaje que esta experiencia tiene para mí».

- **Deja de hacerte preguntas destructivas** que te mantienen anclado en el victimismo y en la cesión de tu poder a lo externo o a otros, del tipo: «¿Por qué siempre me pasa lo mismo?», «¿Por qué a mí?», «¿Qué he hecho mal?».

- **Deja de hacerte daño,** de machacarte y autofustigarte con frases hirientes. Deja de repetirte pensamientos de este tipo: «Si es que soy tonto, un iluso, nunca lo conseguiré, me lo merezco por imbécil, yo no valgo para esto, no soy lo suficientemente bueno, siempre me pasa lo mismo, etcétera».

- **Hazte preguntas constructivas** que te ayuden a empezar a comprender la situación: «¿Qué necesito aprender de esta experiencia?», «¿Qué está tratando de enseñarme la Vida a través de esta experiencia?», «¿Qué es lo que no estoy aceptando?», «¿Qué sentimiento me genera lo que me está sucediendo?», «¿Qué pensamiento falso me estoy creyendo que me está generando sufrimiento o malestar?». Responder a estas preguntas y poner palabras a lo que sentimos, respirar y permitirnos sentirlas nos ayudará a liberarnos de las emociones que nos bloquean y nos hunden.

♡

Compasión y éxtasis

En la medida que abras tu corazón a la compasión,
podrás experimentar el éxtasis en tu cuerpo

Antes de nada, me gustaría aclarar que, para mí, sentir compasión no quiere decir sentir pena, cargar con el sufrimiento de otros o sufrir para acompañar a otros en su sufrimiento. No, nada de eso.

Sentir compasión por alguien para mí engloba **empatía y comprensión de los sentimientos de esa persona,** aceptando y respetando que esa persona sienta lo que está sintiendo, sin intentar cambiarlo.

Para poder perdonar el daño que alguien te ha hecho, es necesario comprender a esa persona. Y para poder comprenderla, primero has de conocer su verdad y aceptarla.

Por tanto, **sin honestidad y sin aceptación no podemos conocer la verdad,** y menos aún comprenderla.

El camino al éxtasis empieza con la **aceptación** (de lo que ya es o ya fue) y la **honestidad** (con uno mismo, dejar el autoengaño), que nos llevarán a la verdad. La verdad nos llevará a la **comprensión** y nos liberará, y esta a su vez nos llevará a la **compasión.** Y una vez que abrimos las puertas de nuestro corazón a la compasión, a empatizar y comprender a los demás y a nosotros mismos, podemos disfrutar del éxtasis en nuestro cuerpo.

Un cuerpo lleno de ira, rabia, enfado, rencor no tiene espacio para el éxtasis. El éxtasis necesita un espacio de amor, respeto y comprensión en nuestro cuerpo para expandirse.

El éxtasis tiene que ver con nuestra vibración. Cuanto más elevada es nuestra vibración, cuanto más elevamos nuestra consciencia, mayor es nuestra capacidad para disfrutar del éxtasis.

♡

10

SANAR LAS HERIDAS

☼

Cómo sanar la herida del rechazo

«Amarte significa otorgarte el derecho a ser tal como
eres ahora. El amor no tiene nada que ver con lo que
haces o con lo que posees. La aceptación es el elemento
desencadenante que pone en marcha la curación.»

LISE BOURBEAU

Una persona que se siente rechazada ha aprendido a rechazarse a sí misma e inconscientemente rechaza también a los
demás.

Aprendemos de lo que vivimos y sentimos en el útero de la madre y durante nuestra infancia, de cómo vimos que se trataba
nuestra madre a sí misma, de cómo la trataba nuestro padre y de
cómo ella trataba a nuestro padre.

Lo que vemos, oímos y experimentamos durante nuestra infancia es lo que vamos a aprender como «lo habitual». Pero que nos
hayamos sentido de una determinada manera no quiere decir que
eso sea lo normal, es solo una opción que hemos experimentado.

Es importante saber que también podemos sentirnos deseados,
aceptados, amados y valorados tal y como somos.

Cuando una mujer embarazada se ama, se acepta y se desea a
sí misma tal y como es, eso es lo que va a transmitir inconscientemente al bebé que se está gestando en su útero. Y esto es lo que
va a aprender el ser que está gestándose en su interior como lo
habitual.

Lo más maravilloso de todo para mí fue descubrir cómo podía-
mos sanar la herida del rechazo, independientemente de si fuimos
deseados o no por nuestros padres, o de si nuestra madre o nuestro padre tenían esa herida.

Es decir, da igual cómo fue el origen de tu vida en esta tierra y
en esta vida, **dentro de ti está el poder para sanar cualquier herida que se formó en ti en tu infancia.**

Más allá de tus padres, de las personas que te trajeron a esta tierra, **la vida te ama y te desea.** Tus padres son el canal que la Vida usó para que tú llegaras aquí.

Por eso, independientemente de cuánto y cómo te hayan amado tus padres, del tiempo que te hayan dedicado y de lo que vivieras durante tu infancia, es importante que tengas presente esto:

Tú eres hijo de la vida, tú eres hija de la vida, eres hijo/hija del deseo de la vida.

Tú eres hijo/hija de la voluntad de la vida. La vida te ama y te desea. Existes porque la vida deseó y desea que existas, que vivas y disfrutes de tu vida.

Tú eres fruto del amor, del deseo y de la voluntad de la vida. Eres deseo. Eres vida. Eres amor, eres voluntad, eres siempre deseado, deseada, amado y amada.

Mas allá de lo que hayas recibido de tus padres, la vida te ama y te desea, porque eres la vida viviendo a través de ti.

La vida te envuelve, te sostiene y te apoya en todo lo que te hace feliz. Porque cuando tú eres feliz, la vida es feliz. Porque la vida vive dentro de ti.

A la vida le encanta cómo eres, porque la vida te creó tal y como eres.

A la vida le encanta que seas feliz y disfrutes, porque cuando tú eres feliz y disfrutas, la vida es feliz y disfruta.

La vida desea que hagas tus sueños realidad, porque tus sueños son sus sueños.

Por eso, recuérdalo siempre, la vida te ama, te acepta, te desea y te apoya en todo lo que te haga feliz.

GRACIAS, YO PERMITO QUE ASÍ SEA, ASÍ ES, HECHO ESTÁ.

♡

Repite esto cada día tantas veces como lo necesites durante los días que lo necesites, y permítete emocionarte, sintiendo cada palabra. Porque **la verdad emociona al alma y libera y sana al cuerpo.** Si puedes repetir estas afirmaciones en voz alta y/o mirándote al espejo, sentirás que el efecto es mucho más potente.

Otras afirmaciones poderosas para sentirte amado y deseado son estas:

> Yo me acepto y me deseo tal y como soy.
>
> Yo me amo, me deseo y me elijo.
>
> Yo elijo y me permito ser yo misma/mismo.
>
> Yo elijo y me permito ser feliz.
>
> Yo me deseo feliz y amada/amado.
>
> Yo me bendigo y bendigo mi vida.
>
> Las personas no me definen ni con sus actos ni con sus palabras.
>
> Yo soy por mí misma/mismo.
>
> Yo valgo por mí misma/mismo.
>
> Yo poseo mi propio valor y mi propia esencia.
>
> GRACIAS, ASÍ ES, HECHO ESTÁ.

Estas afirmaciones son muy poderosas porque están llenas de palabras de amor, verdad, aceptación y deseo hacia nosotros mismos. Y cuanto más las decretemos y nos permitamos sentirlas y emocionarnos con ellas, más profundamente quedarán grabadas en nuestro subconsciente y en nuestro cuerpo. **Amarnos y aceptarnos tal y como somos será algo natural cuando integremos estas decisiones en nuestro cuerpo y en nuestra mente.** Y cuanto más practiquemos este autoamor y esta autoaceptación, más natural nos resultará amar y aceptar a los demás tal y como son. Y la consecuencia de esto será que, cuanto más amemos, aceptemos y respetemos a los demás tal y como son, más amados, aceptados, deseados y respetados nos sentiremos por los demás.

Tú eres la única persona que puede sanar tu herida del rechazo aceptándote tal y como eres, permitiéndote ser tú mismo/misma, reconociendo tu propio valor y tu derecho a ser tú misma, a brillar, a ser feliz y a ser visto/vista.

La herida del rechazo la hacemos más grande:

- Cuando nos rechazamos por ser como somos, por lo que no tenemos, y cuando rechazamos a los demás por no darnos lo que a nosotros nos gustaría que nos dieran o hicieran.
- Cuando nos anulamos a nosotros mismos.
- Cuando nos negamos nuestro propio valor. Cuando creemos que no somos importantes en la vida de los demás.
- Cada vez que huimos o no afrontamos lo que nos da miedo.

Sanamos la herida:

- **Cuando nos aceptamos** a nosotros mismos tal y como somos en cada momento.
- **Cuando dejamos de anularnos y de negarnos** nuestro valor, autenticidad, capacidad y nuestros dones, **y nos afirmamos a nosotros mismos.**
- **Cuando dejamos de rechazar la vida y lo que nos sucede.** Cuando dejamos de intentar cambiar lo que es o lo que nos ha sucedido. Cuando aceptamos la experiencia, permitimos que la vida fluya, aceptamos lo que ya se ha terminado y nos abrimos a lo nuevo que viene. **Soltar es lo que nos sana.** Dejar de intentar cambiar la realidad y aceptar el fluir de la vida.
- Cuando dejamos de intentar cambiar a los demás y los aceptamos tal y como son. **Cuando respetamos su libertad para ser ellos mismos y nuestra libertad para ser nosotros mismos.**

- **Cuando dejamos de huir** de lo que nos da miedo y **afrontamos nuestros miedos** y nos permitimos sentirlos.
- **Cuando** dejamos de escondernos por miedo a ser rechazados y **nos permitimos ser vistos,** y nos atrevemos a mostrarnos tal y como somos, a gustar y a no gustar.
- **Cuando nos permitimos gustarnos, desearnos y enamorarnos de nosotros mismos**.
- Cuando nos permitimos ocupar nuestro lugar, habitando nuestro cuerpo, con nuestra respiración, con nuestro cariño, caricias, abrazos, amándolo y cuidándolo.

Cómo sanar la herida del abandono

Tú eres la única persona que puede sanar tu herida del abandono con tu presencia, tu compañía, tu atención, tu cariño y tu alegría. La herida del abandono crece:

- Cada vez que huimos de nosotros, cada vez que evitamos estar a solas con nosotros mismos y buscamos incansablemente la compañía de los demás, su atención, su presencia, e inconscientemente anhelamos que satisfagan nuestras necesidades no atendidas por nosotros.
- Cuando nos excluimos, cuando ignoramos nuestros deseos y necesidades, cuando estamos con otros y nos olvidamos de nosotros, no nos tenemos en cuenta y ponemos nuestra atención únicamente en los demás y en lo que ellos dicen y en lo que ellos quieren.
- Cada vez que no nos ocupamos de nosotros y no nos prestamos la atención que necesitamos.
- Cuando abandonamos nuestros sueños y los proyectos que realmente nos interesan.

- Cuando nos apegamos excesivamente a los demás.
- Cuando buscamos la aprobación de los demás en los proyectos que deseamos llevar a cabo.

La herida del abandono la sanamos cuando elegimos estar con nosotros, cuando elegimos disfrutar de nuestra compañía, cuando nos damos el tiempo y la intimidad para poder escucharnos y para darnos lo que necesitamos.

Eso no quiere decir que tengamos que estar siempre solos para sanarla. Lo importante es permitirte pasar tiempo contigo, el suficiente como para poder escucharte y saber lo que necesitas en cada momento. A veces necesitamos estar a solas con nosotros. Y otras veces necesitamos estar con otros y con nosotros.

La sanamos cada vez que nos incluimos, nos atendemos y nos tenemos en cuenta (lo que intuimos, lo que sentimos, lo que necesitamos, lo que deseamos, lo que no queremos, etcétera).

> Tu presencia, tu atención, tu compañía, tu escucha, tu mirada, tu cariño y tu comprensión son muy poderosas y sanadoras.

Fíjate si son valiosas, importantes y poderosas que eso es lo que las personas buscan en ti. En realidad, y en esencia, eso es lo que todas las personas buscamos en los demás en algún momento.

Las personas quieren estar contigo por tu energía, por tu presencia, por tu atención, por tu mirada, por tu escucha, por tu cariño, por tu comprensión, por tu sonrisa, por tus elogios, por tus besos, por tus abrazos, por tu alegría, por tu sentido del humor, etcétera.

Me parece muy interesante que nos demos cuenta de que eso que a menudo pasamos por alto y no valoramos en nosotros es lo que los demás buscan en nosotros.

Y así andamos todos buscando en los demás eso tan valioso que está en nosotros y que todos tenemos, al menos en potencia. Al margen de que unos tengan más desarrolladas unas cualidades que otros. Pero en potencia todos tenemos esas cualidades:

- Cuando nos sentimos bien con nosotros mismos estando con nosotros.
- Cuando dejamos de intentar llamar la atención de los demás.
- Cuando nos permitimos hacer lo que queremos, aunque no contemos con la aprobación de los demás.

Cómo sanar la herida de la injusticia

«La justicia es la apreciación, el reconocimiento y el respeto de los derechos y del mérito de cada uno.»

LISE BOURBEAU

Ser justo contigo mismo es apreciar, reconocer y respetar tus derechos y tu propio mérito.

La herida de la injusticia la hacemos más grande:

- Cuando somos injustos con nosotros.
- Cuando somos muy exigentes con nosotros mismos.
- Cuando no respetamos nuestros límites.
- Cuando solo vemos los errores que hemos cometido, nos criticamos y no nos permitimos ver nuestras cualidades.
- Cuando no nos permitimos disfrutar de lo que nos gusta o nos negamos el placer.

La herida de la injusticia la sanamos:

- Cuando dejamos de ser injustos con nosotros mismos y empezamos a ser justos con nosotros mismos (valga la redundancia).
- Cuando nos concedemos nuestro aprecio, cuando reconocemos y respetamos nuestros derechos y cuando reconocemos nuestros logros.
- Con nuestra comprensión, nuestra flexibilidad, nuestra tolerancia, nuestro respeto y nuestra generosidad con nosotros mismos.
- Cuando dejamos de ser tan exigentes con nosotros, y nos permitimos sentirnos merecedores de lo mejor tal y como somos ahora, y nos permitimos recibir todo lo bueno que la vida nos ofrece cada día.
- Cuando dejamos de exigirnos ser perfectos y nos permitimos cometer errores, y seguir siendo cariñosos, respetuosos y comprensivos con nosotros y con nuestro proceso de aprendizaje (cuando dejamos de entrar en cólera y de criticarnos cada vez que nos equivocamos).
- Cuando nos permitimos ser nosotros mismos y expresar lo que sentimos.
- Cuando nos permitimos mostrar nuestra vulnerabilidad, llorar delante de otras personas, sin temor al qué dirán.
- Cuando nos permitimos disfrutar de lo que nos gusta, necesitamos y nos hace bien, y experimentar placer.

Afirmaciones poderosas

Yo puedo cometer errores y ser amado/amada,
recibir cariño y calidez.

Yo elijo y yo puedo cometer errores y perdonarme,
amarme y tratarme con cariño en todo momento.

Tengo derecho a disfrutar de mi calidez y la de los demás en
todo momento, cuando me equivoco también.

> Yo puedo ser flexible, tolerante y comprensivo/comprensiva conmigo mismo/misma y con los demás.
>
> Yo me merezco y yo tengo derecho a ser comprensivo/comprensiva conmigo en todo momento.

Cómo sanar la herida de la traición

La herida de la traición **la alimentamos:**

- Cuando nos mentimos o nos autoengañamos, convenciéndonos para creer cosas que son falsas.
- Cuando nos somos infieles y abandonamos los compromisos que tenemos con nosotros mismos (amarnos, cuidarnos, atendernos, darnos lo que necesitamos, hacernos felices, etcétera).
- Cuando nos obligamos a hacerlo todo nosotros solos por no confiar en los demás.

La sanamos:

- **Cuando aceptamos los cambios de planes con facilidad.**
- **Cuando dejamos de vivir nuestras emociones con tanta intensidad.**
- Cuando nos permitimos sentirnos orgullosos de nuestros propios logros, nos reconocemos nuestros méritos independientemente de que sean reconocidos o no por los demás. **Cuando nos sentimos orgullosos de nosotros mismos y dejamos de depender del reconocimiento ajeno.**

Afirmaciones poderosas

> Yo puedo mostrar mi vulnerabilidad y ser amado/amada y respetado/respetada.
>
> Yo puedo serme fiel a mí, ser fiel a mi felicidad y a lo que es importante para mí, y ser amado/amada, aceptado/aceptada y respetado/respetada tal y como soy.
>
> Está bien que yo me reconozca a mí mismo/misma mis propios logros y me sienta orgulloso/orgullosa de mí.
>
> Yo puedo confiar en mí, en mi intuición y en mi instinto.
>
> Yo puedo elegir en quién confiar.

Cómo sanar la herida de la humillación

La herida de la humillación **la hacemos más grande:**

- Cuando nos rebajamos o nos sometemos a la voluntad de otros.
- Cuando nos comparamos con otros infravalorándonos.
- Cuando nos acusamos por no ser o tener lo que nos gustaría.
- Cuando asumimos responsabilidades de los demás, privándonos de nuestra libertad para hacer lo que realmente nos gustaría y de tiempo para nosotros mismos.
- Cuando ignoramos nuestras propias necesidades y deseos, y nos enfocamos en satisfacer las necesidades y deseos de otros.

La sanamos:

- Cuando nos damos el tiempo necesario para escuchar, reconocer y atender nuestras propias necesidades y deseos, y les damos prioridad.

- Cuando dejamos de cargar con responsabilidades de los demás y nos permitimos disfrutar de nuestra libertad y de lo que realmente queremos hacer.
- Cuando dejamos de negarnos nuestra libertad con obligaciones autoimpuestas.
- Cuando nos atrevemos a decir «no» a lo que no queremos, y «sí» a lo que sí queremos.

Afirmaciones poderosas

Está bien y es muy sano que yo me permita disfrutar de mi vida y del placer con mis cinco sentidos.

Está bien que yo me permita disfrutar del tacto, del contacto físico, de las caricias, los besos, los abrazos, los orgasmos, la excitación y el éxtasis en lo cotidiano.

Las caricias, los besos y los orgasmos son muy buenos para mi cuerpo y para mi alma.

Yo puedo atender mis propias necesidades y ser respetado/respetada.

Yo me permito escuchar mis propios deseos. Yo puedo hacer realidad mis propios deseos y ser respetado/respetada.

Yo me autorizo a disfrutar de mi sensualidad.

Yo apruebo y autorizo mi sensualidad y mi sexualidad.

Yo me concedo mi libertad para disfrutar de los placeres sensuales y sentirme en paz y orgulloso/orgullosa de mí.

Yo tengo derecho a disfrutar de mi propio placer y a atender mis propias necesidades y a ser respetado/respetada.

Yo puedo decir «no» a satisfacer los deseos y necesidades de los demás y ser respetado/respetada.

Yo puedo decir «sí» a satisfacer mis deseos y necesidades y ser amado/amada y respetado/respetada.

Yo me permito satisfacer mi necesidad de disfrutar de mi placer y de mi sensualidad.

Disfrutar del placer y de la sensualidad son necesidades humanas y naturales en el ser humano.

Yo me autorizo a expresar mi alegría y a disfrutarla.

Está muy bien y es muy sano que yo disfrute y exprese mi alegría. Siempre soy amado/amada. La alegría es mi derecho.

Yo soy digna de disfrutar de una hermosa relación amorosa y sexual con el hombre/la mujer que amo y deseo y que me corresponde como compañero/a por derecho divino.

Resumen: sanación de las heridas

El abandono se sana atendiéndote, eligiendo estar contigo, disfrutando de tu compañía, con tu atención y tu presencia, dándote lo que necesitas, responsabilizándote de tu felicidad, de tu bienestar y de tu vida. **Permitiéndote decidir por ti mismo y elegir lo que te hace feliz.**

El rechazo se sana aceptándote tal y como eres, **permitiéndote ser tú mismo,** expresando lo que necesitas, apreciando tu presencia, **ocupando tu lugar** y afrontando lo que te da miedo. Permitiéndote decir «no» a lo que no quieres y respetando los «no» de los demás sintiéndote bien contigo y amado.

La traición se sana siéndote fiel, dándote lo que necesitas y haciendo lo que te hace feliz, respetando la libertad de los demás y permitiéndote mostrar tu **vulnerabilidad.** Soltando el control, aceptando los cambios de planes y confiando en que cada persona es capaz de hacerse cargo de su vida.

La humillación se sana aceptando tu sensualidad, permitiéndote **disfrutar del placer y de tu libertad,** sintiéndote **orgulloso de ti.** Permitiéndote gustarte. Atendiendo tus necesidades y dando prioridad a satisfacer tus necesidades y deseos.

La injusticia se sana siendo justo contigo mismo, respetando y reconociendo tus derechos y tus méritos. Permitiéndote mostrar tu sensibilidad, perdonándote tus errores y siendo cálido contigo mismo en todo momento. Permitiéndote ser más flexible contigo, disfrutar de tu vida y ser feliz. Reconociéndote todo lo bueno que hay en ti y permitiéndote recibir todo lo bueno que la vida tiene para ti.

♡

11
HERRAMIENTAS
DE PODER

☼

Técnicas
de liberación emocional

1. El método de liberación de corazas, o MLC, consta de una serie de movimientos de apertura, estiramiento y unificación, mientras pones especial atención en tu respiración y en las partes del cuerpo que estás utilizando en cada ejercicio. La respiración y tu mirada interna juegan un papel muy importante. Algunos ejercicios se realizan con pelotas de goma o de espuma, con cilindros de espuma.

El método de liberación de corazas me ha ayudado mucho a reconectar con mi cuerpo y liberar infinidad de tensiones y emociones que estaban atrapadas en él. Desde que lo descubrí, lo practico casi todos los días; aunque solo le dedique diez minutos, es muy eficaz para relajar el cuerpo. Obviamente, cuando le dedico una hora, la relajación que logro es mucho mayor que cuando solo lo hago diez minutos. Lo bueno es que cada uno puede elegir el tiempo que quiere dedicarle cada día.

2. La práctica del yoga también me ha ayudado mucho a reconectar con mi cuerpo, a liberar tensiones y a elevar mi estado emocional. Me encanta cómo me siento cada vez que lo practico. Por esta razón, también forma parte de mi práctica diaria.

Cuando me siento mal, lo tengo claro, voy directa a mi esterilla y hago unas series de asanas de yoga y unas series de MLC. La práctica del yoga y del MLC se complementan.

3. La danza es una herramienta maravillosamente liberadora y empoderadora, bailar descalzo delante de un espejo y permitir a tu cuerpo que exprese y libere todo lo que necesita y desea expresar y liberar.

Los estiramientos y el baile son prácticas que realizo desde muy niña, porque me encantaban y me sentaban divinamente. Con tres y cuatro años, cuando mi madre venía a despertarme, le decía: «¡Mamá, déjame un ratito, que voy a crecer!». Y me estiraba.

Y bailar me apasionaba y a menudo me venía la imagen de mí bailando en un escenario delante de miles de personas. Lo tenía muy claro, la danza era mi pasión, y es una herramienta muy poderosa para conectar con nuestro cuerpo, liberarlo y elevar nuestra vibración y nuestro estado emocional.

4. **El yoga tántrico** es la cuarta herramienta inmensamente liberadora que he incorporado en mi vida. A través de una serie de movimientos y respiraciones conscientes podemos conectar con nuestro corazón, con nuestra sexualidad, con nuestro cuerpo, con nuestro interior, liberar infinidad de bloqueos, tensiones y emociones, y elevar nuestra energía vital, conectar con la fuerza de la vida, con nuestra pasión, alegría, estructura, confianza, fuerza y seguridad interior.

Y en este campo del yoga tántrico, a mí personalmente me han ayudado mucho las prácticas del programa de **sexualidad orgánica** de Anna Herms.

5. **El *tapping* o EFT** (*emotional freedom technique*) es otra de las herramientas más eficaces, poderosas y sencillas de liberación emocional que he conocido. Es la más fácil y la más sencilla de practicar porque lo puedes hacer casi en cualquier sitio.

La combinación de estas cinco herramientas —el yoga, el MLC, la danza, el yoga tántrico y el *tapping*— me parece tremendamente poderosa y liberadora a nivel físico, mental y emocional. Si no las conoces, te animo a probarlas y a experimentarlas por ti mismo.

♡

Hacer el amor con amor nos ayuda a elevar nuestra vibración y la vibración de la Tierra

Cada vez que hacemos el amor con amor y disfrutamos plenamente de la experiencia, sin prisas, sin expectativas, nuestra energía vital se eleva, y esto es sumamente beneficioso para nuestro cuerpo, nuestra salud y, por extensión, es bueno para todo el planeta y para el cosmos. Porque todo está conectado.

Cada vez que hacemos algo que eleva nuestra vibración —reír, bailar, cantar, disfrutar, abrazarnos, besarnos, hacer el amor, meditar, hacer yoga, darnos masajes, caminar por la naturaleza, bañarnos en el mar o en un río, etcétera—, contribuimos a elevar la vibración del Universo.

Nuestro cuerpo se relaja, sana, repara sus heridas, y nuestra salud mejora cuando vibramos alto.

El test de kinesiología

El test de kinesiología se basa en la fuerza muscular de nuestro cuerpo o en el impulso de la vida en nosotros para verificar si algo es bueno para nuestro cuerpo o no.

Este test funciona cuando estamos relajados y respetamos la libertad de nuestro cuerpo para expresarse, para decirnos si algo es bueno para él o no. En el momento en que intentamos controlar la respuesta de nuestro cuerpo, porque queremos que nos diga lo que queremos oír, pierde su validez. Soltar el control y aceptar lo que el cuerpo necesita decirnos es clave para que funcione.

Hay varias formas de realizar este test. La forma que más uso yo es ponerme de pie, con los pies ligeramente juntos, de forma que me sienta cómoda y relajada, mirada al frente, espalda recta, pecho abierto, hago un par de respiraciones profundas y formulo una afirmación.

A continuación, observo si mi cuerpo se inclina hacia adelante o hacia atrás. Si lo hace hacia adelante, la respuesta a la afirmación que he hecho es un «sí». El impulso de la vida me lleva hacia adelante.

Si el cuerpo se inclina hacia atrás, la respuesta a la afirmación que he hecho es «no».

Esta es una forma de probar o descubrir si un alimento es bueno o no para nosotros, si nuestro cuerpo necesita alguna vitamina, complemento alimenticio o nutriente en concreto en ese momento, o si necesita que retiremos algo de nuestra alimentación porque no le sienta bien.

También es una forma para detectar o identificar creencias limitantes o emociones que tenemos alojadas en nuestro subconsciente.

El poder de los colores

Los colores que usamos para vestirnos o para decorar nuestra casa pueden ayudarnos a elevar nuestra vibración o a sintonizar con nuestra confianza, alegría o poder interior. Cuando un color nos llama, es para ayudarnos a sintonizar con la vibración que necesitamos y deseamos alcanzar en ese momento.

Al igual que las piedras, los aceites esenciales y las flores de Bach, cada color, cada piedra, cada planta y cada flor tienen una vibración característica que nos puede ayudar a elevar nuestra vibración, a comprender algo de nosotros mismos, a conectar con nuestra confianza, amor o poder interior.

Los colores, las piedras, las flores y las plantas son poderosas herramientas que la vida nos ofrece para recordar nuestra esencia y conectar con nuestros innumerables potenciales. Al no haber sido condicionadas como nosotros, poseen su vibración original y nos ayudan a conectar con nuestra esencia y vibración original.

Y esto sucede por resonancia, por cercanía, por contacto físico. Recordemos que todo es energía. Y cuando tocamos algo que tiene una vibración más elevada que la nuestra, la tendencia de nuestro sistema (cuerpo, emociones y mente) es a sintonizar con esa vibración.

EL COLOR ROJO

Color cálido que nos conecta con el amor, la pasión, la alegría y las ganas de vivir.

Nos ayuda a conectar con nuestra fuerza, confianza y seguridad interior.

Nos ayuda a enraizarnos con la Tierra y a sentir que estamos hechos de la misma energía que nos ha creado. Nos ayuda a sentirnos conectados con nuestra sexualidad y con la energía creativa de la Vida. Y ese sentimiento de conexión con la Tierra y la Vida nos aporta seguridad y confianza.

Cuando nos llama el color rojo, son la Vida, la alegría y la pasión quienes nos están llamando.

EL COLOR NARANJA

Color cálido que nos conecta con la alegría de vivir, con la ligereza, la armonía y la suavidad.

El naranja es un color que relaja, a la vez que estimula y energiza, pero de forma mucho más suave que el rojo.

Está relacionado con el pensamiento positivo y las ganas de hacer amigos y relacionarse.

Nos ayuda a relativizar, a no dar tanta importancia a lo que nos quita la alegría, y a fluir con la vida.

EL COLOR AMARILLO

Color cálido que nos conecta con nuestro poder personal. Nos ayuda a elevar nuestra autoestima y la confianza en nosotros mismos.

El color amarillo tiene un efecto antidepresivo que nos ayuda a despertar en nosotros el entusiasmo por la vida, el ánimo y la risa.

Usado en las dosis adecuadas, nos ayuda a conectar con nuestra sabiduría y claridad. Si lo usamos en exceso, puede llegar a inquietarnos o a generar intranquilidad.

EL COLOR VERDE

Representa el equilibrio y la armonía. Nos ayuda a relajarnos y a centrarnos.

Ayuda a disminuir el estrés, los pensamientos negativos, a tranquilizarnos y a calmar la mente.

Nos ayuda a reconectar con nuestra paz y nuestra calma interior.

EL COLOR VIOLETA

Representa la transformación. Nos ayuda a equilibrarnos física, mental y emocionalmente en momentos de cambios.

Nos ayuda a meditar, a relajarnos, a estabilizarnos y a conservar nuestro equilibrio.

EL COLOR AZUL ÍNDIGO

Nos ayuda a conectar con nuestra sabiduría e inteligencia interior.

Nos ayuda a conectar con nuestra intuición y nuestro instinto, y con la visión (imágenes, información) que nuestra intuición y nuestro instinto nos ofrecen.

EL COLOR AZUL CLARO

Representa la protección. Es un color más sedante que el verde. Nos aporta calma, tranquilidad, paz y serenidad.

Cuando sentimos ansiedad, levantar la cabeza y mirar hacia el cielo azul claro nos ayuda a calmarnos y a relajarnos. Si es de noche, estando sentados y con los dos pies apoyados en el suelo o tumbados en la cama, podemos inclinar la cabeza ligeramente hacia arriba, cerrar los ojos y visualizar un cielo azul claro.

12
ALIMENTACIÓN Y EMOCIONES

☼

Alimentación,
felicidad y salud emocional

Hay alimentos que pueden obrar auténticos milagros en nuestra vida.
Y hay alimentos que, cuando dejamos de tomarlos, nuestro cuerpo obra auténticos milagros.
Y a veces el medicamento que más necesitamos es dejar de comer ciertas cosas.

En mi camino de investigación personal, he comprobado que por mucha terapia o deporte que hagamos, nuestro cuerpo también necesita que lo alimentemos adecuadamente.

Lo que comemos puede afectar positiva o negativamente a nuestra salud integral. Lo que necesita nuestro cuerpo también depende del momento que estamos viviendo. Por eso es tan importante aprender a escuchar nuestro cuerpo para poder reconocer lo que necesita y lo que nos pide en cada momento.

Uno de los grandes descubrimientos que hice mientras escribía este libro es que las personas que han sufrido experiencias traumáticas, mucho miedo o mucho estrés de forma prolongada, y no toman suficiente fruta a diario, es probable que tengan un déficit de glucosa en el cerebro. Y eso no solo afecta a nuestras capacidades mentales, sino también a nuestro estado emocional.

El cerebro de una persona sana en todos los niveles y que se alimenta adecuadamente cuenta con una reserva de glucosa. Cuando el estrés y el miedo están muy presentes en nuestro día a día, consumen mucha glucosa, y si no reabastecemos el cuerpo adecuadamente, esto va a afectar a nuestros estados emocionales y a nuestra claridad y fluidez mental.

¿Y cómo podemos ayudar al cerebro a volver a llenar su despensa de glucosa? Con la fruta y la miel cruda. Al cerebro no le sirve el azúcar procesado. El cerebro necesita glucosa de alimentos naturales y crudos.

Incorporar la miel en mi día a día y aumentar la cantidad de fruta me cambió la vida. Literalmente sentí la alegría dentro de mí de forma instantánea y un «GRACIAS» de mi cerebro, que estaba celebrándolo.

Una herramienta que a mí también me ha ayudado mucho a saber lo que mi cuerpo necesita es el test de kinesiología. Está explicado en el capítulo anterior: «Herramientas de poder». A mí me ayuda mucho a comunicarme con mi cuerpo de una forma muy sencilla. Y al igual que todo lo que a mí me ha servido, te animo a experimentarlo por ti mismo.

Alimentos curativos

Hay muchísimos. Yo solo os voy a hablar de los que he probado y me han dado maravillosos resultados. Mi recomendación es que, si sientes que alguno te puede hacer bien, lo testes con el test de kinesiología que explico en capítulos anteriores para asegurarte de si tu cuerpo lo necesita o no.

Puedes usar esta afirmación o alguna similar: «El/la (nombre del alimento) es bueno para mi cuerpo».

También puedes preguntar a tu cuerpo: «¿Necesito tomar alguno de los alimentos que aparecen en esta página ahora para mi mejor salud y equilibrio emocional?».

Y tu cuerpo te dirá «sí» o «no». Si la respuesta es «sí», a partir de ahí puedes ir testando uno por uno.

También es importante tener en cuenta que no siempre necesitamos tomar las mismas cosas. Tal vez hoy necesitas tomar algo y mañana no.

Yo los llamo *curativos* porque pueden ayudar al cuerpo a depurarse o a reforzar tu salud en aquellos aspectos que lo necesite. Creo que determinados alimentos pueden ayudarnos mucho cuando los tomamos en el momento apropiado.

Notas aclaratorias

Si dudas o tienes algún problema de salud, consulta con tu médico o con un especialista en nutrición holística.

También quiero dejar claro que estos alimentos no sustituyen a ningún tratamiento médico. Si estás tomando algún medicamento o estás embarazada, consulta con tu médico o farmacéutico antes de tomar una hierba medicinal.

Si tienes hijos y quieres darles de probar alguna de estas cosas, antes de hacerlo consulta con tu médico o farmacéutico para saber a partir de qué edad lo pueden tomar.

Alimentos que ayudan a depurar los metales pesados de nuestro organismo

Esta información llegó a mí gracias a mi amiga Eva Jordá, que me recomendó la lectura del libro *Médico médium,** de Anthony William. Te lo digo por si deseas profundizar más en este tema. Para mí es un libro de consulta que me ha ayudado a comprender muchas cosas y a descubrir todo el bien que pueden hacernos determinados alimentos.

Al igual que todo lo que comparto en este libro, no tienes que creerte nada de lo que digo, pero sí te animo a experimentar todo aquello que te llame la atención y a comprobarlo por ti mismo.

- **Espirulina.** Yo la tomo en comprimidos. También la hay en polvo para añadirla a zumos o batidos.
- **Cilantro.** Preferiblemente fresco. Puedes tomarlo en zumos, ensaladas, guacamole, etcétera.

* Móstoles, Arkano Books, 2016.

- **Arándanos silvestres.** Evita los que estén edulcorados con azúcar.
- **Dulce atlántico.** Es un alga salada. Yo la parto en trocitos y a veces la pongo en la ensalada. También se puede batir e incluir en zumos.
- **Extracto en polvo de zumo de cebada verde.** Cuando lo tomo, lo tomo en ayunas diluido en un vaso con un poco de agua.

Periodicidad y cantidad: cuántos días necesitamos tomar estos alimentos para depurar nuestro cerebro varía de unas personas a otras. Mi recomendación es que lo testes con tu cuerpo, porque nadie mejor que él sabe lo que necesita en cada momento.

Yo tomé tres de estos alimentos durante un par de semanas todos los días. Y a partir de ahí, integré en mi dieta el cilantro y la espirulina. Casi todos los días tomo algo de cilantro y espirulina. Y hay días que descanso.

Escucha a tu cuerpo y dale lo que te pida en cada momento. El test del péndulo con el cuerpo para mí es el más sencillo y eficaz. Y ante la duda, consulta con un experto en nutrición holística.

Alimentos que han cambiado mi vida

Casi todo lo que he aprendido sobre estos alimentos primero lo leí en el libro *Alimentos que cambian tu vida,** de Anthony William, y luego lo experimenté incluyéndolos en mi dieta. La mayoría de estos alimentos los tomo todos los días, y otros, varios días a la semana. Si te interesan tu alimentación y tu salud, te lo recomiendo. Este libro me parece superinteresante, revelador y de gran ayuda por toda la información tan valiosa que aporta a nivel biológico y emocional.

* Móstoles, Arkano Books, 2018.

JENGIBRE

Potente antiinflamatorio y antiespasmódico, antivírico, antibacteriano y antiparasitario. Fortalece la salud del sistema inmunitario.

Nos ayuda a gestionar el estrés, a enraizarnos con la tierra, a sentirnos más conectados con ella. Y eso nos da seguridad y nos relaja.

> «Calma el estómago revuelto y relaja cualquier área de tensión durante doce horas. Actúa como tónico para los órganos y los músculos y le dice al cuerpo que puede relajarse.
>
> El jengibre es ideal para las personas que se sienten obligadas a tragarse lo que tienen que decir. Nos enseña a soltar lo que no nos sirve de nada.»
>
> ANTHONY WILLIAM

MIEL CRUDA

Es un regalo para todo nuestro cuerpo y, en especial, para nuestro cerebro. Tal y como he comentado antes, yo siento la alegría en cuanto la tomo. Y con alegría la vida se ve de otro color.

A mí me conecta con la vida. Es uno de los alimentos más poderosos que existen para nuestro cerebro, gracias, entre otras cosas, a la glucosa que le aporta. El cerebro puede usar la que necesite y almacenar la que no para cuando la necesite, creando así una reserva de glucosa.

También mata patógenos, repara el ADN y es muy rica en minerales como el calcio, el potasio, el zinc, el selenio, el fósforo, el cromo, el manganeso y el molibdeno.

> «Alimento increíblemente medicinal. Puede detener el proceso de crecimiento tumoral. Lo que significa que puede detener en seco el cáncer.»
>
> ANTHONY WILLIAM

LIMÓN Y LIMA

Ayudan a depurar y desintoxicar el organismo. Ayudan a reducir el contenido de grasa en sangre, previenen la formación de gases, facilitan y agilizan la digestión.

Potentes descongestionantes en procesos gripales. Ricos en vitamina C, calcio y antioxidantes.

> «Limpiador asombroso del hígado, los riñones, el bazo, el tiroides y la vesícula.»
>
> ANTHONY WILLIAM

CILANTRO

Potente alimento para depurar los metales pesados tóxicos del cerebro y del hígado. Rico en sales minerales como el sodio, el potasio y el cloro. Antivírico, antibacteriano y depurativo, elimina y saca los virus y bacterias del organismo, es maravilloso. Para mí es un imprescindible. Lo tomo prácticamente todos los días, en el zumo de la mañana, en ensaladas o en el guacamole.

> «Asombroso depurativo hepático. Es una de las mejores hierbas para las glándulas suprarrenales y maravillosa para equilibrar el azúcar en sangre y para impedir el aumento de peso, la dificultad para pensar con claridad y los problemas de memoria.»
>
> ANTHONY WILLIAM

MANZANA

Potente antiinflamatorio que ayuda a calmar el organismo eliminando las bacterias que generan la inflamación. Posee alto contenido en fibra, minerales y antioxidantes.

Según explica Anthony William en su libro *Alimentos que cambian tu vida*, es un alimento muy nutritivo para las neuronas y ayuda a eliminar metales pesados y toxinas. Ayuda a depurar y purificar los órganos, mejora la circulación del sistema linfático y regula el nivel de azúcar en sangre.

Y tiene infinidad de beneficios para otras muchas cosas. Esto es solo un pequeño resumen.

> «Pueden devolverte tu vitalidad, elevarte, alegrar tu espíritu y ayudarte a estar más lleno de energía. Una manzana nos conecta de nuevo con la vida, con el renacer, con la luz del sol y con el verano.»
>
> ANTHONY WILLIAM

APIO

Doy fe de que es uno de los alimentos antiinflamatorios más potentes que existen, junto con el jengibre y la manzana. Durante un año yo lo tomé en un zumo con manzana, jengibre, cilantro y canela casi todos los días para desayunar. Era lo primero que tomaba cada día. A veces, en vez de cilantro, ponía menta o perejil. Y ya lo creo que mi vida cambió. Literalmente, empecé a deshincharme.

Ahora tomo este zumo una o dos veces a la semana, según me pida el cuerpo, y si no tomo zumo, incluyo el apio en ensaladas.

Según Anthony William, el apio ayuda a eliminar las bacterias improductivas, las levaduras, los hongos, los virus, las toxinas y desechos del tracto intestinal y del hígado.

Ayuda a limpiar y reparar el revestimiento intestinal. Y ayuda a prevenir numerosos trastornos intestinales, mejora la función renal y ayuda a relajar la mente.

> «Tendemos a almacenar mucho miedo en el intestino. El apio sirve para recuperar todo el aparato digestivo. Utilízalo por sus efectos tranquilizadores cuando te sientas asustado, con ataques de pánico, amenazado, inseguro o a la defensiva.
>
> Tomar zumo de apio es lo más curativo, transformador y con capacidad para cambiarnos la vida que existe.»
>
> ANTHONY WILLIAM

HINOJO

Antiinflamatorio, antiespasmódico, digestivo, carminativo (favorece la expulsión de gases), diurético (favorece la depuración de toxinas a través de la orina), expectorante y mucolítico, y antiséptico (combate infecciones líricas y bacterianas).

A nivel emocional, nos ayuda a conectar con nuestra voluntad, con nuestra calma, con nuestro valor y nuestra seguridad interior, para poder lograr lo que nos proponemos.

También nos puede ayudar a expresar nuestras emociones y sentimientos.

AGUACATE

Es un alimento muy nutritivo. Yo lo tomo casi todos los días. Es muy bueno para el aparato digestivo y es maravilloso para el cerebro. Posee componentes antiinflamatorios y ácidos grasos omega-6, que ayudan a restaurar el sistema nervioso central.

Es antioxidante, tiene un alto contenido en fibra (laxante) y propiedades antienvejecimiento para la piel. Es especialmente bueno para el útero, los ovarios, el tracto urinario y el colon. Y muy bueno para muchas otras cosas.

Nutre el cuerpo y el alma. Y a nivel emocional ayuda a desmontar y liberar la culpa y la vergüenza.

«Los aguacates nos ayudan a encontrar el camino de vuelta a nosotros mismos. Cuando necesitamos fuerza emocional y conexión con lo que realmente somos, cuando tenemos que curar un corazón roto, los aguacates nos fortalecen.

Son lo más nutritivo que hay, son la fruta madre, lo más parecido a la leche materna. Son los maestros del amor incondicional, tanto hacia ti mismo como hacia los demás.»

ANTHONY WILLIAM

DÁTILES

Nos ayudan a tener claridad mental y a tomar decisiones. Favorecen la atención, la concentración y la agilidad mental.

Ayudan a personas con ansiedad, con ataques de pánico, confusión o estrés postraumático (TEPT).

Son buenos para fortalecer los músculos y los nervios.

También son buenos para el aparato digestivo, son antiparasitarios (limpian el intestino de parásitos, hongos, metales pesados, bacterias improductivas y virus, y los elimina) y laxantes (tienen un alto contenido en fibra soluble).

Son uno de los alimentos más nutritivos y ricos en minerales que existen. Son muy ricos en potasio, calcio, fósforo y magnesio. Y, aparte de nutrir el cerebro y los músculos, son muy buenos para personas con anemia.

El magnesio favorece la capacidad de pensar, aprender, recordar, leer y hablar. Calma el sistema nervioso central.

A mí personalmente me han ayudado a tener más claridad mental, a conectar con mi valor, a superar el miedo a despertar envidia, a tomar decisiones, a sentirme más segura para abrirme al cambio, a mostrarme cada vez más tal y como soy, a expresar lo que siento, y a emprender lo que realmente quiero hacer.

GINKGO BILOBA

El ginkgo es un árbol originario de China y Japón que cuenta con más de dos millones de años de antigüedad. Es un auténtico superviviente que ha sobrevivido a cambios bioclimáticos, geológicos y a las contaminaciones graves que ha experimentado la Tierra.

El ginkgo ayuda a eliminar el mercurio del cerebro y reduce su inflamación. Protege las membranas celulares, alimenta las neuronas y favorece el funcionamiento de los neurotransmisores.

Mejora la concentración, la memoria y la visión.

Mejora el estado anímico. Ayuda a personas que sienten ansiedad a sentirse mejor.

Posee propiedades antiinflamatorias, antioxidantes, vasodilatadoras y neuroprotectoras.

Yo lo tomo en extracto natural (en gotas diluidas en agua).

ARÁNDANOS SILVESTRES

Para mí la forma más sencilla de conseguirlos es secos o en polvo, en herbolarios, supermercados ecológicos o tiendas *online*.

Alimento muy rico en antioxidantes, es uno de los alimentos más depurativos de metales pesados para el cerebro que existen, y maravilloso para el hígado.

> «Es el alimento que necesitas cuando has soportado lo inimaginable y necesitas apoyo para volver a levantarte. Especial para todo aquel que necesite un impulso físico. Es el alimento de la resurrección.
>
> Los arándanos pueden quemarse y retoñar más fuertes que nunca. No solo es capaz de surgir de las cenizas, sino que utiliza estas cenizas en beneficio propio.
>
> El alimento más poderoso que existe. Contienen una información ancestral y sagrada para la supervivencia.»
>
> ANTHONY WILLIAM

CACAO PURO

Es importante distinguir el cacao puro del chocolate. El chocolate, además de cacao, lleva azúcar y otros ingredientes. Cuanto más negro sea el chocolate, más porcentaje de cacao posee y menos azúcar.

El cacao puro es rico en magnesio, hierro, calcio, fósforo y, en menor medida, selenio, potasio y zinc. Excelente antioxidante y antidepresivo. Estimula la producción de serotonina en el cerebro, es neuroprotector, mejora la memoria y el aprendizaje. Tiene un alto contenido en fibra. Reduce la inflamación y nutre el cabello y las uñas gracias al azufre que contiene.

PLÁTANO

Rico en aminoácidos y en potasio. Potente antivírico, antiespasmódico, destruye hongos y bacterias improductivas.

Bueno para el tracto digestivo y para estabilizar el azúcar en sangre.

> «Pueden aliviar los trastornos del sueño, generan alma, reducen la ansiedad y alivian la depresión. Pueden revertir un estado mental saturado de miedos (reducir el trastorno de estrés postraumático, TEPT) y nos ayudan a expresar nuestros verdaderos deseos, para ser productivos, superando con ello la procrastinación.»
>
> ANTHONY WILLIAM

SEMILLAS (GIRASOL, SÉSAMO, CHÍA, CALABAZA, LINO)

Nos ayudan a conectar con el milagro de la vida, con las ganas de vivir, con la fuerza de la vida. Mi amigo Óscar me dijo una vez: «Las semillas llevan la esencia de la vida». Y entonces comprendí por qué me gustaban tanto y por qué mi cuerpo me las pedía tanto.

ESPIRULINA

Ayuda a eliminar los metales pesados del cerebro. Ayuda a generar neuronas nuevas y a fortalecer los neurotransmisores.

ROMERO

Nos ayuda a superar y a liberar el *shock* emocional que nos pueden haber generado algunas experiencias. Nos puede ayudar tomándolo como especia en la comida o en infusión, y a través de la piel en aceite corporal.

MELISA

Reduce la inflamación y calma el sistema nervioso central. Mata bacterias, virus y hongos que puedan estar inflamando el tracto intestinal.

CANELA

Ayuda a reducir los niveles de azúcar en sangre. Facilita la digestión y elimina los gases. Antiinflamatorio, excelente antioxidante (protege la piel de los efectos del envejecimiento) y afrodisiaco natural.

Otros alimentos y especias muy valiosos para mí: espinacas, rúcula, brócoli, melón, sandía, granada, higos, uvas, kiwis, cardamomo, clavo, regaliz, hoja de ortiga, menta, tomillo, perejil y muchos más.

Si te ha resultado interesante lo que he compartido contigo en este capítulo, te recomiendo muy mucho los libros de Anthony William, *Alimentos que cambian tu vida* y *Médico médium*.

¿Qué otras cosas nos ayudan a depurar el organismo?

AGUA CON LIMÓN, JENGIBRE Y MIEL

Beber en ayunas agua con limón ayuda a depurar nuestro organismo. Si además le echamos jengibre y miel, potenciaremos su efecto *detox* y su sabor. Mi recomendación es beberla templada antes de desayunar. Y, después de beberla, dejar pasar mínimo 30 minutos antes del desayuno, para que haga su efecto en el cuerpo.

SALTAR EN UNA CAMA ELÁSTICA

«Hacerlo durante diez minutos al día impulsa la circulación del sistema linfático y ayuda a depurar todo el cuerpo, sobre todo el hígado.»

ANTHONY WILLIAM

Al saltar suavemente sacudimos las paredes del intestino y de todos los órganos. El salto ayuda a que los residuos que se han quedado pegados en los recovecos o en las paredes de los órganos, vasos, capilares, etcétera, se movilicen, se despeguen y puedan ser liberados del organismo.

EL YOGA

Hacer yoga y, en especial, las asanas de torsión, también es muy bueno para depurar el organismo.

LOS MASAJES

Los masajes también nos ayudan a que el cuerpo elimine toxinas, especialmente el hígado. Por eso, después de un buen masaje es recomendable beber bastante agua para rehidratar el cuerpo. Cuando el cuerpo elimina toxinas, las elimina con líquido, por esa razón se deshidrata y necesita que lo rehidratemos.

EL MÉTODO DE LIBERACIÓN DE CORAZAS

Los ejercicios del MLC también ayudan a eliminar toxinas del organismo. Y también es necesario beber agua cuando terminamos.

Yo lo noto cada vez que hago yoga, MLC o me doy un masaje, nada más terminar voy directa al baño. ¡¡Mi cuerpo se depura!!

TOMAR QUINCE MINUTOS DE SOL AL DÍA

«Pasarán siglos antes de que los científicos descubran
todos los beneficios curativos que nos aporta el sol.
No solo nos calma y nos da calor, sino que sus rayos
favorecen las reacciones bioquímicas de nuestro
organismo, que producen algo más que vitamina D.»

ANTHONY WILLIAM

Tomar un ratito de sol cada día en horas en las que la radiación es
más baja nos llena de energía y de alegría, nos carga las pilas. Si
es en verano, conviene evitar las horas centrales del día, y tomarlo a primera de hora de la mañana o en las últimas horas de la
tarde.

EL AYUNO INTERMITENTE

Hay varios tipos; los más habituales son estos dos:

- **Ayuno de un día:** consiste en que cada cierto tiempo pases un
día tomando solo agua, infusiones, zumos o fruta.
- **Ayuno 16-8:** consiste en pasar cada día dieciséis horas sin comer y ocho haciendo tu dieta habitual.

Yo prefiero hacerlo más flexible, catorce horas sin comer y diez
horas haciendo mis comidas habituales, para poder mantenerlo
fácilmente como hábito. Y cuando puedo hacer quince o dieciséis
horas sin comer, genial.

Permitir que tu cuerpo permanezca entre catorce y dieciséis
horas sin comer cada día es otro gran regalo para él; por ejemplo,
desayunando a las diez, once o doce y cenando a las ocho. Durante esas horas puedes beber agua o tomar fruta.

De esta forma permites que tu cuerpo tenga el tiempo que necesita para realizar sus tareas de limpieza, mantenimiento y reparación. Una vez que pruebes y descubras sus beneficios, probablemente querrás mantenerlo y sentirás cómo tu cuerpo te lo agradece.

QUE TU PRIMERA COMIDA DEL DÍA SEA FRUTA O VERDURA

Al igual que a todos nos gusta empezar el día con suavidad, cariño y poco a poco, a nuestro aparato digestivo le sucede lo mismo. Después de que haya estado depurándose durante la noche, empezar a alimentarnos con fruta es el mejor regalo que podemos hacer a nuestro cuerpo, pues están llenas de nutrientes y son sencillas de digerir para él.

BEBE ABUNDANTE AGUA ENTRE COMIDAS O ANTES DE LAS COMIDAS

¿Cómo podemos saber si nuestro cuerpo está suficientemente hidratado? Por el color del pis. Cuando tiene un color amarillo oscuro, nuestro cuerpo nos está diciendo que está muy deshidratado y que necesita que bebamos bastante más agua.

Cuando el color es amarillo claro, nos está diciendo que está deshidratado y que necesita que bebamos agua.

Y cuando está transparente es señal de que estamos hidratados.

Que una persona no tenga sed no significa que su cuerpo no necesite agua. Significa que cuando ignoramos los mensajes de nuestro cuerpo, llega un momento en que él deja de avisarnos.

13
EJERCICIOS

Despertar

Empieza tu día con cariño y suavidad

Cómo empezamos el día le da información importante a nuestro cerebro acerca de qué actitud elegimos para el nuevo día. Si te despiertas triste, desanimado o con cualquier emoción que no te guste, lo único que significa es que tu cuerpo está preparado para que sueltes esa emoción.

Respira y permítete sentir lo que salga, sin juzgarlo ni reprimirlo. Date tu tiempo para escuchar tu cuerpo mientras respiras, y recuerda que todo lo que sientes simplemente son emociones que ya están listas para salir y necesitan salir.

CONECTA CONTIGO ANTES QUE CON TU MÓVIL

Mi recomendación es que duermas con el móvil en modo avión sin conexión a internet. Y que lo dejes en la parte de la mesita de noche más alejada de ti, para que puedas dormir sin interferencias de las ondas electromagnéticas del móvil. Déjalo en modo avión hasta que sientas que ya has conectado contigo y te hayas nutrido de tu atención y tu cariño.

SONRÍE A ESTE NUEVO DÍA

Sonreír nos ayuda a conectar con nuestra cara, nuestra boca, nuestros labios, y le manda información a nuestro cerebro acerca de nuestra actitud. Sonreír para nuestro cerebro es algo así como «hoy quiero ser feliz y disfrutar de este día».

Despierta tu voz y date los buenos días con cariño a ti y a la vida. «Buenos días, amor; buenos días, Vida.» Que las primeras palabras que salgan de tu boca cada día den la bienvenida al nuevo día, a la vida, al amor o a lo que tú desees experimentar.

ESTIRA TU CUERPO SUAVEMENTE ANTES DE LEVANTARTE

Para que la energía pueda fluir más fácilmente, toma conciencia de tu respiración mientras haces tus ejercicios de estiramiento en la cama.

LEVÁNTATE LENTAMENTE

Toma conciencia de tus pies cuando tocan el suelo. Estira y mueve los dedos de los pies antes de ponerte de pie. Respira, inspira y suelta lentamente. Y ponte de pie con calma, de forma que puedas ir sintiendo poco a poco como el peso de tu cuerpo empieza a apoyarse en tus piernas y en tus pies.

MÍRATE, SONRÍETE Y HÁBLATE CON CARIÑO

Cuando llegues al baño, regálate otra sonrisa y date los buenos días de nuevo, ahora mirándote a los ojos: «Buenos días, bella», «Buenos días, bello».

Mirarnos al espejo nos ayuda a conectar con nosotros y con nuestro cuerpo, con nuestro interior.

AGRADECE A TU CUERPO TODAS SUS LABORES DE LIMPIEZA, RESTAURACIÓN, REPARACIÓN Y DEPURACIÓN

Y cuando hagas tus necesidades en el baño, acuérdate siempre de darle las gracias a tu cuerpo por todas las funciones que realiza para asimilar los nutrientes que tú le das, por mantener en forma, reparar, limpiar y depurar tu organismo cada día.

Este dar las gracias cada vez que vamos al baño nos ayuda a tomar conciencia del extraordinario trabajo que realiza nuestro cuerpo cada día, desde el momento en el que nacimos, y a valorar todo lo que hace constantemente por nosotros, aunque no nos hayamos parado nunca a darle las gracias.

ESTIRAMIENTOS EN EL SUELO, YOGA O MLC ANTES DEL DESAYUNO

Hacer unos ejercicios para estirar nuestro cuerpo, respirar y reconectar con él antes de desayunar y de empezar un nuevo día es como abrir las ventanas y ventilar tu casa, permitir que entre aire fresco y nuevo. Nos ayuda a empezar el día conscientes de nuestro cuerpo, con nuestros canales energéticos e intuitivos más abiertos, más a gusto y en paz con nuestro cuerpo, más relajados y con más energía.

BEBE AGUA ANTES DE DESAYUNAR

Cada vez leo a más personas que se dedican al bienestar y a la práctica del yoga recomendar beber agua caliente o templada en ayunas con unas gotas de limón.

Mi versión favorita: calienta un poco de agua, échale unas gotas de limón natural, una cucharada de miel cruda y un trocito de jengibre rayado o exprimido (puedes obtener el zumo del jengibre con una prensa o un exprimidor de ajos).

DESAYUNO

A nuestro cuerpo le gusta que empecemos a alimentarlo con fruta o con zumo, con algo que sea fácil de digerir para él. Y, a ser posible, del tiempo.

Hay días que yo tomo zumos o batidos, y otros, fruta para que también trabajen mis encías. Voy alternando las dos cosas.

Toma una infusión o alguna bebida templada que sea fácil de digerir para tu cuerpo.

Normalmente tomo un bol de fruta con avena y semillas tostadas. El plátano, los dátiles y las uvas los tomo todos los días. Y un cuarto ingrediente que voy variando: manzana, arándanos, moras u otros frutos rojos. Normalmente no mezclo más de cuatro frutas en una comida.

Y cuando necesito variar me tomo una tostada con aguacate, aceite, tomate, queso de cabra y semillas tostadas. Y otras veces cambio el tomate por arándanos, rúcula o albahaca.

Afirmaciones para empezar tu día

Para conectar con el poder de tu intención, tu voluntad, tu claridad, tu apertura a recibir todo lo que deseas y necesitas y para recibir protección.

Aporta claridad, apertura, seguridad y foco.

Recomiendo hacer este ejercicio de pie, descalzo, para que los pies puedan sentir bien la tierra, con los brazos abiertos extendidos y las palmas de las manos hacia arriba, el pecho abierto, los hombros relajados y con una sonrisa.

La postura es muy importante, porque ya solo eso le está enviando información a nuestro cerebro y al universo acerca de lo que queremos.

Yo siempre que puedo lo realizo en el exterior, en el jardín o en una terraza. Si no tienes jardín o terraza, te recomiendo que lo hagas delante de una ventana, y si la temperatura te lo permite, con las ventanas abiertas. Porque al fin y al cabo es un ejercicio de apertura en el que declaramos nuestra intención a la Vida y nos abrimos a recibir todo lo maravilloso que la Vida tiene para nosotros.

No obstante, si tienes frío con la ventana abierta o no te encuentras bien, también puedes hacerlo con la ventana cerrada, y puedes usar tu mente para imaginarte que estás en medio de un prado, en una montaña o en una playa, donde tú quieras.

¡Buenos días, Vida, Buenos días, Amor, Buenos días, mundo!
Gracias por este nuevo y maravilloso día.
Gracias, madre Tierra, padre Cielo. Gracias, Sol.
Gracias, tierra, aire, agua, fuego y éter.
Gracias a todos los seres de luz, plantas
y animales que habitan la tierra.
Yo digo «sí» al Amor y a la Vida.
Yo digo «sí» a que el amor y la vida me vivan hoy, en todas mis
relaciones, en mi trabajo, mi misión y mi propósito de vida.
Yo digo «sí» a mi felicidad, a mi alegría, a mi placer,
a mi bienestar, a mi salud, a mi claridad, a mi belleza, a mi paz,
a mi confianza, a mi seguridad, a mi sabiduría interior,
a mi inteligencia, a mi éxtasis, a mi gozo, a mi fuerza,
a mi poder creativo y a mi poder de atracción.
Yo digo «sí» a recibir la protección del amor y la vida, de mi
cuerpo y de mi ser, en todos los planos en que yo existo.
Yo digo «sí» a que el amor y la vida protejan todas mis relaciones
y mis pertenencias, a mis seres queridos y sus pertenencias.
Yo me abro a recibir todo el amor, la alegría, el placer,
la abundancia, la inspiración y la salud que la Vida tiene para mí hoy.
Yo me permito ser amada/amado por todas las personas
y animales que la Vida quiera que me amen hoy.
Yo me abro a amarme, a amar y a ser amada.
Yo digo «sí» a que la Vida me ame hoy.
Yo digo «sí» a amar la vida hoy.
Yo digo «sí» a disfrutar de todo lo maravilloso
que la vida tiene para mí hoy.
Yo digo «sí» a disfrutar de mi presencia, mi atención, mi escucha,
mi compañía, mi amor, mi placer, y a disfrutar de la presencia,
la compañía y el amor de todas las personas a través
de las cuales la vida quiera amarme hoy.
GRACIAS, YO PERMITO QUE ASÍ SEA Y ASÍ ES, HECHO ESTÁ.

Ejercicios para recuperar tu calma

Estos ejercicios sirven para relajar la mente y reconectar con nuestra calma y nuestro equilibrio interior.

Pranayama Nadi Shodhana. La palabra *pranayama* significa «control de la respiración». La explicación de cómo realizar este *pranayama* y los dos siguientes puedes encontrarla en el canal de YouTube de Xuan Lan.

Este *pranayama* es de lo más efectivo que he probado para calmarme. Es impresionante. Es una respiración que desbloquea los dos principales canales energéticos de nuestro cuerpo, también conocidos como *nadis*.

Pranayama Ujjayi (respiración victoriosa o del mar). Es una respiración suave que calma, relaja y energiza el cuerpo. El sonido de la respiración nos ayuda a concentrarnos en nuestra respiración. Aumentamos la cantidad de oxígeno.

Pranayama Rechaka 2:1. *Rechaka* en sánscrito significa «exhalación». Es una respiración que da el doble de tiempo a la exhalación que a la inhalación, para poder vaciar los pulmones y sacar todo lo que a veces nos guardamos y necesitamos liberar.

Postura fetal. Túmbate boca arriba sobre una manta, una esterilla de yoga o en la cama, abraza tus piernas de la forma que te resulte más cómodo. Y respira. Puedes repetirte internamente el mantra:

«Tranquilo, todo está bien. Tranquilo, estoy a salvo. Ya pasó. Tranquilo, estoy aquí contigo (para tu niño interior o tu cuerpo). Tranquilo, estoy aquí conmigo. Yo me quedo conmigo.»

Túmbate boca arriba con las piernas flexionadas, las plantas de los pies apoyadas en el suelo, una mano en la frente y la otra en la nuca. Respira conscientemente. Acompaña tu respiración poniendo tu atención en cómo entra el aire en el cuerpo y en cómo sale. Si lo necesitas, puedes repetir el mantra de antes.

Masaje capilar. Siéntate en un lugar donde te sientas cómodo y puedas estar tranquilo. Con las piernas apoyadas en el suelo, los pies paralelos y descalzo, a ser posible. Si tienes gafas, u horquillas o algo recogiéndote el pelo, quítatelos y suéltalos.

Si estás en casa o tienes un cepillo en el bolso, cepíllate el pelo o el cuero cabelludo con suavidad. Cierra los ojos, respira y empieza a masajearte la nuca y la parte inferior de la cabeza moviendo los dedos en círculos como si te estuvieras lavando la cabeza con todo el amor del mundo. Con suavidad y con cariño, poco a poco ve subiendo tus manos hacia la zona central de la cabeza y hacia los lados. Masajéate las sienes, la coronilla y la parte superior de la cabeza. Cuando tus dedos estén en la parte superior de la cabeza, puedes presionar suavemente con las palmas en las sienes, ajustando la presión a lo que mejor te siente y más te apetezca. Y luego, poco a poco, sigue haciendo círculos con los dedos, bajándolos de nuevo hasta la nuca y el cuello. Cuando hayas terminado y sientas que ya es suficiente, y si puedes hacerlo en ese momento, túmbate unos minutos para respirar y permitir que los músculos de tu cabeza disfruten un poco más del masaje recibido.

Observa cómo la energía fluye ahora en tu cuero cabelludo y las sensaciones que notes en tu cuerpo. Da las gracias a tus manos y a tus dedos, a tu cuerpo y a ti por el tiempo y el amor que te acabas de dedicar. Y poco a poco, ponte de lado, baja los pies al suelo y lentamente empieza a incorporarte. Lo último que sube es tu cabeza.

Este masaje es muy bueno para cualquier momento en el que:

- Te duela la cabeza.
- Te sientas cargado o embotado.
- Sientas miedo, preocupación, agobio o estrés.

Es muy relajante, por eso es importante hacerlo sentado y que, una vez que hayas terminado, recuperes el movimiento poco a poco.

Ejercicios para limpiar tu energía

Todos estos ejercicios puedes usarlos para limpiar tu energía o la de tu casa cuando te sientas cargado o sientas que el ambiente de tu casa está cargado o denso. Todos son muy efectivos. No es necesario usarlos todos. A veces con un solo ejercicio ya es suficiente. Usa en cada momento aquel o aquellos que te llamen más la atención. Confía en tu instinto y en tu intuición.

1. *Pranayama Kapalabhati.* También conocido como respiración de fuego. Xuan Lan lo explica muy bien en su canal de YouTube.

2. Baño o ducha con sal. Mi sal preferida es la del Himalaya. La sal es exfoliante y, además, limpia y purifica nuestra energía. Es lo más parecido a darse un baño en el mar, te quedas nuevo. Si tienes el mar cerca, aprovecha para darte un baño siempre que te sientas energéticamente cargado, denso o espeso.

3. Baño o ducha con jabón de ruda o de azufre. Tanto a la ruda como al azufre se les atribuye la propiedad de limpiar la energía del ambiente, de la casa o de nuestro campo energético.

La ruda es una planta que, además de limpiar los ambientes, tiene propiedades digestivas, relajantes y antiespasmódicas, entre otras.

El azufre se puede utilizar para desintoxicar y purificar ambientes y campos energéticos. Según la gemoterapia, representa el poder de la protección, la fuerza de voluntad y la energía de la sanación. Ayuda a lograr claridad mental, enfoque, fuerza de voluntad y confianza.

Además, el jabón de azufre es muy bueno para limpiar el exceso de grasa de la piel y para reducir el acné.

4. Mantén tu casa limpia, ventilada y permite que entre la luz natural en ella. El aire, el agua y la luz del sol también limpian y renuevan la energía de la casa y la nuestra.

5. Quemar palo de santo, ruda o canela también ayuda a limpiar y purificar la energía de la casa y la de nuestro campo energético.

6. Bebe abundante agua entre comidas.

7. Camina descalzo siempre que te sea posible. Con descalzo me refiero a sin zapatos, sin una suela de goma o de plástico, ya que las suelas suelen ser aislantes e impermeables, y eso impide que nuestro cuerpo pueda liberar de forma natural las energías negativas o dañinas. Si es invierno, puedes usar todos los calcetines que necesites. De esa forma, cuando caminamos descalzos, aunque llevemos dos pares de calcetines, nuestro cuerpo puede liberar las energías que necesite soltar.

Ejercicios para elevar tu energía y tu vibración

1. Respiración de pie, brazos abiertos y mirada al cielo. Ponte de pie, descalzo siempre que puedas, pies separados alineados con el ancho de las caderas y los hombros, levanta los brazos a una altura que te resulte cómoda y abre las palmas de tus manos hacia arriba, como si tu cuerpo estuviera formando una copa, con la base en la tierra y abierta al cielo.

Levanta tu mirada e inclina la cabeza ligeramente hacia el cielo, sin forzar el cuello; abre tu pecho, y notarás que tus hombros giran ligeramente hacia atrás. Respira de forma acompasada y cuenta de forma relajada hasta que el cuerpo te pida parar.

Recomiendo hacer esto una vez al día, o siempre que necesites elevar tu estado emocional.

No somos conscientes del tiempo que pasamos al día con la cabeza mirando hacia abajo, ya sea para mirar el móvil, el ordenador o un libro. Y si pasamos mucho tiempo mirando hacia abajo, nuestro cerebro lo asocia a estados emocionales de tristeza, apatía o desmotivación.

Por eso necesitamos compensar cada cierto tiempo mirando hacia arriba. La postura de nuestra cabeza, hombros y pecho informa al cerebro de nuestro estado emocional. Por eso, a través de la postura también podemos mejorar nuestro estado emocional. Porque el cerebro asocia emociones a posturas.

2. Respiración abriendo el pecho y mirando ligeramente al cielo. La versión más sencilla del ejercicio anterior es sentado o de pie (sin levantar los brazos). Simplemente hay que levantar cada cierto tiempo la cabeza ligeramente hacia arriba, sin forzar el cuello; sacar pecho, con los hombros relajados ligeramente girados hacia atrás, y respirar.

Esta postura, al igual que la anterior, nos ayuda a elevar nuestro estado emocional, a conectar con el optimismo, a tener más claridad y a equilibrar nuestro cerebro. Cuanto más tiempo pases mirando hacia abajo, más te recomiendo que la hagas para que tu cerebro pueda compensar y despejarse.

3. **Sonríe.** Sonríe siempre que te acuerdes. A modo de gimnasia para tu cara y para estimular los músculos faciales y el cerebro. Tu sonrisa es muy poderosa. Por supuesto, si necesitas llorar, llora. Primero llora lo que necesites, y luego regálate una sonrisa.

4   **Ríete a carcajadas.** Prueba a reírte a carcajadas de vez en cuando. Aunque no tengas motivos, simplemente hazlo a modo de gimnasia y tonificación muscular. Y permítete reírte siempre que algo te resulte gracioso o divertido.

5. **Toma un rato de sol a diario,** siempre que sea posible, evitando las horas de máxima radiación solar y de calor para proteger tu piel, especialmente en verano. El tiempo recomendado es de quince a veinte minutos, tomando las protecciones que consideres necesarias.

6. **Muévete por placer,** baila, salta, camina o haz el deporte que te gusta.

7. **Meditar.** Respira conscientemente poniendo tu atención en la respiración.

8. **Disfruta** de lo que te gusta hacer: dibujar, pintar, colorear, escribir, hacer *collage,* cocinar, ordenar, jugar, etcétera.

Lecturas recomendadas

Cree en ti, disponible en papel y en audiolibro.

Haz tus sueños realidad o ***Manual avanzado de manifestación.*** Son el mismo libro. El título original con el que yo lo publiqué es *Manual avanzado de manifestación.* Cuando Editorial Planeta lo reeditó, me propuse cambiarlo a *Haz tus sueños realidad,* y me pareció bien. Disponible en papel.

El amor de tu vida, disponible en papel.

Naciste para disfrutar, disponible en papel y en audiolibro.

Liberar las corazas, de Marie Lise Labonté.

Hacer el amor con amor, de Marie Lise Labonté.

La vida te ama, de Louise L. Hay y Robert Holden.

El juego de la vida, de Florence Scovel Shinn.

Alimentos que cambian tu vida, de Anthony William.

Médico médium, de Anthony William.

Qué harías si no tuvieras miedo, de Borja Vilaseca.

El sinsentido común, de Borja Vilaseca.

Ni felices ni para siempre, de Clay Newman.

Sanar el trauma, de Peter A. Levine.

El camino al éxtasis, de Elma Roura.

Otras recomendaciones

Práctica de sexualidad orgánica, de Anna Herms (*Organic sexuality*)

Continuará

Querido lector, querida lectora, deseo que hayas disfrutado mucho de la lectura de este libro. Deseo que te haya inspirado, aportado y ayudado mucho.

Deseo que disfrutes mucho de tu vida siendo tú mismo y haciendo lo que te hace feliz, haciendo y permitiendo que tus sueños se hagan realidad, amando y siendo amado en todo momento tal y como eres.

Con amor.
Rut

Si lo deseas, puedes seguirme en las redes sociales:

- : @rutnieves
- : @ArquitectaDeEmociones
- : @rutnievesmiguel
- : Rut Nieves

En mis redes comparto mis aprendizajes de cada día y las actividades que realizo. Si deseas estar al día de lo que hago y aporto al mundo, te invito a seguir leyéndome.

Si este libro te ha gustado, te ha inspirado o te ha ayudado, agradeceré que:

- Se lo recomiendes a tus seres queridos.
- Lo recomiendes en tus redes sociales.
- Lo compres y regales a las personas que más quieres y a las que creas que les puede ayudar.

Si lo compartes en tus redes sociales, agradeceré que me etiquetes para que yo también pueda leerte y compartirlo.

Si quieres compartir tu testimonio, también puedes enviarme una foto con este libro y tu opinión sobre él a contact@rutnieves. es, para que yo pueda compartirlo en mis redes sociales y que así otras personas puedan descubrir los beneficios que puede ofrecerles este libro.

Mil gracias de corazón

RUT